W0357280

Sarah Goodall

und Nicholas Monson

Palastgeflüster

Sarah Goodall
und Nicholas Monson

Palastgeflüster

Bekenntnisse einer königlichen Sekretärin

Aus dem Englischen
von Marie Rahn

Ullstein

Die Originalausgabe erschien 2006 unter dem Titel
»The Palace Diaries. A Story Inspired by Twelve Years of Life behind the Palace Gates«
bei Mainstream Publishing Co. Ltd., Edinburgh

Dieses Buch ist ein fiktionaler Bericht, der auf Sarah Goodalls Leben, Erfahrungen und Erinnerungen aus der Zeit basiert, in der sie bei Seiner Königlichen Hohheit dem Prinzen von Wales beschäftigt war. In einigen Fällen sind die Namen von Menschen und Orten, Datumsangaben sowie die Chronologie oder Details von Ereignissen geändert worden, entweder aus literarischen Gründen oder um die Privatsphäre Einzelner zu schützen.

ISBN-13: 978-3-550-07894-1
ISBN-10: 3-550-07894-3

Für die deutsche Ausgabe:
© Ullstein Buchverlage GmbH, Berlin 2006
Copyright © 2006 by Sarah Goodall & Nicholas Monson
Alle Rechte vorbehalten.
Gesetzt aus der Edwardian bei
Franzis print & media GmbH, München
Druck und Bindung: Pustet, Regensburg
Printed in Germany

Für meine Mutter und die Freunde im Palast,
die mir in schwereren Zeiten geholfen haben
(ihr wisst, wer gemeint ist)

Inhalt

PROLOG

Vergeben und Vergessen

November 2005

Seine Königliche Hoheit, der Prince of Wales, eingehüllt in eine recht kleidsame Nehrujacke, begrüßt mich. Ich mache einen Knicks. Er fragt mich, was ich trinken möchte. Als müsste er noch fragen. Es ist immer dasselbe. Dann schenkt er mir einen sehr steifen Gin Tonic ein und reicht ihn mir. Ich blicke in seine strahlend blauen Augen …

Und werde plötzlich durchgerüttelt. Verdammt. Ich mag diesen Traum sehr.

Genau in diesem Augenblick wird unser illustrer Prinz in New York gefeiert. Ich hingegen, nun, ich sitze auf dem Oberdeck des Busses der Linie 9. Es ist sechs Uhr abends und bereits dunkel. Als wir den Piccadilly hinauftrudeln, wende ich meinen Kopf und erhasche durch den dunklen Green Park von ferne einen Blick auf die Lichter des St. James' Palace. Oder täuschen mich meine Augen? Der Gedanke an den Palast lässt mich immer noch innerlich erzittern.

Ein Fahrgast steht auf und lässt seine Abendzeitung auf dem Sitz zurück. Wie aufmerksam. Ich schnappe sie mir und werfe einen Blick auf die Neuigkeiten. Es wimmelt nur so von Nachrichten über meinen ehemaligen Chef, den Prince of Wales, über seine ihm vor sechs Monaten angetraute Ehefrau, die Duchess of Cornwall, und ihre Reise in die Vereinigten Staaten. Die Tour soll dazu dienen, für Großbritanniens Interessen zu werben. Ach ja? Das erzählt doch bitte jemand anderem! Nein, diese Tour ist Charles' und Camillas große Charmeoffensive, um die Herzen der Amerikaner zu erobern. Alles ist aufs Sorgfältigste arrangiert worden. Außerdem werden sie von den fähigsten PR-Spezialisten beraten, die ganz ohne Zweifel die Waffen gefälliger Journalisten zum Einsatz bringen.

Ich habe zwar nie direkt in der Presseabteilung des Palastes gearbeitet, doch sogar ich wage zu behaupten, dass man wahrscheinlich zu viel erwartet, wenn man meint, die USA würde Camilla willkommen heißen, wo die Erinnerung an Diana noch so lebendig ist.

Das hingebungsvolle Gedenken an Diana hat, vor allem in den Staaten, immer noch etwas Religiöses an sich. Während viele Briten mittlerweile zu einer ausgewogeneren Sicht der Dinge gelangt sind, scheint Diana für die Menschen im Ausland immer noch über das Wasser zu wandeln – als Heilige, als Märtyrerin gar, deren Leben und Glück durch Charles' Ehebruch mit *dieser* Frau zerstört wurde.

Nicht nur, dass Camilla das Stigma anhaftet, die ›Andere‹ zu sein, sie ist auch gezwungen, es gegen Dianas glamouröse Ausstrahlung aufzunehmen. Natürlich ist es ungerecht, Menschen nach ihrem Aussehen zu beurteilen, aber die Welt ist nun mal grausam.

Ich seh mir auf den Fotos an, in welchen Outfits Camilla aufgetreten ist. Gar nicht schlecht, Mädel, denke ich. Aber ich frage mich, was die amerikanische Presse dazu zu sagen hat. Oh je. »Riesenvogelscheuche« lese ich da als Aufmacher der *New York Post*. Offenbar hat das für den Palast arbeitende PR-Team da was falsch gemacht.

Doch zumindest ist der Ton der Berichterstattung über Camilla hier in Großbritannien wesentlich wohlwollender als noch vor ihrer Heirat im April. Damals wurde kaum ein freundliches Wort über sie gesagt oder geschrieben. Ich ließ ja ebenfalls meiner Wut freien Lauf, was überraschenderweise zu einem Leitartikel in einer Sonntagszeitung führte. Ich teilte mir die Titelseite mit dem Papst, der einen Tag zuvor gestorben war. CAMILLA FEUERTE CHARLES' SEKRETÄRIN! verkündete die Schlagzeile.

Ja, ganz gewiss habe ich mir an diesem Tag einiges von der Seele geredet. Und das hat, könnte ich mir denken, das königliche Frühstück verdorben. Aber seitdem habe ich gründlich nachgedacht, und möglicherweise war ich wirklich zu hart gegen Camilla, aber damals entsprachen meine Gefühle der Stimmung im Land.

Mit Recht mögen Sie fragen, wen es überhaupt interessieren sollte, was ich, Sarah Goodall, eine vierzigjährige Unbekannte, über die königliche Beziehung zu sagen habe. Mit welcher Berechtigung ich meine Kommentare abgab. Und warum meine Geschichte und meine Ansichten überhaupt auf den Titelseiten der Zeitungen landen sollten. Wie kam es eigentlich dazu?

Ende März, vierzehn Tage vor der Hochzeit von Charles und Camilla, aß ich mit Freunden zu Abend. Einer der anderen Gäste war Journalist. Als er hörte, dass ich zwölfeinhalb Jahre im St. James' Palace gearbeitet hatte und ich glaubte, dass Camilla an meinem Rauswurf nicht unbeteiligt war, leuchteten seine Augen auf. Ein paar Tage später wurde ich ausführlich interviewt und bekam ein hübsches Sümmchen dafür. Nun mag man meinen, ich hätte den Prince of Wales verraten. Aber wenn man kein Vermögen und nur ein sehr geringes Einkommen hat, ist es offen gestanden schwierig, genügend Stolz aufzubringen, ein solches Angebot auszuschlagen. Ich war praktisch pleite. Außerdem hatte ich nie erwartet, dass meine Geschichte schließlich auf einer Titelseite landen und das Interview eine derartige Sensation sein würde.

Was ich über Camilla sagte, war hart, und wie ich schon erwähnte, habe ich meine Ansichten mittlerweile modifiziert. Ich muss akzeptieren, dass ich bei meinem Rausschmiss auch eine Rolle gespielt habe. Ja, ich bin alles andere als perfekt. Außerdem tut Camilla mir leid, weil diejenigen, die Diana immer noch vergöttern, sich genötigt fühlen, Camilla zu hassen. Aber auch

Diana war nie wirklich die Heilige oder das Opfer, als die der Volksmythos sie erscheinen ließ.

Und das kann ich aus persönlicher Erfahrung behaupten. Nicht eine Sekunde stelle ich Dianas außerordentliche Qualitäten in Frage. Ich finde es wunderbar, dass sie ihren Glamour so wirkungsvoll für wohltätige Zwecke nutzte. Verschiedene Male war ich Zeuge ihrer Warmherzigkeit und Freundlichkeit. Aber ich habe auch ihre andere Seite kennengelernt und meine, mit Fug und Recht behaupten zu können, dass die allseits verehrte Prinzessin hinterhältig, trickreich und gnadenlos gegenüber denen war, die ihr im Wege standen oder die sie fallen lassen wollte.

Außerdem, wenn man Affären von Verheirateten verurteilt, dann hat Diana es ebenso wie Charles und Camilla verdient, Zielscheibe fauler Eier zu werden. Und damit spiele ich nicht nur auf Dianas Affäre mit dem schneidigen Offizier James Hewitt an. Sie war, um es ganz offen zu sagen, eine leidenschaftliche Frau. Wenn Sie meinen, Captain Hewitt sei der einzige Hengst in ihrem Stall gewesen, werden Sie eine Überraschung erleben.

Ich weiß noch, als ich vor ein paar Jahren las, der alte Treason Act zum Hochverrat sei abgeschafft worden, da dachte ich, Dianas ehemalige Liebhaber müssten einen kollektiven Seufzer der Erleichterung ausgestoßen haben. Wenn je nach diesem Gesetz verfahren worden wäre, wären viele Köpfe im Tower von London gerollt, das versichere ich Ihnen. Damit will ich nicht sagen, dass Diana promiskuitiv oder ein Flittchen war; ich sage nur, sie war sexuell befreit und hatte einen sehr gesunden Appetit. Daran ist nichts auszusetzen. Ich habe ebenfalls einen ziemlichen Appetit. Aber es ist einfach falsch, andere für das zu verurteilen – in diesem Fall Diana ihren Mann Charles – was man selbst ebenfalls tut. Wenn man als Prinzessin im Glaspalast sitzt, sollte man nicht mit Steinen werfen.

Einige, die Diana nahe standen, meinen, sie sei psychisch gestört gewesen, wahrscheinlich aufgrund der Scheidung ihrer Eltern. Manche vertreten die Ansicht, sie hätte an ›paranoider

Schizophrenie‹ oder einer ›narzistischen Persönlichkeitsstörung‹ gelitten. Bestätigt werden sie von einigen qualifizierten Psychologen, daher dürfen solche Behauptungen nicht leichtfertig abgetan werden. Für den normalen Durchschnittsmenschen wie mich ist daher die Frage: War sie übergeschnappt, oder war sie manchmal nur ein verzogenes Miststück, das entschlossen war, sich durchzusetzen? Ich glaube, von Zeit zu Zeit kann jeder von uns mal ein bisschen aus dem Ruder laufen, aber traf das auf die Prinzessin mehr zu als auf uns? Ich kann nur sagen, dass es Gelegenheiten gab, bei denen sie sich Prince Charles gegenüber einfach schrecklich benahm und ihn zur Verzweiflung brachte. Es kam auch vor, dass sie plötzlich ergebene Freunde oder Angestellte anfuhr. Also glaube ich, es war an beidem etwas dran.

Die schwierige Frage ist, ob Camilla für das Scheitern der königlichen Ehe verantwortlich war. Ich glaube das ganz und gar nicht. Meiner Meinung nach gefiel Diana die *Vorstellung*, die Frau von Prinz Charles zu sein. Warum? Weil ihr die Vorstellung gefiel, die Princess of Wales zu sein. Aber den Status als Prinzessin zu lieben, ist nicht dasselbe wie seinen Ehemann, den Prinzen zu lieben, nicht wahr? Offen gesagt, ich glaube nicht, dass Diana Prinz Charles je wirklich geliebt hat. Sonst hätte sie sich ihm gegenüber vollkommen anders verhalten. Wenn sie wirklich eine treue und hingebungsvolle Frau gewesen wäre (und sich auch so benommen hätte), dann hätte auch er sie mit der Zeit wirklich geliebt und wäre ihr treu geblieben. Ich kann mir nicht vorstellen, dass er je sein Glück in den Armen von Camilla oder irgendeiner anderen Frau gesucht hätte.

Prinz Charles und Camilla sind jedenfalls, ganz gleich, was andere glauben mögen, ein echtes Liebespaar. Während der Bus immer weiterzockelt, hebe ich im Geiste ein Glas Champagner in die Höhe. »Vergeben und vergessen, und viel Glück für das königliche Paar!«

Nachdem ich an meiner Haltestelle ausgestiegen bin, gehe ich zum Theater und betrete es durch den Hintereingang. Ich zwänge mich in meine Uniform, die deprimierend eng geworden ist. Ich mache mir im Geiste eine Notiz: Morgen mit Diät anfangen! Allerdings stellen diese Worte, um die Wahrheit zu sagen, das Mantra fast meines ganzen Lebens dar. In der Halle sammelt sich langsam eine Menschenmenge, und bald bin ich vom Publikum der nächsten Vorstellung von *Romeo und Julia* umringt. Ich muss Tag und Nacht arbeiten, aber was soll ein Mädchen ohne Geld, ohne berufliche Qualifikation und mit so großen Schulden wie die Dritte Welt schon tun? Womit stattet einen das Leben im Palast schon aus?

Als ich in der Pause im Foyer stehe, starrt mich ein elegant gekleidetes Paar an. Vielleicht kenne ich sie von irgendwoher, aber ich kann mich nicht erinnern. So viele Menschen, so viele Ereignisse, so eine lange Zeit. Ich reiche einem höflichen Touristen einen Becher Vanilleeis und tue so, als würde ich die Blicke des Paars nicht bemerken. Die beiden fangen an zu reden und die Köpfe zu schütteln. Ich höre alles, was sie sagen – in meinem früheren Leben muss ich eine Fledermaus gewesen sein.

»Nein, das kann nicht sein«, murmelt er. »Trotzdem erstaunlich, ich könnte schwören, das ist – wie hieß sie noch gleich? Du weißt schon, Prinz Charles' Sekretärin.«

»Sei nicht albern«, entgegnet die Frau. »Dann würde sie wohl kaum hier Eis verkaufen, oder?«

Sie lachen immer noch, als sie zurück zu ihren Plätzen gehen. Aber der Mann sieht sich noch mal um und starrt mich durchdringend an, weil er sich nicht vollkommen sicher ist. Ich verziehe keine Miene – den Trick habe ich von den Royals gelernt. Wenn man bedenkt, dass solche Bemerkungen früher dazu führten, dass ich auf die Toilette rannte und mir die Augen aus dem Kopf heulte! Vielleicht stecke ich morgen Abend meinen Orden als Member of the Victorian Order an, damit jeder Neugierige ganz sicher sein kann, dass ich es wirklich bin.

Die Vorstellung beginnt. Leise schleiche ich mich in den Zuschauerraum, und sehe mir zum x-ten Mal das wunderschöne, anmutige und anrührende Ballett über die tragischste aller Liebesgeschichten an. Bald bin ich vollkommen versunken und vergesse all meinen Kummer.

Als ich später am Abend wieder in meiner Einzimmerwohnung in South Kensington gelandet bin, lege ich letzte Hand an meine Memoiren. Voilà! Ich bin fertig. Gib Acht, Welt!

Die Geschichte von zwölfeinhalb Jahren meines Lebens in königlichen Diensten ist ein persönlicher und emotionaler Bericht. Ich habe versucht, vollkommen offen zu sein, und ich werde jetzt noch rot, wenn ich einige Passagen lese. Aber wenn man nicht bereit ist, die Geschichte so zu erzählen, wie es wirklich war, lohnt es doch kaum der Mühe, nicht wahr?

Ich bin meinem einstigen Arbeitgeber Prinz Charles immer noch treu ergeben, und trotz all der Anspielungen, die ich seitdem gehört und gelesen habe, ist *nichts dergleichen* (und Sie wissen genau, was ich meine) zwischen uns vorgefallen.

Ich bin über das hinweg, was zwischen Camilla und mir vorgefallen ist. Was man auch sonst von Camilla sagen mag, sie ist unserem zukünftigen König, der einfühlsam ist, sich viele Gedanken macht und die besten Absichten hat, eine liebende und loyale Frau und ideale Stütze.

Welches Motiv habe ich also, dies hier zu schreiben? Erstens: Ich hoffe, damit etwas Geld zu verdienen, das ich dringend brauche. Ist das so verwerflich? Zweitens: Ich glaube, das Buch ist von öffentlichem Interesse. Es ist über Prinz Charles viel geschrieben worden. Und vieles davon hat zu einem ungerechten und unschmeichelhaften Eindruck beigetragen. Ich kenne den Prinzen seit über zwölf Jahren und denke, dass die schlechte Meinung, die manche besonders im Hinblick auf Prinzessin Diana von ihm haben, durch die Lektüre meiner Geschichte relativiert werden könnte. Als gefeuertes ehemaliges Mitglied seines Haushalts bin ich eine wunderliche Verteidigerin des zukünftigen Königs, aber ich bin eine. Drittens hoffe ich, dass die Geschichte der zwölf Jahre im königlichen Haushalt Ihnen großen Spaß bereitet.

Wie Sie sehen werden, hatte ich selbst Riesenspaß …

1.

Flug zum Mond

Anfang Mai 1988

Meine Geschichte beginnt in einer schäbigen Zweizimmerwohnung in Fulham. Buer Road 30, an der New Kings Road, in der Nähe der Putney Bridge, um genau zu sein. Die Buer Road besteht aus einer eintönigen Ansammlung edwardianischer Reihenhäuser, deren Anblick von den hübschen Bäumen aufgelockert wird, die die Straße säumen. Ich teile mir die Wohnung mit der göttlichen Kate, die ich eigentlich zufällig über eine Freundin kennen gelernt habe. Ich bin vierundzwanzig und arbeite als Sekretärin bei Phillips, einem schicken Auktionshaus im West End. Mittlerweile hätte ich eigentlich meinen Abschluss als Vermessungsingenieurin haben können, aber ich hab mein Studium am Royal Agricultural College in Cirencester hingeschmissen.

Es ist Sonntagabend. Ich lungere herum und mache mir die typischen Sorgen eines jungen Mädchens in der Stadt: mein Freund Merlin (aaargh!), mein Gewicht und, das Wichtigste, die nächste Party.

Mir gegenüber befindet sich das Haus von Prinzessin Margarets Sohn, dem coolen Viscount Linley, trendiger Möbeldesigner. Mal wieder muss ich meine Vorhänge lüpfen. Ich erkenne seine Silhouette, außerdem die seiner blonden, sexy Freundin, Susannah Constantine. Wer hätte damals gedacht, dass Susannah als Trinny Woodalls zweite Hälfte zu Fernsehruhm gelangen und die Outfits der Stars kritisieren würde?

Offen gestanden macht mich das, was ich durchs Fenster von David und Susannah erhaschen kann, all das Herumtollen, Knutschen und dergleichen mehr, von dem ich nichts herumerzählen sollte, neidisch. Die beiden sind so cool! Morgens sehe ich den schicken jungen Viscount in seinem schicken schwarzen Wagen mit dem Nummernschild HMO fortfahren. Ich frage mich, was HMO eigentlich heißt. *Her Majesty's Offspring* – Nachkomme seiner Majestät? Oder vielleicht auch nur *High Maintenance Offspring* – Nachkomme mit hohem Unterhalt? Seufz. Manche Mädchen haben einfach Glück.

Hier bin ich also. Im Hintergrund schäumt leise die Waschmaschine, während im Vordergrund George Michael und Wham! mir ein Ständchen bringen. Ich blättere in einem Hochglanzmagazin, trage eine weitere Schicht gewagten blutroten Nagellacks auf und leere dabei eine Flasche gekühlten Chardonnay. Dann klingelt das Telefon. Das ist meine Mummy aus dem fernen Shropshire, wo die Ihnen sehr Verbundene ihre unschuldige Kindheit verbrachte. Mummy fordert den wöchentlichen Bericht ihrer unbesonnenen einzigen Tochter ein und wird, typisch Mütter, voraussichtlich etwas finden, worüber sie sich Sorgen machen kann.

Ich pariere geschickt die Fragen nach Merlin, dann erkundigt sich Mummy, ob ich schon die Gerüchte über Prinz Charles und Prinzessin Diana gehört habe, die in ihrem Cocktail-Party-Kreis zirkulieren.

»Welche Gerüchte?«, frage ich.

»Über ihre Schwierigkeiten«, verkündet sie orakelhaft.

»Welche Schwierigkeiten, Mummy?« Darauf folgt eine Pause.

»Schwierigkeiten«, wiederholt sie dann. Mit weiteren Enthüllungen habe ich eindeutig nicht zu rechnen. Für wen oder was hält sie mich eigentlich? Die Hotline einer Zeitungskolumne? Wieder Schweigen.

»Wie lang sind sie jetzt verheiratet, Mummy?«

»Etwa sieben Jahre. Was hat das damit zu tun?«

»Sehr viel! So weit ich höre, hat jeder nach sieben Jahren Ehe ›Schwierigkeiten‹.«

Mummy ignoriert meinen Zynismus, der sich nicht für einen so jungen Menschen schickt. »Wahrscheinlich nur etwas Vorübergehendes«, seufzt sie.

Was meint sie mit ›Vorübergehendes‹? Haben sie Streit, haben sie Affären, oder was? Mummy kann manchmal so nervtötend sein.

»Ich hoffe wirklich, sie werden es hinkriegen, schließlich sind sie das zukünftige Königspaar«, verkündet sie.

»Ich wage mal zu behaupten, dass es da draußen einige Frauen gibt, die das nicht hoffen«, entgegne ich frech. »Er ist hinreißend. Mir ist egal, dass er große Ohren hat …«

»Sarah, hör auf zu träumen«, unterbricht Mummy mich. »Deine Chance, Prinz Charles persönlich kennen zu lernen, ist etwa so groß wie, nun, wie ein Flug zum Mond.«

Wie schafft meine Mutter es nur, dass ich mich manchmal wieder wie eine Sechsjährige fühle? Darauf wechselt sie zu einem langweiligeren prosaischen Thema.

»Schatz, musst du wirklich bei Phillips aufhören? Phillips ist so ein gutes, angesehenes Unternehmen.«

»Geld, Mummy. Sie bezahlen einen Hungerlohn. Sie erwarten von all ihren Angestellten, dass sie Privatvermögen haben. Ich kann von dem Gehalt, das sie zahlen, einfach nicht leben.« Ich spüre ihre Niedergeschlagenheit.

»Aber was willst du dann machen?«

Entnervt rolle ich die Augen. »Phillips ist nicht der einzige Arbeitgeber in London. Ich hab mich bei einer Personalvermittlung gemeldet … sie heißt … Bernadette of Bond Street … ja, ich weiß, das klingt wie ein Callgirl im West End. Und ja, ich bin sicher, dass ich nicht in die Fänge eines Mädchenhändlerrings gerate … Mummy, hör auf! Bernadette ist nett … Was für ein Job? Ach, ganz sicher ein langweiliger. Wahrscheinlich schufte ich am Ende für irgendeinen stumpfsinnigen leitenden Angestellten in irgendeinem furchterregenden Bürotower in der City, aber zumindest verdiene ich dann genug, um davon zu leben.«

»Nun, ich hab dir ja gesagt, du sollst dein Studium nicht aufgeben«, verkündet sie.

Wieder rolle ich mit den Augen. »Ja, Mummy. Ich weiß, es ist meine Schuld.«

Wehmütig denke ich an meine überstürzte Abreise aus Cirencester. Der Grund: alberne Streitigkeiten mit meinem Exfreund Andy. Heiraten oder nicht heiraten, das war die Frage, und eine Farmersfrau zu werden, war damals nicht die Antwort. Aber Andy, dieser Schatz, immer charmant, allseits begehrt, der jüngere Sohn des wundervollen Earl Ferrers, eines strahlenden Sterns im Oberhaus, bitte schön. Ach, hätte ich mich anders entschieden, wäre ich jetzt vielleicht schon seine Schwiegertochter!

All diese Streitigkeiten! Warum um alles in der Welt ging's dabei eigentlich? Im Nachhinein war es so albern. Warum ließ ich bloß meinen Abschluss sausen und flüchtete nach London? War Merlin das wirklich wert? Ach ja, Merlin Hutchings, der Herr Anwalt vom Piccadilly, mit rotem Sportwagen und schicker Studiowohnung am Cheyne Walk. Aber ehrlich, welches Mädchen hätte einem Abenteuer mit Merlin widerstehen können? Und ich hatte mir schon immer einen Freund in London gewünscht.

Meine innere Nanny tadelt mich. Du hättest widerstehen müssen. Gerade dieses Abenteuer mit Merlin hat dich um Andy gebracht. Meine innere Nanny hat Recht. Und ich muss gestehen: Jetzt wäre ich viel lieber mit Andy zusammen.

»Schatz, bist du noch da?«, unterbricht Mummy meine Träumerei. Wir plaudern noch ein Weilchen, und dann gehe ich schlafen.

Am nächsten Tag fahre ich mit dem Bus zu Phillips, das, für die, die es nicht wissen, zwar nicht ganz zur selben Kategorie gehört wie Sotheby's oder Christie's, aber dennoch ein Bollwerk an Vornehmheit und effizienter Umschlagplatz alter Familienstücke ist; ein Handelszentrum der Privilegierten, das es dem niederen Adel Englands ermöglicht, seinen Verpflichtungen dem Finanzamt gegenüber nachzukommen.

Am Green Park verlasse ich den Bus und stapfe die New Bond Street hinauf. Am oberen Ende biege ich in die Blenheim Street, wo sich das schmutzig-cremefarbene Gebäude meines Arbeitgebers befindet, das noch aus den 30er Jahren des 20. Jahrhunderts stammt. Ich betrete es durch die marineblaue Tür, wo mich, wie immer, der fröhliche Portier, ein waschechter Cockney, begrüßt. Dann gehe ich am kleinen Büro von Paul Gillan vorbei, der bei jedem sorgfältig darauf achtet, dass er auch pünktlich ist. Und für meine Begriffe fängt man hier früh an: um 8.30 Uhr! Wenn wir ein Handelsunternehmen in der City wären, würde ich das ja verstehen, aber wir sind ein Team von Experten, die sich darauf verstehen, alte Artefakte auf ihren Wert zu schätzen. Warum müssen *wir* an unserem Arbeitsplatz sitzen, wenn zivilisierte Menschen gerade mal ihr Frühstück beenden? Warum, hm?

Die Zeitvorgabe gilt für jeden von den Geschäftsführern abwärts. Sogar für die Schwester meines Exfreundes Andy, die als Tochter eines Earls selbst eine Lady ist. Man könnte doch meinen, dass gegenüber Aristokraten hier und da Konzessionen gemacht würde, aber nein. Hat man es bis 8.30 Uhr nicht geschafft, landet man auf dem Schleudersitz, ganz gleich, wer man ist.

Aber das ist der einzige Nachteil. Das Beste an dieser Arbeit ist der Green-Room-Trödel, der einmal im Monat stattfindet. Ich habe schon meinem ganzen Bekanntenkreis diesen Tipp gegeben. Im wesentlichen handelt es sich um einen Räumungsverkauf billiger Sachen, die bei uns landen, aber keinen großen finanziellen Wert haben. Die Hälfte meiner Freunde hat bereits mit dem Green-Room-Trödel ihre Häuser und Wohnungen ausstaffiert. Letzte Woche beispielsweise hat meine Freundin Druscilla zwei Kommoden, einen persischen Webteppich, ein Bücherregal, zwei Drucke mit Highlandhirschen und ein Chesterfieldsofa aus Leder erstanden. Kosten? 270 Pfund. Nicht schlecht, wie?

Ja, Phillips ist ein feiner Arbeitsplatz, seufze ich. Aber ich muss den Tatsachen ins Auge sehen. Ich kann mir einfach nicht den Luxus leisten, längerfristig hier zu arbeiten. Das Angebot, mich von meinen Pflichten als Sekretärin zu entbinden und als Titelaufnehmerin auszubilden, ist zwar verlockend, aber ohne zusätzliche Gehaltserhöhung bessern meine lieben Chefs am falschen Ende nach. Wer kann schon mit einem wöchentlichen Nettolohn von 154 Pfund auskommen? Der deckt so gerade mal meine Lebenshaltungskosten ab: Fahrgeld, Miete und Raten, Telefon, Strom, Wasser und Gas, Essen und Trinken. Und was ist mit Kleidern, Schuhen, Make-up, Toilettenartikeln und einem gelegentlichen Abend auswärts? Ich kann doch nicht ewig meine Eltern anbetteln.

In der Mittagspause gehe ich auf einen Sprung zu meiner Personalvermittlung, um nachzufragen, ob man was für mich hat.

»Ah, da sind Sie ja«, begrüßt mich Bernadette, eine hübsche Brünette in mittleren Jahren, die ein reges Interesse an meiner beruflichen Zukunft zu haben scheint. »Ich hatte schon gehofft, Sie würden vorbeischaun. Ich habe Sie für etwas vorgeschlagen, das Sie interessieren könnte. Vor einiger Zeit habe ich den Leuten Ihre Unterlagen geschickt, und gerade haben sie angerufen, um Bescheid zu sagen, dass sie Sie gerne kennen lernen würden – wenn möglich, noch heute.«

»Zahlen sie gut?«, frage ich hoffnungsvoll.

»Besser als Ihr jetziger Arbeitgeber.«

»Wie viel besser?«

»Ungefähr 1000 Pfund im Jahr besser.«

»Wie hoch wäre dann mein Wochenlohn nach Steuern?«

Bernadette stellt ein paar Rechnungen auf der Rückseite eines Umschlags an. »169,92 Pfund.«

Ja, das ist eine Verbesserung. Hey, da werde ich mir dann und wann eine zusätzliche Nylonstrumpfhose leisten können. Finster denke ich, dass der einzige Weg, im Leben voran zu kommen, wohl darin besteht, eine ehrgeizige Karrierefrau zu werden. Ich sollte Londons City ins Auge fassen. Wer weiß, vielleicht könnte ich eines Tages sogar die Zitadellen der Finanzwelt erobern! Also sollte ich jetzt wohl sagen, dass ich einen Job irgendwo im Bankwesen möchte, wo ich mir von meinem Lohn mehr als nur ab und an ein Kleidungsstück kaufen kann, aber ich bin einfach zu neugierig. Schließlich hat dieser Arbeitgeber darum gebeten, mich zu sehen. Zumindest sollte ich erfahren, wer es ist.

»Also, was ist das für ein Job?«

Bernadette sieht mir direkt in die Augen. »Es ist ein Job im St. James' Palace. Sekretariatsarbeiten für den Prince of Wales. Interessiert?«

Interessiert? Das soll wohl ein Scherz sein!

Zehn Minuten später marschiere ich die Old Bond Street hinunter. Zur Hölle mit Phillips – ich verlängere die Mittagspause um eine halbe Stunde und sage, ich wäre beim Arzt gewesen. Ich überquere Piccadilly mit dem prächtigen Ritz zu meiner Rechten, gehe dann die St. James' Street hinunter, an Berry Brothers, dem Weinhändler, vorbei, dann entlang der wichtigen Clubs für Gentlemen – White's, Brooks's und Boodle's –, die alle in ehemaligen Stadthäusern aus dem 18. Jahrhundert residieren, wo einst verschiedene Earls, Marquis' und Dukes ihren Londoner Wohnsitz hatten.

Am Ende der Straße lande ich vor dem Tudortor des prächtigen, weitläufigen königlichen Palastes. Zwei große, schneidige Gardisten in voller Uniform und mit Gewehr bei Fuß stehen in ihren Wachhäuschen unter dem Uhrenturm und blicken starr geradeaus. Dahinter, in der Nähe des Eingangs, ist eine Polizeischranke. Bernadette ist einfach sensationell – der ehrfurchtgebietende Polizeibeamte kennt bereits meinen Namen! Police Constable Ehrfurchtgebietend stellt mir einen Besucherausweis aus, und dann überquere ich das Kopfsteinpflaster des Colour Court, um schließlich meine ersten, zaghaften Schritte durch die Pforten ins Innere zu wagen.

Die Eingangshalle ist kühl, und ihre Steinplatten haben eine wundervolle, Jahrhunderte alte Patina. Eine Empfangsdame bittet mich, im chinesischen Zimmer zu warten, woraufhin ich einen wunderschönen Raum betrete, dessen Wände über und über mit zarten Darstellungen eines romantischen, längst vergangenen China behangen sind: gebeugte Bauern mit langen Bärten ziehen Karren über perspektivisch gewundene Straßen in einer pittoresken Landschaft. Ich frage mich, ob dies kitschige Fantasieprodukte sind oder wahrheitsgetreue Darstellungen vergangener Zeiten. Die wunderschönen geschnitzten Möbel, so bemerke ich, sind jedenfalls chinesisches Chippendale. Somit war das Jahr bei Phillips wohl doch nicht ganz umsonst.

Ungefähr zehn Minuten lang sitze ich da und bewundere die Pracht, bis die Empfangsdame ihren Kopf zur Tür hereinsteckt und mich bittet, für das Vorstellungsgespräch nach oben zu gehen. Oh, mein Gott! Nervös bin ich gar nicht, wie? Ich gehe die Treppe hinauf und komme an einem fantastischen Riesengemälde vorbei, das die Krönung von George VI. zeigt, dem Vater unserer liebenswerten Queen Elizabeth.

Plötzlich durchzuckt mich ein panischer Gedanke: Was, wenn der Prince of Wales selbst das Vorstellungsgespräch führt, frage ich mich bebend. Gott, wenn er auch nur im Zimmer wäre, fiele ich in Ohnmacht, das schwöre ich. Das wäre schrecklich. Und doch – vielleicht auch nicht. Nicht, wenn ich mich in seine Richtung fallen ließe. Man stelle sich vor: der besorgte Prinz nimmt *moi*, die ohnmächtige zukünftige Sekretärin auf seine starken Arme, mit denen er so kraftvoll den Poloschläger zu schwingen weiß. Er hebt mich hoch und trägt mich mühelos zu einer nahen Chaiselongue.

»Rasch!«, ruft er. »Man bringe mir Riechsalz!«

Aufhören, Sarah! Reiß dich zusammen!

Ich betrete das Büro. Ich hoffe, mein Gesicht drückt nichts als Gleichmut und Gelassenheit aus. Man führt mich zu einem Stuhl. Um meine voraussichtlichen Gesprächspartner nicht zu erblicken und in Ohnmacht zu fallen, inspiziere ich die Umgebung. Die Wände sind in einem schmutzig gelblichen Creme gehalten – seit gut sechs Jahren nicht mehr gestrichen, würde ich mal sagen. Daran hängen in mittelmäßigen Rahmen Ölgemälde – und auch die könnten eine Reinigung ganz gut vertragen, denke ich im Stillen. Es sieht so aus, als zeigten die Bilder Venedig, irgendwann im 18. Jahrhundert – Gondolieri auf Kanälen vor einem hinreißenden Prospekt wunderschöner Paläste. Ich schlucke. Die Bilder sind alle von Canaletto. Ich erinnere mich, dass in der Woche zuvor ein Canaletto bei Sotheby's fünf Millionen Pfund erzielt hat. Hier im Raum befinden sich drei davon, doch dann fällt mir ein, dass ich im Gang draußen ebenfalls venezianische Szenen gesehen habe. Meine Güte, eine Versteigerung dieser Schinken hier könnte einen Monat lang ganz Afrika ernähren!

Ich blicke nach unten. Ein Aubusson-Teppich wäre vielleicht der passende Kontrapunkt zu der prächtigen Altmeistersammlung. Stattdessen sehe ich einen schmutzig braunen Teppichboden, den man, wen man mich fragte, lieber zusammenrollen und in den Müll werfen sollte. Dann bemerke ich das Ablagesystem.

Ablagesystem? Ich kann mir das Lachen gerade noch verkneifen. Es ist keine Reihe schicker Aktenschränke aus Holz oder Metall, sondern eine Ansammlung von Pappkartons, die man wahllos neben- und aufeinander gestellt hat. Und das im königlichen Palast?

Ein Hüsteln ertönt, und ich blicke auf. Ich werde rot. Ich hoffe doch wirklich, dass sie mich nicht für unhöflich halten. Oh du dumme, dumme Sarah! Vor mir sitzen drei Gesprächspartner – zwei Männer und eine Frau. Sie stellen sich vor.

Der Erste ist Commander Richard Aylard. Er ist der Temporary Assistant Private Secretary für den Prince of Wales, was bedeutet, so erklärt er mir, dass er für reibungslose Abläufe im höchst betriebsamen Büro des Prinzen sorgt. Dann gibt es einen sehr hübschen dunkelhäutigen Beamten des Foreign Office, den Seconded Deputy Private Secretary David Wright, für den ich sofort eine Schwäche entwickle. Und schließlich ist da die liebenswürdige, hübsche Jenny Denman, deren Titel ich nicht mitbekomme, weil all meine Aufmerksamkeit momentan dem traumhaften David gilt.

Ach ja, kein Prince of Wales! Seufz, aber was konnte ich schon erwarten? Wahrscheinlich ist er zu sehr damit beschäftigt, wohltätige Werke zu verrichten oder hässliche Gebäude anzuprangern und vielleicht auch die ›Schwierigkeiten‹ zu klären, auf die meine Mutter so geheimnisvoll anspielte.

Es folgen die Fragen: Welche Erfahrungen kann ich vorweisen? Wie viele Anschläge schaffe ich auf der Schreibmaschine? Kann ich ein Diktat aufnehmen? Bin ich ein Teamspieler? Würde es mir Spaß machen, im Palast zu arbeiten? Das soll wohl eine Scherzfrage sein? David Wright lächelt mich an, was mir auf wunderbare Weise Zuversicht verleiht. Dann tritt Schweigen ein, und er flüstert mit seinen Kollegen. Sie beraten sich wie die Kandidaten einer Fernsehquizshow.

Ich wende den Blick ab, tue so, als hätte ich ein leidenschaftliches akademisches Interesse an einem der Canalettos, und hoffe, so auszusehen, als würde meine Familie einen ganz ähnlichen besitzen.

»Sarah«, sagt David dann und blickt mich ernst an, »Ihre Agentur hat uns vor einer Woche Ihre Unterlagen geschickt. Wie Sie sich vorstellen können, herrschen hier sehr strenge Sicherheitsvorschriften. Ich hoffe, es stört Sie nicht, dass wir uns über Sie erkundigt haben. Wir erkundigen uns über *jeden*. Jetzt wissen wir so ziemlich alles über Sie.«

Ich bemerke, wie ich rot werde. Oh mein Gott. Werde ich nun wegen meiner unbezahlten Strafzettel verhaftet? Vermutlich wissen sie jetzt, dass ich wegen eines fehlgeschlagenen Streichs im Schlafsaal fast von der Schule geflogen wäre. Ich fühle mich hundsmiserabel. Das ist zu grässlich. Ich bin nahe daran, in Tränen auszubrechen.

»Herzlichen Glückwunsch«, sagt David zu meiner Verblüffung. »Sind Sie damit einverstanden, hier anzufangen, sagen wir: in zwei Wochen?«

Fast falle ich in Ohnmacht. Reiß dich zusammen, Sarah. Ganz cool bleiben. Es klappt nicht. »Äh, ja!«, stottere ich. Gepfiffen aufs Geld, ich will *unbedingt* im Palast arbeiten!

Der traumhafte David fährt mit seinem freundlichen Geplänkel fort. »Ich muss schon sagen, Sie sehen sehr weihnachtlich aus in Ihrem roten Top und dem grünen Rock.« Mein Gott, welch eine peinliche Kombination. Ich seh ja aus wie ein Weihnachtself. Ich frage mich, ob sie verzweifelt jeden nehmen, oder ob ich wirklich aus dem königlichen Stoff bin, nach dem sie suchen. Ich kann's einfach nicht glauben!

Als ich den Palast verlasse, gehe ich nicht, sondern schwebe, ich gleite sachte auf einer weichen Wolke, die an Silberbändern von hübschen, livrierten Lakaien unter mir gezogen wird. Um mich herum nieselt es nicht, sondern es herrscht herrlicher Sonnenschein. Die Autos in der St. James' Street vor mir sind eine Prozession goldener Kutschen. Ich trage kein albernes Weihnachtskostüm aus grünem Rock mit rotem Top, sondern ein hinreißendes, fließendes Ballkleid. Und mein Haarband ist ein Diadem mit glitzernden Diamanten.

Benommen starre ich die schneidigen Gardisten in ihren schmucken, scharlachroten Uniformjacken an und denke an die Charmeure vom Foreign Office, die ich gerade kennen gelernt habe – weltmännische Burschen, die sich Private Secretaries nennen, aber keinerlei Sekretariatspflichten haben. Ich überblicke den Hof dieses wunderschönen Palastes mit all den alten Schätzen und geheimnisvollen Traditionen. Oh mein Gott! Dies ist nun *meine* Welt! Und das für immer. In diesem magischen Augenblick bin ich genauso Prinzessin wie jede andere Prinzessin im königlichen Haushalt.

Ende Mai 1988

Die letzten zwei Wochen bei Phillips waren sehr betriebsam. Und es war so süß von ihnen, mir eine schöne Abschiedsparty zu bereiten. Am Ende war ich ziemlich beschwipst. Und von dem höllischen Kater am nächsten Morgen will ich gar nicht reden! Glücklicherweise war Wochenende.

Merlin und ich haben uns getrennt. Offen gestanden ließ die Leidenschaft nach, und mir spukt Andy im Kopf herum, und zwar nicht nur manchmal, wie am Anfang, sondern die ganze Zeit. Zwei Jahre waren wir zusammen, dann hab ich's vermasselt. Und was noch schlimmer ist, jetzt hat er eine Freundin in Cirencester, die genauso heißt wie ich! Ich hab sie zwar nie kennen gelernt, hasse sie aber trotzdem. Zwei Jahre sind eine lange Zeit für eine Beziehung; zumindest wenn man erst vierundzwanzig ist.

Oh, und Mummy glaubte offensichtlich, ich würde scherzen, als ich ihr von meinem neuen Job erzählte: »Schatz, der 1. April war vor sechs Wochen.« Ich brauchte eine volle weitere Minute, um sie zu überzeugen, dass ich die Wahrheit sagte. Es hat sie ziemlich umgehauen, genauso wie meine beiden lieben Brüder. Sie war so süß und versprach, mit Daddy über einen Zuschuss zur Miete zu reden. Der Palast mag mir zwar 16 Pfund die Woche mehr bezahlen als Phillips, aber das reiche wohl kaum, um mir ein bequemes finanzielles Polster zu verschaffen. Oder?

Hier bin ich also und befinde mich erneut auf dem Weg zum Palast. Ich frage mich: Wann werde ich wohl meinen Arbeitgeber, Seine Königliche Hoheit, kennen lernen? Heute Morgen? Heute Nachmittag? Wie rede ich ihn an? Muss ich jedes Mal einen Knicks machen, wenn er vorbeigeht? Werde ich mich beherrschen können und nicht in Ohnmacht fallen, wenn er mich ansieht?

Am Eingang gehe ich an dem nickenden Polizisten vorbei und spüre, dass in meinem Bauch wie verrückt Schmetterlinge flattern. Natürlich hab ich das rotgrüne Outfit gegen etwas eingetauscht, das zu meinem gehobenen Status passt. Ich bin ganz in Schwarz und sehr schick. Schließlich kann ich den Prince of Wales kaum in einem Elfenkostüm kennen lernen, oder? Um American Express werde ich mich später kümmern. Der Polizist winkt mich durch, und die Empfangsdame reicht mir einen Ausweis, der mir bescheinigt, dass ich nichts Geringeres als ›unbeschränkten Zugang‹ habe. Von nun an kann ich den Palast ohne weitere Erlaubnis betreten. Die Palastschlüssel sind mein!

Als Nächstes werde ich zu einem Büro geführt, wo mich ein düster dreinblickender Zeitgenosse auffordert, den Official Secrets Act zu unterzeichnen, die Verpflichtung also, alles, was ich hier erfahre, geheim zu halten. Ist das nicht nur was für Spione? Plötzlich fühle ich mich ungeheuer wichtig. Ich bin keine bescheidene Anwärterin auf den Posten des Titelaufnehmers in einem Auktionshaus. Oh nein, ich bin ein wichtiges Rädchen im Palastgetriebe. Dann beschleicht mich ein frivoler Gedanke. Ich frage mich, was wohl geschähe, wenn ich einfach sagte: »Nein! Den Official Secrets Act unterzeichne ich nicht!« Ist das wohl irgendwann schon mal vorgekommen?

Ich erhasche einen Blick von Mr. Düsterling, als er mir das Formblatt hinschiebt. Nein, ich wette, nicht. Ich kritzle meinen Namen hin. Lebt wohl, Frivolität und Freiheit! Und seid gegrüßt, Ernst und Verpflichtung gegenüber der Krone des Vereinigten Königreichs und seiner Kolonien in der Ferne. Nun bin ich ein zutiefst loyaler Lohnempfänger des Palastes, eine Miss Moneypenny, bereit, meinem Herrn, dem Prince of Wales und zukünftigen gut aussehenden König von England, zu Diensten zu sein.

Wird je eine Vertraulichkeit über meine Lippen kommen? Niemals. Nicht ein einziges Mal. Nicht Geld kann mich locken, noch Folter mich schrecken. Meine Treue zur Krone ist ungebrochen. Ich will mein Leben für den Prinzen lassen, bevor ich auch nur das Geringste preisgebe. Die Geheimnisse der Nation sind bei mir gut aufgehoben. Oh ja. Und das ist offiziell.

Da ich ja dazu aufgefordert wurde, den Official Secrets Act zu unterzeichnen, vermute ich, dass die Aufgaben, mit denen ich betraut werden soll, ziemlich gewichtig sein werden. Zweifellos werde ich mit höchst prekärem Stoff zu tun bekommen, Material, das Regierungen zu Fall bringen könnte. Meine Haltung verrät nun angemessenen Ernst. Ich frage mich, ob der Prinz sein

Büro nebenan haben wird, von wo er mich dann hereinruft, damit ich mir Notizen zu seinen wichtigen Verhandlungen mit den Ministern der Regierung machen kann.

»Fanpost, Sarah«, sagt Mr. Düsterling. »Das wird Ihre Aufgabe sein.«

Ich versuche, meine Verblüffung zu verbergen. Ich musste den Official Secrets Act wegen der Fanpost unterzeichnen? Dann wird mir rasch klar, dass es sich um einen Code handeln muss, eine amüsante Metapher des Foreign Office für etwas viel Gewichtigeres. Ich lächle verschwörerisch.

»Fanpost«, wiederhole ich und ziehe leicht eine Augenbraue in die Höhe.

Er bedenkt mich mit einem seltsamen Blick. »Ja, Fanpost, Sarah. Seine Königliche Hoheit kriegt stapelweise davon. Etwa hundert Briefe pro Tag. Es wäre nicht angemessen, sie einfach wegzuwerfen. Ihre Aufgabe besteht darin, sie zu beantworten.«

»Alle?«

»Ja, Sarah, alle. Tatsache ist, dass wir hier einen großen Sack haben, der so schnell wie möglich bearbeitet werden muss.«

»Zusätzlich zu meinen Sekretariatsaufgaben, nehme ich an«, sage ich munter.

»Nein, Sarah, die Fanpost ist Ihre *einzige* Aufgabe. Fanpost ist Ihr Arbeitsbereich.«

Ich nickte in demütiger Ergebenheit. Tja, irgendwo muss man ja anfangen.

»Oh, und noch eins, Sarah. In der Welt draußen würde man Sie vollkommen korrekt als Sekretärin bezeichnen, aber hier im Palast sind Sie eine Lady Clerk.«

Eine Lady Clerk, ach ja? Sarah Goodall, Lady Clerk. Mmmh. Schön? Sehr schön! Wenn diese rotznasigen Debütantinnen heute Abend bei Druscilla erst hören werden, dass ich eine Lady Clerk im Palast bin! Dann werden sie über *mich* nicht mehr die Nase rümpfen. Oh nein.

»Ich habe jemanden vom Personal gebeten, Sie abzuholen,

Ihnen Ihr Büro zu zeigen und Sie dann den anderen Lady Clerks vorzustellen.«

Den anderen Lady Clerks? »Äh, wie viele Lady Clerks gibt es denn?« Mr. Düsterling runzelt die Stirn. »Gute Frage.« Langsam zählt er es an den Fingern ab. »Zwölf, glaube ich. Ja, zwölf.«

Eine große Blondine mit hohen Wangenknochen, die ich ›Geraldine‹ nennen werde, tritt ein. Sie trägt ein preußischblaues Designerkostüm und ist schlank, elegant und hinreißend. Sie betrachtet mich mit ihren kornblumenblauen Augen und lächelt. In diesem Moment fühle ich mich wieder wie die Neue an meinem ersten Schultag, eingeschüchtert und allein. Sie ist die Schulsprecherin, selbstbewusst, schön, fürsorglich und freundlich. Ich bin auf der Stelle hin und weg.

Geraldine führt mich durch ein großes Prunkzimmer mit einem Kamin aus grauem Marmor, über dem ein goldgerahmtes Porträt von König Edward VIII. hängt, dem Onkel von Queen Elizabeth und Sohn von George V.

In jeder Ecke befindet sich ein edwardianischer Eichenschreibtisch. An dreien von ihnen sitzen Mädchen und schenken mir ein mattes Lächeln, das ich erwidere. Dabei bemühe ich mich angestrengt, eine bescheidene Miene ruhiger Ergebenheit aufzusetzen, wie es sich für Neue gehört.

»Ich stelle Ihnen auch die anderen vor«, sagt Geraldine und führt mich durch zwei angrenzende Räume, wo die anderen Lady Clerks symmetrisch wie Wachen postiert sind. Ich hebe die Hand und bedenke alle mit einem mädchenhaft-schüchternen Winken – in der Hoffnung, damit geziemend unbedrohliche Zurückhaltung zu demonstrieren, die sie als angemessene Bescheidenheit deuten werden. Dann geleitet Geraldine mich noch rasch den Korridor hinunter bis zur Küche, wo wir uns einen Instantkaffee machen und uns aus dem Kekssortiment des Büros bedienen. Kekse, vor allem mit Schokolade, gehören zu meinen schrecklichsten Schwächen.

»Die drei Prunkzimmer, in denen wir Lady Clerks arbeiten,

waren ursprünglich drei zusammengehörende Salons. Genauer gesagt waren es die Räumlichkeiten, wo Edward VIII. um Wallis Simpson warb«, erklärt sie.

Wow. Ich weiß alles über diese Affäre. Wer nicht? Er war der König, der alles hatte und es dann wegen der Liebe zu einer unpassenden Frau verlor. Dass ein König ein Abenteuer mit einer geschiedenen Frau einging, war eine Sache, dass er sie unbedingt heiraten wollte, jedoch eine ganz andere. Konsequenz: Er musste auf den Thron verzichten und abdanken. Alles für Wallis. Sie muss schon eine ganz besondere Frau gewesen sein.

»Eigentlich verführte Wallis eher ihn als er sie, aber kluge Frauen wie Wallis lassen Männer in dem Glauben, es sei umgekehrt gewesen«, fügt Geraldine mit einem vielsagenden Augenzwinkern hinzu.

In meiner Vorstellung entsteht ein Bild von der eleganten, knabenhaften Wallis, das sich zu einer Vision der drei Prunkzimmer wandelt, aus dem die Schreibtische entfernt und durch elegante Regency-Möbel ersetzt worden sind. Ich sehe den schmucken König und seine aparte Angebetete in einem schicklichen verbalen Schlagabtausch, der geradewegs aus einem Stück von Noel Coward stammen könnte. Beide halten Cocktails in der einen Hand und exotische türkische Zigaretten in der anderen, während hochgewachsene Lakaien im Frack blicklos vor sich hin starren. Ihre Werbung besteht aus Blicken unter gesenkten Lidern, schmeichelnden Metaphern und klopfenden Herzen. Wie unglaublich romantisch!

»Sie wissen ja, wie sie ihn sich angelte«, unterbricht Geraldine meinen Tagtraum.

Ich schüttele den Kopf.

Sie neigt sich zu mir und flüstert: »BJ's!«

Ich lächele wissend. Sie trinkt einen Schluck von ihrem Kaffee.

»Und das erste Mal geschah es hier. Stellen Sie sich vor, der erste offiziell verzeichnete BJ in Großbritannien, hier im St. James' Palace.«

Sie lacht, und ich lache ebenfalls. Aber wovon um alles in der Welt redet Geraldine eigentlich, frage ich mich nervös. Was ist ein BJ? Komm schon, Sarah, denk nach! Geraldine ist hier die Schulsprecherin, und du präsentierst dich als Idiotin. Ich konzentriere mich. Amerikanerin zeigt englischem König BJ.

War es die frühe Version eines Hamburgers? War der König vielleicht Feinschmecker? Also hat sie ihn sich mit Hamburgern geangelt. Ich bedenke Geraldine mit einem wissenden Lächeln. Sie blickt mich prüfend an.

»Sie haben keine Ahnung, wovon ich eigentlich spreche, oder?«

Ich lächele nervös. Gott, ich bin so eine Idiotin. Ich bin so provinziell, dass ich heulen könnte. Geraldine erlöst mich von meinem Elend. Sie neigt sich erneut zu mir und nähert ihren Mund meinem Ohr. Ich kann ihr Parfüm riechen: Chanel Nr. 5.

»Blow Job.«

Ich merke, wie ich erröte.

»Ja«, bekräftigt Geraldine und richtet sich wieder auf. »Die Frauen bei Hofe bezeichneten es als Wallis' ›orientalische Praktiken‹. In der Tat lernte Wallis das, als sie in China lebte. Sie waren der Ansicht, mit einer erfahrenen Verführerin auf dieser Ebene weder konkurrieren zu können noch zu wollen. Es entsprach ihnen nicht, sich fremdländische erotische Fähigkeiten anzueignen. Also suchten sie de Ausweg darin, Wallis als ganz gewöhnliche Nutte abzutun, als würde ihre Verachtung ausreichen, sie zu vertreiben. Ein ganz großer Fehler. Ich sage, sie hätten von Wallis lernen sollen. Wenn man bedenkt, dass eine Staatskrise hätte verhindert werden können!«

Geraldine wackelt mit ihrem Finger und lässt einen wunderschönen Verlobungsring mit Diamanten funkeln. »So was lernt man nicht aus Geschichtsbüchern.«

Fünf Minuten später, und ich bin immer noch rot. Wenn man bedenkt, dass sich mir eine vollkommen neue Sichtweise auf den Abdankungsskandal aufgetan hat; namentlich auf die Unfähigkeit der Damen des englischen Hofes, den Blow Job in ihr erotisches Repertoire aufzunehmen.

Vielleicht glaubten sie eher – genau wie ich –, Fellatio sei nur eine Shakespearefigur. Ich frage mich, was mein Geschichtslehrer wohl mit Geraldines interessanter und wahrscheinlich unhaltbarer These anfangen würde. Und was würden die Hofhistoriker David Starkey, Antonia Fraser und Simon Schama ihr wohl entgegnen?

Geraldine erläutert mir nun den Posten einer Fanpostbeauftragten, den sie selbst einmal inne hatte. »Wie Sie aus der vielen Fanpost ersehen werden, macht die königliche Familie tiefen Eindruck auf die Leute«, sagt sie. »Briten liegt das im Blut. Ich habe schon gesehen, wie überzeugte Republikaner von der Labourpartei vor Angehörigen der königlichen Familie weiche Knie bekamen.

In Augenblicken der Krise oder tiefer Verunsicherung empfinden Menschen, die man in weniger zynischen Zeiten als königstreue Untertanen bezeichnet hätte, das Bedürfnis, in Kontakt mit Mitgliedern der königlichen Familie zu treten, die ihnen sympathisch sind, wie zum Beispiel unser Arbeitgeber, seine Königliche Hoheit, der Prince of Wales. Denken Sie nur an die Katholiken, die genauso häufig zu ihren Lieblingsheiligen beten wie zu Gott.

Ihre Aufgabe hier mag Ihnen trivial vorkommen, ist es aber keineswegs. Diese Briefe bestätigen die Beziehung zwischen der königlichen Familie und dem Volk, daher wird auch jeder beantwortet. Ihre Antwort wird neutral und würdevoll sein und stets von Respekt zeugen. Ein Antwortbrief mit dem Aufdruck vom St. James' Palace ist eine Bekräftigung, dass die Beziehung fortdauert. Und – dies ist ganz wichtig – Sie werden sogar Beleidigungen beantworten. Sie werden jeden Tag in Ihrem Postsack einen ziemlichen Haufen Beleidigungen und Kritik finden.

Vortrag beendet«, schließt sie. »Gehen wir zu Ihrem Schreibtisch.«

Dann setzt sich Geraldine zu mir an den Tisch. Der verhinderte Auktionator in mir spekuliert, wie viel dieser Schreibtisch mit der Knieöffnung wohl erzielen würde. Ich schätze 80 Pfund. Andererseits stammt er aus dem St. James' Palace. Wie hoch wäre der Snobfaktor zu veranschlagen? Wahrscheinlich könnte man die Summe mindestens mit sechs multiplizieren.

Als ich mir den Schreibtisch näher ansehe, erwartet mich eine Überraschung – ein Computer! Offen gestanden hätte ich Feder und Tintenfass erwartet oder vielleicht noch eine alte Adler-Schreibmaschine. Zumindest würde das zu dem Ablagesystem in Kartons passen, die rund um das gesamte Büro den Rand des deprimierend braunen Teppichs bedecken, welcher sich wie ein Sumpf um uns herum erstreckt. Geraldine ruft auf meinem Computer ein Programm auf, woraufhin ein Brief auf dem Bildschirm erscheint. Wie ich bald erfahren soll, sind das die Freuden des vollkommen unverständlichen Programms mit der Bezeichnung DW 4.

»Die Maske für Ihre Antworten«, erklärt sie.

Dann erklärt mir Geraldine die Fanpost-Prozedur. Zunächst muss ich jeden Postsack sichten und die Fanpost von der persönlichen Post trennen.

»Letztere ist leicht zu erkennen«, sagt sie. »Briefe, die mit eleganter Tinte geschrieben und in einem teuren Umschlag aufgegeben wurden, sind normalerweise von Freunden.«

»Soll ich diese Briefe dann persönlich zu Prinz Charles bringen?«, frage ich.

»Nein, Sarah. Sie bringen sie zu Commander Aylard. Der wird dann entscheiden, ob er sie HRH zeigt.«

Ich sehe sie verwirrt an.

»Tut mir leid, Geraldine, aber wer ist HRH in der Befehlskette?«

Geraldine lächelt mich freundlich an. »Sarah, HRH steht für His Royal Highness – Seine Königliche Hoheit. Unter dieser Bezeichnung läuft er hier bei uns, allerdings nennen wir ihn auch manchmal schlicht und einfach ›der Chef‹.«

»Oh«, sagte ich. »Also HRH dann.«

Innerlich krümme ich mich vor Verlegenheit. Wie kannst du nur so *blöd* sein, Sarah? In meinem Inneren findet eine Punch-und-Judy-Show statt, bei der die peinlich berührte Judy den ignoranten Punch ohrfeigt. Es heißt nicht mehr Prinz Charles oder der Prince of Wales, Sarah, sondern von nun an nur noch schlicht und einfach ›HRH‹ oder ›der Chef‹.

Dann lerne ich, dass es drei Standardantworten auf Briefe von ihm nicht persönlich bekannten Absendern gibt. Die ertste ist für die wohlwollenden und freundlichen. HRH dankt für die Unterstützung und lässt sie wissen, dass er von ihren Worten zutiefst berührt ist. Die zweite ist für die Hilfsbedürftigen. Ihnen wird dafür gedankt, dass sie auf eine bestimmte Angelegenheit aufmerksam gemacht haben. Man teilt Ihnen mit, dass HRH sich um die Sache leider nicht persönlich kümmern kann, aber dankbar ist für die Mühe, die sie sich gemacht haben, um ihm zu schreiben. Die dritte und letzte Standardantwort ist für die Beleidigenden. HRH dankt ihnen freundlich für ihre Briefe, nimmt sie mit Interesse zur Kenntnis und wünscht ihnen alles Gute.

Während ich versuche, mir das alles zu merken, wirft Geraldine einen Blick auf die Uhr. »Ich glaube, wir sollten jetzt Mittagspause machen, was meinen Sie?«, sagt sie. »Folgen Sie mir!« Das tue ich.

Wir rauschen hinaus auf die Straße. Die Sonne scheint, und ich bin so glücklich!

»Wohin gehen wir?«, frage ich.

»BP«, antwortet Geraldine knapp, während ich mich anstrenge, meine Verblüffung zu verbergen. Warum um alles in der Welt essen wir bei BP? BP steht, wie jedermann weiß, für British Petroleum, eine der größten Ölfirmen mit Tankstellen überall auf der Welt. Ich bin zwar nicht vollkommen blöd und weiß, dass an BP-Tankstellen neben Benzin auch Sandwiches verkauft werden. Trotzdem hätte ich nicht erwartet, dass Lady Clerks in einer Tankstelle einkehren. Es herrschen schon seltsame

Bräuche im Palast, denke ich, als wir am Buckingham Palace vorbeilaufen.

Dutzende lächelnder Touristen fuchteln mit ihren Fotoapparaten herum. Die schmucken Gardisten mit ihren Bärenfellmützen stehen stolz in ihren Wachhäuschen. Ich blicke hoch. Die Flagge ist auf vollmast gesetzt und zeigt aller Welt an, dass Ihre Majestät anwesend ist.

Wir spazieren die Buckingham Palace Road hinunter. Immer noch keine Tankstelle in Sicht. Da verkündet Geraldine plötzlich: »Hier sind wir!« Ich sehe sie erstaunt an. Was meint sie? Wo ist die Tankstelle? Wir befinden uns immer noch an den Mauern des Palastes. Was ist los?

Geraldine nickt einem Polizeibeamten zu, der an einer Tür steht, und als Nächstes merke ich, dass wir *in* den Buckingham Palace gehen. Oh mein Gott! *Das* meinte sie also mit BP. Mir klappt der Mund auf, als ich mich von Ehrfurcht ergriffen umschaue.

»Kommen Sie, Sarah«, drängt Geraldine mich weiter, und ich folge ihr eine Treppe hinauf in einen großen Saal, der zu einer Kantine umgebaut wurde, und zwar zu einer ziemlich großen. Ich sehe große, runde Tische mit weißer Tischwäsche und echtem Silberbesteck – nicht das übliche rostfreie Stahlbesteck.

Geraldine stellt mich Graham vor, dem schwulen und ziemlich hinreißenden Küchenchef, der sich um das Essen in der Kantine des königlichen Personals kümmert. Graham hat einen silbrig duftigen Haarschopf. Er hat eine schwarze Hose an und ein weißes Hemd mit offenem Kragen. Ich entscheide mich für eine Portion köstlich aussehenden Rindfleischeintopf, den er uns wärmstens empfiehlt, und setze mich dann mit Geraldine an einen Tisch, wo sie mich anderen Mitarbeitern vorstellt.

»Gibt es noch weitere Kantinen«, frage ich.

»Ja, die Kantine des königlichen Haushalts für die höheren Angestellten im Palast und die Stewardkantine für Lakaien und niedere Bedienstete. Der BP ist wie ein Dorf, wirklich. Er hat sogar eine eigene Post und eine Bar.«

Graham schlägt als Nächstes einen Marmeladenstrudel mit Vanillesoße vor. Ich bin so erbärmlich; ich kann einfach nicht widerstehen. Geraldine hat da mehr Disziplin, wie mir auffällt. Sie nimmt nur einen Salat und einen Apfel. Ich bin so ein Vielfraß, aber mein Gott, das Essen ist auch köstlich!

Um zwanzig nach zwei sitzen wir wieder an unserem Schreibtisch, und dann ist der Zeitpunkt gekommen, mich dem furchterregend großen, grauen Postsack zuzuwenden, der nun meine Aufgabe darstellt. Beklommen mache ich mich an meine Arbeit. Ich erkenne rasch, dass Geraldine mir nicht die passende Antwort für die Briefe von Irren gezeigt hat. Meine Güte, an die zehn sind es schon! Bekommt er jeden Tag so viele davon?

So nebenbei frage ich mich, ob die Anzahl der verrückten Briefe, die HRH bekommt, vielleicht in direkter Beziehung zum Mondzyklus steht – bei Vollmond wäre der Postsack dann voll mit irrer Korrespondenz, die auf dem Höhepunkt der manischen Mondkraft niedergekritzelt worden wäre.

Dementsprechend würden bei abnehmendem Mond nur noch spärlich Briefe von Irren eintrudeln. Die Zeit wird es weisen.

Ich bemerke rasch, dass man verrückte Briefe ebenso wie die persönliche Korrespondenz schon am Umschlag erkennen kann. Sie sind selten neu, fast immer gebraucht und abgegriffen.

Adressiert sind die Briefe auf exzentrischste Art: Charles, Buckingham Palace, England zum Beispiel. Wie aufmerksam von der Post, sie an mich zu leiten, denke ich, während ich versuche, einen Sinn aus dem wahnwitzigen und oft lächerlichen Inhalt zu ersehen.

Manches ist schlicht und einfach wirres, unzusammenhängendes Zeug von gequälten Seelen, von armen Teufeln. Andere Schreiber sind eifrig darauf bedacht, HRH vor drohenden üblen Verschwörungen zu warnen, bei dem wahlweise der Vatikan, die Freimaurer, die Juden, die Moslems, die Feministinnen, die Vegetarier, Darth Vader (kein Scherz) oder die Umweltschützer (die allzu bösen) ihre Hände mit im Spiel haben.

Mein Favorit aus dem ganzen Schwung jedoch ist ein besorgter Bürger, der meinen Arbeitgeber schilt, weil er seine Untertanen nicht in den unmittelbar bevorstehenden Krieg mit den Aliens unter uns führen will. Wenn er damit die Politessen meint, bin ich vollkommen seiner Meinung. Ich frage mich, ob ich eine persönliche Akte X anlegen sollte. Brief Nr. drei, beschließe ich, passt in die Kategorie der Durchgeknallten.

Aber was mache ich mit den persönlichen Briefen, die ich für HRH aussortiert habe? Ich suche Commander Aylard, aber der ist nicht in seinem Büro. Geraldine sitzt ebenfalls nicht an ihrem Schreibtisch. Ich erkläre mein Dilemma einer anderen Lady Clerk in meinem Büro. Sie blickt mich ausdruckslos an. Meine Charmeoffensive ist eindeutig ins Leere gelaufen.

»Soll ich sie HRH persönlich aushändigen?«, frage ich in aller Unschuld.

Die Frage hat anscheinend das Eis gebrochen. Als Nächstes sehe ich, wie sie Augenkontakt mit einer anderen Lady Clerk herstellt und dann beide gleichzeitig die Hand an den Mund legen, um ein Lachen zu unterdrücken. Verblüfft stehe ich einen Augenblick lang nur da. Plötzlich bin ich wieder die Elfjährige an ihrem ersten Schultag, die von zwei Mitschülerinnen schikaniert wird. Ich kämpfe mit den Tränen, wirbele herum und marschiere geradewegs zum Waschraum. Am liebsten würde ich aus dem Palast rennen und nie mehr zurückkommen.

Ich stoße die Tür zum Waschraum auf. Gott sei Dank ist niemand da! Ich ziehe die Tür zum Klo zu, greife nach dem Toilettenpapier, reiße ein paar Blätter ab und tupfe mir die Tränen ab. Was war denn so komisch? Ich wollte doch nur eine klare Antwort. Oh, wo bist du, süße Geraldine, mein Schutzengel? Commander Aylard, warum warst du nicht da in der Stunde der Not?

Ich fühle mich so allein und verlassen.

Komm schon, Sarah, reiß dich zusammen, mahnt meine innere Nanny. Du bist vierundzwanzig, keine elf mehr. Hör auf, herumzuschniefen. Kopf hoch! Bei der Jagd hast du auch keine

Angst, warum sollten dich also zwei Büroharpyien dazu bringen, in Tränen auszubrechen? So ist es besser. Du wirst das schon durchstehen.

Ich hole tief Luft und betätige die Wasserspülung. Aber wenn niemand da ist, wen will ich dann täuschen? Ich verlasse das Klo und trage neues Makeup auf. Auf keinen Fall gönne ich den beiden Miststücken die Genugtuung, mich zum Weinen gebracht zu haben. Oh nein!

Langsam und mit hoch erhobenem Kopf gehe ich dann den Korridor hinunter und bemerke, dass Commander Aylard wieder an seinem Platz ist.

»Commander, ich möchte Ihnen die persönlichen Briefe an HRH zeigen.«

»Bitte, Sarah, nennen Sie mich doch Richard.«

Nun, Commander, wenn das ihr Kommando ist, dann heißt es ab jetzt ›Richard‹. Sind wir schon beim Vornamen, wie? Ich fühle mich bereits wie ein Palastinsider, dabei arbeite ich erst seit sechs Stunden hier.

»Ich habe Geraldines Anweisungen befolgt und glaube, ich erkenne sie jetzt auf den ersten Blick.«

»Sehr schön, Sarah, es freut mich, dass Sie die Dinge so schnell erfassen«, fährt er fort. »Bringen Sie sie mir bitte.«

»Ja, Richard«, säusele ich.

Strahlend kehre ich in mein Büro zurück, schnappe mir die persönlichen Briefe und werfe meinen Peinigerinnen ein selbstbewusstes Lächeln zu.

»Ich bin kurz bei Richard«, sage ich. Ihre Mienen drücken angemessene Betroffenheit aus. Jetzt hab ich's ihnen aber gezeigt!

Langsam schlendere ich zu Richards Büro, erfreue mich an den Wandgemälden und dem prächtigen historischen Ambiente dieses berühmten alten Palastes. Um mich von diesem himmlischen Arbeitsplatz zu verscheuchen, braucht es schon mehr als zwei unfreundliche Lady Clerks mit Eisprinzessinallüren. Ich lege die persönlichen Briefe auf den Schreibtisch meines Commanders. Als ich mich schon umdrehen und wieder gehen will, macht mir Richard noch ein Kompliment.

»Ausgezeichnet, Sarah. Ich glaube langsam, Sie sind wie geboren für diese Aufgabe.«

Wenn du so weiter machst, Richard, denke ich, dann bist bald du und nicht mehr der traumhafte David mein Palastschwarm.

2.

Neu im Palast

Juli 1988

Ich bin jetzt schon zwei Monate hier und habe drei, vier Freunde gewonnen. Puh! Meine beste Freundin ist im Moment Susannah Perkins, die von der Royal Air Force abgestellt wurde und dementsprechend den ziemlich extravaganten Titel ›Flying Officer‹ trägt. Ich sehe sie ständig wie Tinkerbell durchs Fenster segeln.

Die Titel, die hier den Rang bei den Streitkräften bezeichnen, sind noch zu begreifen, aber ein paar Jobbezeichnungen bei Hofe stellen jeden vor ein Rätsel, der nicht den Palastjargon beherrscht. Ein kleiner Test: Was macht ein ›Liveryman‹, wörtlich übersetzt ›Livreemann‹, im Palast? Bemalt er vielleicht die königliche Livree? Nein. Weitere Vorschläge? Ein ›Liveryman‹ ist ein Bote. Er trägt einfach Dinge von A nach B. Was ist denn ein ›Equerry‹? Klingt, als hätte das was mit Pferden zu tun, nicht wahr? ›Equus‹, das Pferd, wie der Lateiner sagt, ›Equipage‹, die Pferdekutsche. Wahrscheinlich hat sich der ›Equerry‹ auch einst um die Pferde des Prinzen gekümmert – vor der Erfindung des Automobils. Aber nun hilft der ›Equerry‹, bei uns in Gestalt von Major Christopher Lavender und mit Unterstützung von Commander Aylard, dem Prinzen bei Transportfragen. In der Welt draußen würde man ihn wahrscheinlich als ›persönlichen Assistenten‹ und in einer modernen Firma als ›Logistikmanager‹ bezeichnen.

Hier ist noch so ein Rätsel: ›Travelling Yeoman.‹ ›Travel‹ heißt ja ›Reisen‹, könnte der ›Travelling Yeoman‹ also vielleicht vor dem

Prinzen herreisen und die Leute, die den königlichen Besuch erwarten, mit dem Ausruf ›Yeo!‹ warnen? Nein. Sonst noch Vorschläge? Die Aufgabe des ›Travelling Yeoman‹ ist, dafür zu sorgen, dass das Gepäck bei königlichen Reisen sicher aufgegeben wird und auch wieder zurückkommt. Manchmal nennt man ihn auch ›Baggage Master‹ – ›Gepäckmeister‹. Der Travelling Yeoman oder Baggage Master im St. James' Palace ist der wundervolle Sergeant Ron Lewis, der schon seit Urzeiten beim Prinzen ist. Wir alle nennen ihn ›Sarge‹.

Aber für mich sind die kuriosen Titel ohne jeden Zweifel viel aufregender als die üblichen Jobbezeichnungen. Es ist doch so viel romantischer und geheimnisvoller, ein ›Travelling Yeoman‹ statt ein ›Gepäckbeauftragter‹ zu sein, ein ›Equerry‹ statt ein ›Logistikmanager‹, ein ›Liveryman‹ statt ein ›Bote‹, und ebenso eine ›Lady Clerk‹ statt eine ›Sekretärin‹. Durch diese undurchschaubaren Titel färbt etwas von dem geheimnisvollen Nimbus und der Erhabenheit der königlichen Familie selbst auf den bescheidensten Palastangestellten ab. Ungewollt zeichnet es uns alle, die wir hier arbeiten, aus und entrückt uns fast so sehr der Welt vor den Palasttoren wie die königliche Familie selbst.

Heute befinde ich mich in einem Zustand höchster Erregung, denn Susannah hat für uns den Tennisplatz innerhalb der privaten Gartenanlagen des Buckingham Palace reserviert. Ich bin so aufgeregt wie ein Kind vor seinem ersten Zoobesuch.

Am Nachmittag betreten wir, ganz in weiß, das Palastgelände, und zwar von der Buckingham Palace Road aus durch eine Pforte zwischen den Royal Mews und der Royal Collection, die man Electrician's Gate nennt. Ich halte die Luft an und bemühe mich, Susannah nicht zu zeigen, wie beeindruckt ich bin. Die Sonne glitzert durch die Bäume, als wir einen Weg entlanggehen, der den gesamten Garten umgibt. Wir überqueren eine komische Brücke über einem kleinen See, von wo aus wir die atemberaubend schönen Flamingos sehen, die hier, im königlichen See, mit gestutzten Flügeln leben.

Dann kommt der Tennisplatz in Sicht – ein Ascheplatz, der mit Moos und Unkraut an den Rändern leicht verwahrlost wirkt. Hier sind wir ganz allein, keine andere Menschenseele ist zu sehen, und nur fünfzig Meter vom hinteren Ende des Platzes entfernt befindet sich Hyde Park Corner: die betriebsamste Ecke im ganzen Land! Unglaublich. Mir wird klar, dass zwar Tausende von Menschen diese Parkanlagen bei den jährlichen Gartenpartys betrachten können, wenn die Queen ausgewählte, verdiente Bürger zum Tee lädt, aber nur wenige haben wie ich in diesem magischen Augenblick das Privileg, sie in ungestörter Ruhe zu genießen. Das heißt: Ruhig ist es, wenn man den Verkehrslärm außer Acht lässt.

Susannah und ich wärmen uns auf und starten dann ein temporeiches Match. Ich bin total unterlegen. Susannah Perkins kann nicht nur Flugzeuge steuern, sondern auch, wenn sie wollte, bei Wimbledon mithalten. Ich fühle mich wie eine Anfängerin, die gegen den Tennisstar Martina Navratilova spielt. Aber ich denke, wenn ich denn schon gedemütigt werden soll, so gibt es dafür kaum einen besseren Platz als die menschenleeren Parkanlagen des Buckingham Palace, oder?

Als ich wieder einmal einen der Bälle aufhebe, die ich ins Netz geschlagen habe, sehe ich plötzlich in der Ferne den Assistant Privat Secretary der Königin, Sir Robert Fellowes, den ich auf der Abschiedsparty von jemandem kennen gelernt habe und der jetzt seinen Labrador ausführt. Sir Robert genießt das vollste Vertrauen Ihrer Majestät. Aber es ist allgemein bekannt, dass er, wenn er frustriert ist, Leute anschreit, vor allem am Telefon. Es heißt, er hätte sogar die Princess of Wales angeschrieen! Aber andererseits ist er mit einer ihrer Schwestern verheiratet, also nehme ich an, innerhalb der ›Familie‹ ist das wohl zulässig. Er hat auch Fergie, die Duchess of York angeschrieen, aber es stellte sich heraus, dass sie seine Cousine ersten Grades ist.

Offenbar sind die Herzogin und die Prinzessin wirklich gute Freundinnen, und seine Verbalattacken werden sie gar nicht zur

Kenntnis nehmen. Daher haben sie ihm den Spitznamen ›Bobby Bellows‹ gegeben – ›Bellows‹ heißt sowohl ›Er brüllt‹, als auch ›Blasebalg‹. Ich frage mich, ob er von seinem Spitznamen weiß.

Wir spielen weiter, als der geschmähte Palastkoordinator Ihrer Majestät aus unserem Gesichtsfeld schlendert. Jetzt im Moment könnte ich Sir Roberts stimmliche Qualitäten gut gebrauchen. Wenn man am Hyde-Park-Ende des Tennisplatzes steht, ist der Verkehrslärm so laut, dass man den Spielstand brüllen muss.

August 1988

Es ist ein warmer Abend, und ich sitze nur in Unterwäsche zu Hause und sortiere alle Briefumschläge aus dem Ausland aus, die der Prinz in diesem Monat bekommen hat. Die Briefmarken lassen sich für wohltätige Zwecke zu Geld machen, und ich schneide sie für Alan mit den silbrigen Haaren aus, einen ›Liveryman‹, der sie gern spenden möchte. Tja, ein Mädchen muss schließlich irgendwas mit seiner Zeit anfangen, wenn es keinen Freund hat. Besser *Noblesse oblige* praktizieren, als in irgendwelchen Bars rumhängen, denke ich, obwohl ich nicht ganz überzeugt bin.

Leicht gelangweilt und neugierig lupfe ich die Vorhänge, um zu sehen, ob der smarte Viscount, Cousin ersten Grades meines Arbeitgebers HRH, zu Hause ist. Keine Spur von seinem schicken schwarzen Beetle Cabrio. Seufz. Wahrscheinlich ist er mit der kurvenreichen Miss Constantine ausgegangen und umschmeichelt sie jetzt im Como Lario oder vielleicht auch in einem Etablissement wie Nikita's, dem russischen Restaurant in der Ifield Road. Ich stelle mir vor, wie die beiden Longdrinks mit Wodka trinken, an exotischem Kaviar auf Blinis mit Sauerrahm und Ei knabbern, während sie sich tief in die Augen blicken und sich Koseworte zumurmeln. Ich lasse die Vorhänge zufallen.

Es ist verdammt noch mal meine eigene Schuld, denke ich, als ich mir eine Träne wegwische. Ich kann nur mir die Verantwortung geben. Natürlich war Andy verletzt, als ich mit Merlin nach London durchbrannte. Kein Wunder, dass er mich nicht zurück will. Ich hab sein Vertrauen mißbraucht. Ich ideotisches, blödes Ding. Gott, ich vermisse ihn so.

Ich schaue mich im Spiegel an und ziehe den Bauch ein. Meine Brüste sind gar nicht schlecht, die Beine auch in Ordnung, aber es ist nicht zu leugnen, dass Grahams leckere Mittagessen in der königlichen Angestelltenkantine mir Pfunde bescheren. Nicht einmal die anstrengenden wöchentlichen Tennisspiele mit dem lieben Flight Officer Perkins können diese Menge an Kalorien wettmachen. Wenn du so weiter machst, Mädchen, bist du für Männer bald nur noch so anziehend wie ein gestrandeter Wal. Ich *muss* unbedingt eine Diät machen. Ganz einfach: Ich mach's wie Geraldine. Wenn sie's kann, kann ich's auch.

Ich schlage die Zeitung von heute auf. Meine Güte, in letzter Zeit bekommt Prinzessin Diana unglaublich viel Publicity. Sie scheint *überall* zu sein, das heißt, außer an der Seite ihres Mannes. Vor einiger Zeit war sie in der Great Ormond Street und besuchte Prinz Harry, der gerade eine Operation an der Leiste hinter sich hatte, während HRH in Italien Ferien machte. Es kommt mir seltsam vor, die Weltpresse zu einem Krankenbesuch beim frisch operierten Sohn zu laden. Aber vielleicht ist das ganz normal, wenn man zu den Royals gehört.

Vielleicht, sinniere ich, kann die Presse auch nicht genug von Diana bekommen, weil sie einfach absolut umwerfend ist. Trotzdem muss man doch irgendwo eine Grenze ziehen. Schließlich hätte die Presse doch kaum gewusst, dass sie die Stufen zum Krankenhaus hinauf eilt, ohne vorher einen Tipp bekommen zu haben.

Seltsamerweise spricht keiner im Palast, wenigstens nicht in meinem Büro, über HRHs Privatleben. Ich vermute, das so etwas einfach als uncool angesehen wird. Die offizielle Order scheint zu lauten, dass wir über diese Art Klatsch erhaben sind. Natürlich erkenne ich an, dass ich meinen Arbeitgebern gegenüber loyal sein muss, vor allem, wenn meine zufällig das zukünftige Königspaar von Britannien sind. Aber verdammt noch mal, Loyalität sollte doch nicht verhindern zu wissen, was wirklich vor sich geht!

Eine Sache setzt mir besonders zu: Ich frage mich, was in den Zeitungen all die Geschichten über diese Mrs. Andrew Parker-Bowles sollen, die ständig als HRHs ›enge und treue Freundin‹ bezeichnet wird. Wir alle haben doch enge und treue Freunde. Was zum Teufel ist daran falsch? Soll damit irgendwas anderes angedeutet werden? Hey, was weiß ich schon? Ich hab meine eigenen Probleme.

Das Telefon klingelt. Mein Gott, könnte das vielleicht der anbetungswürdige Andy sein? Hat Andy vielleicht meine Namensschwester fallen gelassen? Könnte es sein, dass er sich genau in diesem Moment in Cirencester nach mir verzehrt? Bevor ich den Hörer abnehme, hole ich tief Luft. Ich darf auf keinen Fall verzweifelt wirken. Es klingelt drei Mal, vier Mal, fünf Mal! Ich reiße den Hörer vom Apparat. »Hallooh«, raune ich in einem Ton, der, wie ich meine, Raffinesse und momentanes Gelangweiltsein vereint. Am anderen Ende herrscht Schweigen.

»Halloooh«, raune ich erneut.

»Sarah, bist du das?«

Ich erkenne die Stimme und werde rot. »Ja, Mummy.«

»Komisch. Du hast ganz anders geklungen. Ich dachte schon, ich hätte mich verwählt. Hör mal, ich hab mit deinem Vater über die Sache mit dem Geld gesprochen, und er hat sich freundlicherweise bereit erklärt, dir einen Scheck zu schicken, der alle Schulden begleicht. Wir wissen doch, dass du im Palast immer schick aussehen musst und Kleider und Schuhe einiges kosten. Außerdem fänden wir es gar nicht schön, wenn du dir Sorgen über deinen Dispokredit machen müsstest, anstatt einfach glücklich zu sein und das Leben zu genießen.«

Ich wische mir eine Träne weg. »Vielen, vielen Dank, Mummy.«

»Du sollst außerdem wissen, dass dein Vater und ich sehr stolz auf dich sind.«

Ich ertappe mich beim Weinen.

Oktober 1988
Ich sitze ruhig an meinem Schreibtisch und sichte HRHs Postsack, da kommt Captain Umwerfend, alias der Ehrenwerte Rupert Fairfax hereinmarschiert. Ein aufgeregtes Quieken entfährt der versammelten Truppe der Lady Clerks, obwohl alle so tun, als konzentrierten sie sich einzig auf ihre Aufgaben. Schön wär's.

Der Ehrenwerte Rupert ist der ›Temporary Private Secretary‹ von HRH, der ›Aushilfsprivatsekretär‹ sozusagen. Mir wurde gesagt, sein anderer Titel laute ›Assistant Private Secretary for Industrial Affairs‹. Was ›industriell‹ in seinem Fall bedeuten soll, weiß ich nicht, aber für ›Affären‹ ist er ganz sicher qualifiziert. Abgesehen davon, dass er umwerfend gut aussieht, ist er auch noch der unverheiratete Bruder von Lord Fairfax (einem ebenfalls ziemlich attraktiven Kerlchen), was ihn total begehrenswert macht. Keine von uns Lady Clerks weiß genau, worin eigentlich Ruperts Pflichten bestehen, aber offen gestanden interessiert uns das auch nicht. Das heißt, so lange er nur unseren Tag rettet, indem er uns hier und da einen Höflichkeitsbesuch abstattet, was uns unweigerlich schwach werden lässt.

Wir alle wissen, dass Ruperts Hauptinteresse dem Polo gilt. Polo ist ein Sport, dem er sich offenbar die meisten Nachmittage über widmet, vor allem auf dem Smith's Lawn in der Nähe von Windsor. »Ich bin mal kurz ein paar Chukkas spielen!« sagt er oft, wenn er in seinen weißen Jodhpurs und den kniehohen Lederstiefeln an uns vorbeigeht, so sexy, dass es schon unanständig ist. Darauf folgt unweigerlich ein kollektiver Seufzer.

Warum besteigst du heute nicht mich statt ein Polopferd? Ich weiß noch, dass ich an einem heißen Nachmittag diesen unverschämten Gedanken in den Äther sandte und betete, Rupert hätte telepathische Fähigkeiten.

Heute trägt Rupert einen schicken blauen Anzug. Zum ersten Mal seit einer Ewigkeit – zumindest kommt es mir so vor – sieht er mich an, lächelt und sagt: »Hi, Sarah!«

Augenblicklich spüre ich die Schwingungen der Eifersucht, die von meinen lieben Kolleginnen ausgehen. Normalerweise würde mich die Aufmerksamkeit des Büroidols auf der Stelle ohnmächtig werden lassen. Aber heute nicht. Heute schenke ich ihm gerade mal ein zurückhaltendes Lächeln.

»Hi, Rupert.«

Ich senke den Kopf und widme mich erneut meiner Arbeit. Aus dem Augenwinkel sehe ich, dass Rupert ein bisschen irritiert ist. Wahrscheinlich denkt er, er hätte mich ›zur falschen Zeit im Monat‹ gegrüßt, vielleicht denkt er aber auch – denn ich weiß, wie eitel Männer sind – ich wäre lesbisch. Wohl kaum! In beiden Fällen falsch gedacht. Rupert lässt einer anderen Lady Clerk seine umwerfende Aufmerksamkeit zuteil werden, während ich mich wieder der Fanpost meines Chefs und meinen eigenen Gedanken zuwende.

Der heutige Arbeitstag unterscheidet sich von allen anderen. Es liegt an meiner Stimmung, wissen Sie. Normalerweise bin ich glücklich, sehr glücklich sogar, diesen wunderbaren Job zu haben. Aber am Abend zuvor ist etwas geschehen, was mich zutiefst getroffen hat. Es hat meinen ganzen Gemütszustand durcheinandergebracht, und jetzt bin ich nicht mehr glücklich. Nein, überhaupt nicht glücklich. Glücklich ist nicht das richtige Wort. ›Glücklich‹ trifft es noch nicht mal im Ansatz. Das richtige Wort ist EKSTATISCH.

Gestern Abend ging ich ans Telefon, weil ich dachte, Mummy riefe mich an und, oh mein Gott, es war mein Liebling Andy! Wie Sie sich vorstellen können, war ich ziemlich überrascht.

»Sarah«, sagte er, »ich vermisse dich so.«

»Ich vermisse dich auch«, blökte ich zurück.

Dann lud mich Andy ein, heute Abend mit ihm im L'Orangère in der St. James' Street essen zu gehen, was, wie jeder weiß, unglaublich angesagt und schrecklich teuer ist.

»Im Ernst, Andy, das musst du nicht. Warum kommst du nicht einfach zu mir, und wir bestellen was beim Pizzataxi?«

»Ich bestehe darauf, Sarah.«

Also geht's heute ins L'Orangère. Wow! Aber vor Ende meines Arbeitstages muss ich unbedingt Geraldine sprechen, von Frau zu Frau – irgendwo, wo sie mir ungestört den Rat einer Expertin geben kann.

Eine Stunde später bin ich mit ihr in der Kaffeeküche. Wir trinken Kaffee, und ich bemühe mich angestrengt (ohne Erfolg), die Schokoladenkekse im Angebot links liegen zu lassen. Was ich Geraldine fragen möchte, ist nicht ganz leicht. Unter den gegebenen Umständen halte ich es für das Beste, direkt ins kalte Wasser zu springen.

»Geraldine, wie geht ein Blow Job?«

Dieses eine Mal schaffe ich es, dass Geraldine ihre Fassung verliert.

»Habe ich richtig gehört?«, fragte sie, nachdem sie aufgehört hat, in ihren Kaffee zu prusten.

»Natürlich ist mir die Sache grundsätzlich klar. Aber ich möchte es wirklich so gut machen, dass der betreffende Mann ihn als den besten Blow Job seines Lebens in Erinnerung behält.«

»Und weil ich dir von Wallis Simpson und ihren ›orientalischen Praktiken‹ erzählt habe, meinst du jetzt, ich sei die Richtige, dir in dieser Angelegenheit einen Rat zu geben?«

Ich nicke. »Ja.«

»Du hast Recht«, seufzt sie. »Ich bin die Richtige.«

Sie zieht mich näher zu sich heran. Bei einem solchen Gespräch möchten wir nicht belauscht werden.

»Die Spitze ist am empfindlichsten. Denk dir, es sei eine Kugel Eis, die du von allen Seiten ablutschen möchtest. Wenn du weiter runter gehst, sei besonders vorsichtig mit deinen Zähnen: berühre ihn *niemals* mit deinen Zähnen. Denk immer daran, er ist sehr empfindlich. Sonst wird es sich anfühlen, als knabbertest du eine Wurst. Das wird ihm gar nicht gefallen.«

Geraldine entdeckt eine leere Weinflasche am Spülbecken. Sie stellt sie auf die Küchentheke und neigt ihren Kopf. Mein

Gott, ich hatte sie um Rat gebeten, nicht um eine Demonstration!

»So etwa.«

Fasziniert sehe ich ihr zu.

»Was machst du da, Geraldine?«, ertönt hinter uns eine Stimme.

Oh mein Gott! Eine der anderen Lady Clerks, die ich ›Esther‹ nennen will, ist hereingekommen.

Geraldine wirkt vollkommen ungerührt.

»Hi, Esther. Ich unterweise Sarah gerade in der Kunst des Blow Jobs.«

Ich werde dunkelrot. Geraldine, wie konntest du nur? Warum hast du nicht gelogen? Irgendwas erfunden? Das wird mir auf ewig anhängen!

»Mach nur weiter«, lächelt Esther.

»Nun, eigentlich glaube ich, Sarah hat es jetzt verstanden, stimmt's Sarah?«

Was soll ich sagen?

»Ja«, murmele ich.

Geraldine bringt die Flasche zum Spülbecken, spült sie ab und reicht sie mir.

»Dann versuch's mal.«

»Das kann ich nicht.«

»Doch, das kannst du, Sarah.«

Tja, die Schulsprecherin kann ich wohl nicht enttäuschen – selbst nicht in Gegenwart von Esther – also beuge ich mich vor.

»Hmm«, bemerkt Esther. »Versuch's mal mit gleichzeitigem Streicheln. Das funktioniert bei mir immer.«

Ihre Offenheit lässt mir fast die Sinne schwinden. Das hier ist wie Tipps aus *Cosmopolitan*. Nur noch besser.

»Bravo!«, sagt Geraldine.

»Musterschülerin!«, lächelt Esther.

Tja, jetzt gehöre ich wohl dazu. Also kann ich genauso offen sein wie die Mädchen.

»Bei der Sache mit dem Schlucken bin ich mir unsicher.«

»Hast du schon mal Austern gegessen?«, fragt Geraldine.

Ich nicke.

»Beim ersten Mal hast du sie ein bisschen schleimig und komisch gefunden, oder? Nun, genauso ist es hier. Erst gewöhnst du dich daran und dann gefällt es dir. Außerdem hat es, genau wie Austern, viel Protein und damit einen hohen Nährwert. Die perfekte Mittagsmahlzeit.«

Wir drei brechen in Gelächter aus.

Später bekomme ich einen Anruf von dem anbetungswürdigen Andy.

»Du hast einen unvergesslichen Abend vor dir«, verkündet er. »Du bekommst Champagner und Hummer Thermidor.«

Und danach Austern. Und du, liebster Andy, hast eine unvergessliche Nacht vor dir. Ein Hoch auf Wallis Simpson. Ein Hoch auf Geraldine und Esther.

Anfang November 1988

Es ist Nachmittag, wir sind im Büro und haben gerade viel zu lachen. Eine der Lady Clerks namens Helen bringt seit Kurzem ihren drahthaarigen Jack-Russell-Terrier – Basil genannt – mit ins Büro. Manchmal ruft Helen seinen Namen so grimmig, dass wir sie ›Sybil‹ getauft haben, nach Basils Frau in der klassischen Fernsehserie *Fawlty Towers* mit John Cleese.

Zu unserem Vergnügen und Basils sportlicher Ertüchtigung haben wir eine Vorhangstange abmontiert, die wir an eine der Verbindungstüren zwischen den Büroräumen halten. Dann bekommt Basil den Befehl, hinüber zu springen, was er mit enthusiastischer Entschlossenheit tut und bei uns kreischendes Gelächter hervorruft, während einige Monarchen ernst von ihren Porträts auf uns herabschauen. Ich frage mich, was sie wohl von diesem würdelosen Tumult halten.

Mitten im ausgelassensten Vergnügen hören wir eine Opernarie aus Verdis *Rigoletto*. Sie wird gesungen von Ken Wharfe, dem rotgesichtigen und unglaublich komischen Leibwächter der Princess of Wales. Sein offizieller Titel lautet ›Personal Protection Officer‹. In letzter Zeit besucht uns Ken ziemlich oft, und wir genießen das sehr. Aber manchmal frage ich mich, warum er nicht bei Prinzessin Diana ist. Vielleicht, so denke ich frech, bekommt sie von jemand anderem Schutz, so dass der arme Ken in solchen Zeiten überflüssig ist. Aber im Ernst, Sarah, das ist einfach empörend. Hör auf damit! Es ist nur so, dass ich mich langsam dermaßen enthemmt fühle, dass ich überall nur Sex wittere. Wo soll das noch hinführen?

»Meine Güte, Mädel«, sagt Ken, nachdem er seine Arie beendet hat. »Auf deinem Schreibtisch sind ja mehr Blumen als am Covent Garden Market.«

Das stimmt. Andy ist in letzter Zeit mit seinen Liebesbekundungen ziemlich offensiv.

»Abgesehen vom Offensichtlichen, Sarah: Was ist dein Geheimnis?«

Ich schenke Ken ein sittsames Lächeln und widme mich weiter meiner Arbeit. Mein Geheimnis, Ken, teile ich nur mit Geraldine, Esther und Wallis Simpson.

Ein weiterer großer Anlass zur Freude im Büro besteht darin, dass Miss Frostig, die die Fanpost der Princess of Wales bearbeitete, gegangen ist und durch Victoria Mendham ersetzt wurde. Ich kann nur sagen, dass die liebe Victoria ein hübscher und reizender Schatz ist. Seit ihrer Ankunft ist sie ein Quell steter Freude. Die arme Victoria hat einen leichten Sprachfehler, und mit Bedacht sage ich ›die arme‹, denn wenn man hier ans Telefon gehen muss, kann ein Lispeln schon ziemlich störend sein. Unsere Standardbegrüßung ist ein munteres ›Das Büro des Prince und der Princess of Wales‹. Aber das sage man mal mit einem Lispeln: ›Daf Büro def Prinf und der Prinfeff of Walef!‹ Sehen Sie, oder wie Victoria sagen würde: »Fehen Fie?«

Victoria und ich bekommen in letzter Zeit immer hysterische Lachanfälle bei einigen Briefen an HRH, die aus irgendeinem

Grunde hauptsächlich von Frauen aus Amerikas Hinterland stammen und unverhohlenste Angebote enthalten. Vielleicht kursieren die Gerüchte von HRHs ›Schwierigkeiten‹ verstärkt im Mittleren Westen?

Diese Verehrerbriefe enthalten auch unfehlbar ein Foto. Nur selten ist es ein Schnappschuss, normalerweise handelt es sich um eine Studioaufnahme, die die betreffende Dame sich hat was kosten lassen. Die Anwärterin auf HRHs Zuneigung trägt unweigerlich ein Outfit wie Diana zur Zeit ihrer Verlobung. Sogar die Frisur ist kopiert. Nein, Mädchen, möchte ich sagen, du bist auf dem falschen Dampfer. Dieser Look ist nicht mehr à la mode. Er ist passé. Geh mit der Zeit. Aber meine telepathischen Zurufe bleiben ungehört. Heute habe ich die folgende Epistel zum Liebesbrief der Woche gekürt, aus Gründen der Diskretion allerdings Name und Adresse der Freierin geändert:

Lieber Charles,
ich hoffe, es stört dich nicht, dass ich dich so anrede. Ich weiß, ich sollte dich – als zukünftigen König von England – mit Eure Königliche Hoheit anreden, aber ich spüre schon seit langem, dass du und ich eine enge Verbindung eingehen könnten. Und dass eines Tages, eines *glücklichen* Tages, du mich dann Millie (Abkürzung von Millicent) nennen würdest und ich dich Charles.

Ich weiß, du musst es komisch finden, aber ich habe schon lange das Gefühl, dass Prinzessin Diana nicht die Richtige für dich ist. Wenn ich in letzter Zeit die Bilder von dir betrachte, finde ich meine Ahnung bestätigt, denn du siehst wirklich angespannt und traurig aus. Und früher wirktest du so glücklich. Da ich aber diese starke Verbindung zwischen uns spüre, wirst du nicht überrascht sein zu erfahren, dass ich in meinem rückwärtigen Schlafzimmer einen kleinen Schrein für dich errichtet habe.

Dort stehen Bilder, die dich während deiner Schulzeit in

Schottland zeigen, als Marinekapitän, als Kampfpilot und als Polospieler. Du bist wirklich ein guter und würdiger Nachfolger deiner Mutter, Queen Elizabeth. Ich verbringe viele glückliche Nachmittage mit der Betrachtung deiner Fotos in diesem Zimmer.

Wie du auf beigefügtem Bild erkennen kannst, wiege ich 120 Pfund bei einer Größe von 1,70. Ich bin 31 Jahre alt, treibe regelmäßig Sport und gehe jeden Sonntag zur Kirche. Außerdem bin ich eine leidenschaftliche Frau, also wirst du in *dieser* Hinsicht nicht enttäuscht sein, wenn du weißt, was ich meine!!!

Todd Shecter und ich haben uns vor zwei Jahren scheiden lassen, daher weiß ich, wie schmerzlich eine Trennung sein kann. Sollte dies je bei dir und deiner Frau, Prinzessin Diana, geschehen, wirst du bei mir Trost und größtes Verständnis finden. Ich meine, dass Gebete immer sehr hilfreich sind. Übrigens habe ich zwei Kinder, Sherman und Britney, fünf und drei Jahre alt. Wenn du und ich es je ›schaffen‹, wird Todd nichts gegen eine Adoption einzuwenden haben, das weiß ich. Ich bin sicher, dass sie gut mit Prinz William und Prinz Harry spielen werden, und außerdem werden sie ja dann selbst wie Prinz und Prinzessin leben! Sicher haben sie dann größere Zimmer und Diener und all das!

Wenn du mit Prinzessin Diana Schluss machst, dann weißt du, wen du anrufen kannst!

Alles Liebe,
Millicent Shecter
1103 Canyon Drive,
Little Springs
Milwaukee.

Bedaure, Millicent aus Milwaukee, aber du musst dich wohl in eine lange Schlange einreihen! Allein diese Woche trittst du gegen Penny aus Nebraska, Cheryl aus Idaho, Nancy aus Alabama, Billy Jean aus Jacksonville und Cathy aus Montana an. Und,

Mädels, ich wage mal zu sagen, dass ihr mit einigem Gegenwind aus unseren heimischen Landen zu rechnen habt, falls HRH sich je scheiden lassen sollte. Ich kann mir nicht vorstellen, dass die britische Damenwelt den königlichen Prinzen kampflos ziehen lassen wird. Amerika hat uns einmal einen König genommen. Nie wieder! Oh nein! Unsere Boudoirqualitäten können sich jetzt durchaus mit den euren messen. Ihr könnt euch darauf verlassen, dass wir die britische Fahne hochhalten!

Der Preis für den kühnsten Vorschlag allerdings geht an Gemma aus Salt Lake City:

> Sir, wenn Sie konvertierten und Mormone würden, könnten Sie so viele Ehefrauen haben, wie Sie wollten. Eine Scheidung wäre dann nie mehr nötig!

Ich bin versucht, dies Commander Aylard zu zeigen, lasse es dann aber lieber.

Aber HRH bringt nicht nur Scharen amerikanischer Frauen zum Schwärmen. Der Chef hat auch in Jorge, einem Bodybuilder aus Barcelona, einen hartnäckigen Verehrer. Bislang habe ich drei Briefe von Jorge bekommen. In jedem tut er seine unsterbliche Zuneigung zu HRH kund und drängt den Chef, ihn als Bodyguard und ergebenen Diener einzustellen. Als Referenz für diese Stelle fügt Jorge jedem Brief Fotos bei, auf denen er praktisch nackt posiert. Mein Lieblingsbild zeigt ihn, wie er am Boden kauert und seine Muskeln spielen lässt. Sein fleischfarbenes Suspensorium ist höchst kleidsam.

Armer Jorge, denke ich, du bellst den falschen Baum an. Wenn du ernsthaft Arbeit in königlichen Kreisen suchst, solltest du deine Anstrengungen Richtung Buckingham Palace richten, wo mindestens die Hälfte der männlichen Angestellten eine unübersehbare Vorliebe für männliche Gesellschaft zu haben scheint. Dort würde dein prächtiger Körper sicher höchst geschätzt!

Ich fürchte, eines der Probleme ist, dass unser Standardantwortbrief solche Bewunderer nur zu ermutigen scheint. Meine Antwort für Millicent ist dieselbe wie für Billy Jean, Gemma, Jorge und all die anderen:

Liebe Millicent,
vielen Dank für Ihren Brief. Seine Königliche Hoheit ist zutiefst berührt von den Bekundungen Ihrer Freundlichkeit und Zuneigung. Er wünscht Ihnen alles nur erdenklich Gute.
Mit freundlichen Grüßen

Wenn ich mich in wahnhafter Liebe zu jemandem, den ich noch nie getroffen hätte, verzehrte, würde ich mich dann mit einer solchen Antwort abspeisen lassen? Wäre ich Millicent im fernen Little Springs, Milwaukee, dann würde mir schon allein die Vorstellung, dass HRH meinen Brief gelesen hat, die Sinne rauben. Kein Wunder, dass so viele Verehrer sich ermutigt fühlen, immer weiter zu schreiben. Der Standardbrief ist absolut angemessen, aber ich verstehe schon, warum manche ihn als leise Aufforderung zum Flirt deuten.

Also darf ich wohl mit Interesse einen zweiten Brief von Mrs. Millicent Shecter erwarten, in dem sie sich zweifellos nach den etwaigen Zimmern und Privilegien erkundigen wird, die den zukünftigen Königlichen Hoheiten Prinz Sherman und Prinzessin Britney zugestanden werden.

Victoria hat's genauso übel getroffen. Obwohl der Sack mit der Post für Diana nur halb so groß ist wie meiner (die Glückliche), stammt ein Großteil der Liebesbriefe für die Prinzessin von Herren, die Millicents Annäherungsversuche geradezu prosaisch wirken lassen. Solche Verehrer informieren die Prinzessin im Allgemeinen darüber, dass ihnen kein Geringerer als Gott befohlen hat, eine Beziehung mit ihr einzugehen. Nun heißt es ja, dass die Wege des Herrn unerforschlich seien. Wer sind wir bescheidenen Lakaien im Palast, dass wir sagen könnten, diese mit Liebe geschlagenen Herren seien irre geleitet?

Mitte November 1988
Heute ist der vierzigste Geburtstag von HRH. Herzlichen Glückwunsch, Königliche Hoheit! Die Nation entsendet ihre Grüße. Dies kann ich mit Fug und Recht behaupten, denn ich habe hier stundenlang gearbeitet, um die Post zu sortieren. Sie würden es nicht glauben, wie viele Geburtstagskarten HRH bekommen hat. Über fünftausend. Die ersten trafen schon vor drei Tagen ein. Rund um meinen Schreibtisch häufen sich riesige Säcke. Ich werfe einen verzweifelten Blick darauf. Wie soll ich die alle beantworten? Das wird Monate dauern. Ich beschließe, das Problem an Richard zu delegieren. Er erfasst sofort die Ausmaße des Ganzen und trifft spontan eine einsame Entscheidung.

»Quälen Sie sich nicht damit herum, beantworten Sie sie einfach nicht.«

»Was, keinen einzigen?«, frage ich, leicht schockiert.

»Die Karten von HRHs Freunden müssen natürlich beantwortet werden, daher schlage ich vor, Sie sichten alles und trennen diese Geburtstagsgrüße von denen, die von Organisationen und normalen Bürgern stammen. Die Karten von seinen Freunden geben Sie dann mir.«

»Und was mache ich mit den anderen?«

Richard sieht mich an und zuckt die Achseln.

»Wir haben keinen Platz, fünftausend Karten aufzustellen. Wir haben noch nicht mal den Platz, sie irgendwo zu archivieren, daher bleibt uns nur eines – wegwerfen.«

Natürlich hat Richard Recht, aber irgendwie kommt es mir so brutal vor. Ich habe stark das Gefühl, die Karten müssten irgendwo öffentlich ausgestellt werden, um die Zuneigung des Volkes zu seinem künftigen König zu dokumentieren. Sie einfach nur in den Mülleimer zu werfen, erscheint mir frevelhaft, selbst wenn es wohl das einzig Vernünftige ist.

Also sitze ich hier, sortiere säckeweise Geburtstagspost und staple sie in Häufchen à fünfzig Karten. Sie werden nicht überrascht sein zu hören, dass eine von sechs ähnlich lautenden Karten von einer gewissen Millicent aus den USA stammt, die HRHs Geburtstag nutzt, um ihren Anspruch als zukünftige Geliebte oder Ehefrau zu bekräftigen. Diese schamlosen Flittchen! Es muss der Wallis-Simpson-Effekt sein, sie meinen wohl, sie hätten ein von ihrer Nationalität verbürgtes Recht auf schutzlose britische Monarchen. Bei längerem Nachdenken bin ich gar nicht mehr so überrascht über ihre Kühnheit. Vor noch nicht allzu langer Zeit hatten sie ja Glück mit einem weiteren ungebundenen Junggesellen königlichen Geblüts – Prinz Rainier von Monaco, der den Hollywoodstar Grace Kelly heiratete.

Ich finde es überdies bedauerlich, dass gerade diese speziellen Karten weggeworfen werden, wo doch jemand Schlaueres als ich – ein Psychologe, Historiker oder Anthropologe – wertvolle Erkenntnisse über das kollektive und hoffnungsfrohe Verlangen von Frauen einer Nation erhalten könnte, die meinen, das Herz eines 4000 Meilen entfernt lebenden, verheirateten Prinzen gewinnen zu können. Was ist das für ein Phänomen? Verzehren sich britische Frauen kollektiv nach amerikanischen Oberhäuptern einer Dynastie? Das kann ich mir nicht vorstellen. Ich nehme an, es ist das Aschenputtel-Syndrom, das Mädchen dazu bringt zu hoffen, durch die Ankunft eines Prinzen würden sie gerettet und alle ihre Probleme gelöst. Wie einst das vater- und mutterlose Aschenputtel. Und wie viele Prinzen gibt es noch auf der Welt? Nur eine Handvoll.

Aber die Bemühungen der Millicents dieser Welt sind doch nicht ganz umsonst, denke ich, als ich die amerikanischen Briefmarken von den Umschlägen löse. Weitere Spenden für Alan, den Liveryman.

Ein paar Geburtstagskarten sind wirklich rührend, vor allem die von Grundschulklassen aus dem ganzen Land. Diese lege ich heimlich beiseite und treffe meinerseits die einsame Entscheidung, sie zu beantworten. Was wiegt schließlich die kleine Mühe, wenn man zwanzig Kindern mit einem Dankesschreiben von ihrem zukünftigen König auf Palast-Briefpapier den Tag versüßen kann?

Ein weiterer Schwung Karten stammt von den rund zweihundert Organisationen, mit denen HRH irgendwas zu tun hat, so zum Beispiel der Abbeyfield Society, von der Sie wahrscheinlich noch nie gehört haben. Sie vollbringt Fantastisches für ältere Mitbewohner und hat eine aktive Zweigstelle in Shropshire. Als Lokalpatriotin bin ich natürlich an dieser Organisation äußerst interessiert – ich gestehe, ich sorge immer dafür, dass jegliche Post der Abbeyfield Society, deren Schirmherr HRH ist, bevorzugt behandelt und schnellstens beantwortet wird. Ein paar Karten stammen auch von hingebungsvollen Ehrenämtlern aus Shropshire, vom Ironbridge Gorge Museum Trust, bei dem HRH ebenfalls Schirmherr ist – auch hier stets bevorzugte Behandlung.

Ein Großteil der Karten jedoch kommt von ganz normalen Bürgern, die HRH an diesem bedeutsamen Tag alles Gute wünschen. Dies zeigt wieder einmal, wie Recht Geraldine hat. HRH wird große Zuneigung entgegengebracht, was die Tonnen an Druckerschwärze vertuschen, die die Presse aufwendet, um HRH zu verspotten oder schlecht zu machen. Als ich die Karten in den Müllsack werfe, fühle ich mich schrecklich schuldig.

Aber HRH bekommt nicht nur Karten geschickt. Im Büro wurden sechs riesige Geburtstagstorten angeliefert. Was sollen wir damit machen? Richard hat eine Idee. Wir werden die Liverymen holen, um sie in nahe gelegene Krankenhäuser zu bringen. Kluger Richard.

Und, was macht HRH heute? Ich erfahre, dass er in Birmingham ist, wo sein wichtigstes Wohltätigkeitsprojekt, der Prince's Trust, ein Festessen im dortigen Straßenbahndepot für ihn gibt. Sollte der zukünftige Monarch an seinem vierzigsten Geburtstag wirklich dort sein Geburtstagsmahl zu sich nehmen? In einem Straßenbahndepot? Und ich frage mich, ob die Prinzessin dort mit ihm feiert.

Jetzt ist es vier Uhr nachmittags und ich denke gerade über die Cocktailparty nach, zu der ich später gehen will, da ruft uns plötzlich der traumhafte David Wright alle in einen Raum. Ich stelle mir vor, dass wir eine riesige Geburtstagskarte für den Chef unterschreiben sollen. Das kommt mir ein bisschen absurd vor, weil ich sie ohnehin wieder wegwerfen muss, nachdem HRH einen Blick darauf geworfen hat – wenn er es denn überhaupt tut.

Aber nein, es sieht so aus, als hätte er uns etwas anzukündigen. Da stehen wir nun alle, wir Lady Clerks. Was wird er uns sagen? Bekommen wir morgen frei? Gibt es vielleicht einen Tag Urlaub extra, um den Freudentag unseres zukünftigen Königs zu feiern?

»Ich wollte Ihnen nur sagen, dass Seine Königliche Hoheit in etwa zehn Minuten hier eintreffen wird. Bitte unterbrechen Sie freundlicherweise Ihre Arbeit, um mit ihm seinen Geburtstag zu feiern.«

Ich spüre, wie der Boden unter mir nachgibt. Der Chef kommt auf ein halbes Stündchen hierher, zu uns Lady Clerks, an seinem vierzigsten Geburtstag! Oh mein Gott! Wenn ich das gewusst hätte, wäre ich vorher zum Friseur gegangen. Ich hätte noch shoppen gehen und für diese Gelegenheit ein schickes Kleid und die Second-Hand-Schuhe von Russell & Bromley kaufen können, die ich in dem Rotkreuz-Laden entdeckt habe. Das ist einfach zu viel für mich!

Ich blicke mich um und bemerke, dass alle anderen dieselbe Mischung aus Aufregung und Besorgnis an den Tag legen – das heißt, alle bis auf Geraldine, die gelassen wirkt wie immer. Dann geht's im kollektiven Trab zur Damentoilette, wo wir uns frisch machen. Ich trage wie die anderen einen hellen Rock von Laura Ashley und ein Oberteil mit Rüschenkragen à la Princess of Wales. Ich zücke meinen Lippenstift und trage danach rasch noch etwas Maskara auf. Dann geht's wieder im Trab zurück.

Gerade wird eine große, weiße Torte in den Raum gebracht und auf einem Tisch platziert. Noch eine! Woher kommen eigentlich all diese Torten? Nervös bin ich gar nicht! Es ist, als begegnete man noch einmal dem Schuldirektor. Ich beschließe, mich hinter Geraldine zu verstecken. Was sieht das Protokoll bei einer Begegnung mit HRH vor? Ich war noch nie in dieser Situation. Dann kommt mir plötzlich die Erleuchtung. Ich werde mich nach Richard Aylard richten, der neben Geraldine steht. Schließlich ist Richard kein Geringerer als der Assistant Private Secretary. Wer, wenn nicht er, sollte wissen, was zu tun ist?

Draußen gibt es einen kleinen Tumult, und dann kommt HRH herein. Meine Güte, er sieht so attraktiv und sportlich aus – und wirkt viel jünger als vierzig. Er trägt einen überaus passenden Einreiher mit dem Glenscheckmuster, das ihm einfach ausgezeichnet steht. Aber am meisten faszinieren mich seine Augen. Sie sind tiefblau und blitzen. Hypnotisiert starre ich ihn an. Oh du meine Güte. Ich glaube, ich bin verliebt. Mein zukünftiger König steht nur drei Meter von mir entfernt. Mir wird ganz schwindelig. Ich hoffe wirklich, ich falle nicht in Ohnmacht.

Da schaltet sich meine innere Nanny ein. Sei nicht albern! Reiß dich zusammen. Ich betrachte angestrengt Richards Hinterkopf. Plötzlich ruft der traumhafte Dave Wright: »Herzlichen Glückwunsch, Königliche Hoheit!« Alle fallen mit ein, dann sehe ich, wie Richard vor mir sich verbeugt. Ich tue es ihm gleich und werfe einen Blick nach rechts und links. Oh mein Gott! Die Frauen machen alle einen Knicks! Natürlich. Ich spüre, wie ich dunkelrot werde.

Oh nein! Wie konnte ich nur? Nervös blicke ich mich um, rechne fest damit, dass ein paar meiner Kolleginnen hämisch über meinen furchtbaren Fauxpas kichern. Aber dann wird mir klar, dass ich ja ganz hinten stehe. Da dürfte mich niemand gesehen haben. Puh! Mir wird schon wieder leichter ums Herz, da überkommt mich eine entsetzliche Erkenntnis. Doch, einer könnte mich definitiv gesehen haben. *Er* stand ja mir gegenüber. HRH höchstselbst! Ach, wie furchtbar peinlich!

HRH spricht mittlerweile mit Dave Wright und Richard. Dann schneidet er den Kuchen an. Selbst von meinem Platz hinten rieche ich einen Hauch von dem Kuchenduft. Es scheint, als wären die Früchte großzügig mit Rum getränkt worden. Ein paar Happen von diesem Kuchen und die Promillegrenze wäre überschritten.

Nun tritt HRH auf uns zu, um allen Anwesenden ein Stück von dem berauschenden Kuchen anzubieten. Ist es Schüchternheit oder echter Widerwille, was ausnahmslos alle veranlasst, die Hand zu heben und zu sagen: »Nein, danke, Königliche Hoheit«?

Während der zukünftige König mit ein paar Lady Clerks plaudert und ein bisschen Kuchen isst, betrachte ich ihn von meinem sicheren Platz hinter Geraldine aus. Hat er meinen grauenvollen Fauxpas bemerkt? Wahrscheinlich nicht. Und wenn doch, würde es ihn wirklich stören? Ich kann mir nicht vorstellen, dass er gekränkt wäre. Ich glaube, er würde es eher komisch finden, dass eine neue Lady Clerk sich aus lauter Unbeholfenheit verbeugt hat, anstatt zu knicksen. Wenn er es wirklich gesehen hat, hat es ihm wahrscheinlich sogar den Tag versüßt. Ich wünschte nur, eine andere hätte sich zum Narren gemacht.

Dezember 1988

Heute befindet sich das ganze Büro in einem Zustand fiebriger Erregung, denn heute ist das alljährliche Weihnachtsessen für die königliche Belegschaft. Wie Sie sich vorstellen können, befand ich mich heute Morgen in einer absoluten Klamottenkrise. Panikschübe ohne Ende! Ich glaube, ich habe in völliger Hektik jedes einzelne meiner Kleider angezogen und dann aufs Bett geworfen. Mein Gott, dachte ich, ich habe nichts anzuziehen! Dann fiel mir wieder mein Vorstellungsgespräch ein.

Wie hieß es da noch zu meinem Outfit? Ach ja, richtig! Jetzt wusste ich es wieder. Der Deputy Private Secretary meinte, ihm gefiele mein Outfit, weil es so außerordentlich ›weihnachtlich‹ sei. Das war die rettende Idee! Aber wo hatte ich es hingesteckt? Ich hatte es doch wohl nicht zum Trödel gebracht, oder?

Puh! Da war es, ganz hinten im Schrank. Seufz. Entspannen! Nein! Es ist noch nicht gebügelt. Weitere Panikschübe.

Wie auch immer, hier stehe ich nun, aufgelöst wie alle anderen Lady Clerks. Wir nutzen jeden Spiegel in Reichweite, um die Frisur zu richten, Kleider zurechtzurücken und Makeup aufzufrischen.

»Sehe ich gut aus?«

»Ja, Schatz. Du siehst fabelhaft aus!«

»Nein, im Ernst jetzt.«

»Ganz im Ernst, du siehst super aus!«

»Oh mein Gott, ich habe eine Laufmasche! Das ist ja eine Katastrophe!«

»Keine Panik. Ich glaube, ich hab noch ein Ersatzpaar in meinem Schreibtisch.«

Im Ernst, wir benehmen uns wie aufgescheuchte Hühner! Da hören wir, dass der Wagen vorgefahren ist. Oh, mein Gott, ich bin so aufgeregt, dass mir ganz flau wird! Wir drängen uns am Vordereingang auf dem Kopfsteinpflaster des Colour Court zusammen. Da, am Uhrenturm, steht der Wagen, und wir zwängen uns hinein wie eine Schar aufgeregter junger Mädchen auf dem Weg zu einer Geburtstagsparty.

Der Wagen fährt gemächlich über den Piccadilly und um den Hyde Park herum, bevor er vor dem Berkeley Hotel in Belgravia hält. Ich sehe, dass noch weitere Wagen kommen. Als wir aussteigen, winken ein paar Kolleginnen einigen Fahrgästen zu, die den anderen Wagen entsteigen – es sind Angestellte vom Kensington Palace und von Highgrove.

Wir gehen auf die Rezeption zu, ein Musterbeispiel des Art Déco aus den zwanziger Jahren. Wir müssen über hundert Gäste sein. Ich finde mich zwischen höheren und niederen Bediensteten, zwischen Gärtnern, Kammerdienern und Chauffeuren wieder – das gesamte Personal aus zwei Palästen und HRHs wunderschönem Landsitz in Gloucestershire, den ich wohl nie zu Gesicht bekommen werde, seufz.

Das Personal vom Berkeley Hotel ist außerordentlich charmant und aufmerksam und begrüßt uns mit eisgekühltem Champagner.

Unter so vielen Unbekannten bleiben Victoria und ich immer dicht beisammen und lassen uns nie aus den Augen. Geraldine hingegen bleibt als Palastveteranin bewundernswert gelassen und selbstbewusst und bewegt sich mühelos durch die Menschenmassen.

Plötzlich wird vernehmbar um Ruhe gebeten. Ich folge den Blicken der anderen und sehe hinüber zum Eingang. Oh mein Gott, da ist *er*! Zum zweiten Mal nunmehr sehe ich HRH, meinen hochgeschätzten Chef, leibhaftig vor mir. Mein Herz fängt genau wie beim ersten Mal an zu hämmern. Da tritt er ein, schick gekleidet in einen grauen Flanellanzug, seine edlen königlichen Wangen glühen gesund, und er fingert sich an der Manschette herum. Plötzlich verbeugen sich alle Männer, und wir Frauen knicksen. Puh, dieses Mal habe ich es hingekriegt.

Es ist zwar peinlich, das zuzugeben, aber seit jenem grässlichen Fauxpas habe ich jeden Abend für diese besondere Gelegenheit vor dem Spiegel den Knicks geübt. Wenn ich spät abends etwas angeschickert bin, wird der Knicks normalerweise ziemlich extravagant, hat etwas Theatralisch-Schwungvolles à la Regency an sich, wobei ich meinen Kopf zur einen Seite neige und mit flatternden Lidern demütig zum roten Teppich blicke. In meinen königlichen Fantasien gibt es immer einen roten Teppich.

Mein anderer Knicks, also der, wenn ich nicht herumalbere, ist zurückhaltender, dann beuge ich nur das Knie und lächle liebenswürdig. Mit diesem zurückhaltenden Knicks begrüße ich nun auch Seine Königliche Hoheit. Ach, ist ja nur einmal im Jahr, denke ich im Stillen. Wer weiß? Im nächsten Jahr könnte ich versuchen, mit meinem Regencyknicks seine königliche Aufmerksamkeit zu gewinnen.

Dann tritt wieder Schweigen ein, und es erscheint die Princess of Wales. Meine Güte, in ihrem marineblauen Mantelkleid mit den goldenen Knöpfen sieht sie einfach umwerfend aus. Bedaure, Millicent, damit kannst du es nicht im Entferntesten aufnehmen. Kein Wunder, dass die Presse nicht genug von ihr bekommen kann. Wieder verbeugt sich alles oder macht einen Knicks.

Dann gehen wir zum Speisesaal, wo wir uns um den Sitzplan drängeln. Ich bin ein bisschen traurig und enttäuscht, dass der Platz zu meiner Rechten leer ist. Ach je. Vielleicht ist jemand vom königlichen Personal von Highgrove oder dem Kensington Palace krank geworden. Ich jedenfalls suche mir meinen Platz und setze mich. Der erste Gang ist eine Gemüseroulade, sehr lecker. Ich kenne keine Menschenseele am Tisch, aber trotzdem unterhalten wir uns munter.

Auf HRHs Wunsch hin stand Italien Pate für dieses Weihnachtsessen, daher folgt als zweiter Gang Pasta mit Steinpilzen, sehr pikant. Dazu wird köstlicher italienischer Weiß- und Rotwein gereicht. Mein Wissen über italienische Weine beschränkt sich auf Chianti und Frascati. Was wir nun bekommen, mögen andere erraten.

Ich sehe mich um und entdecke, dass Prinz und Prinzessin an verschiedenen Tischen speisen. Ich frage mich, ob das Personalpolitik ist oder etwas mit den mysteriösen ›Schwierigkeiten‹ zu tun hat.

Als der Hauptgang abgeräumt ist und ich gerade mit jemandem plaudere, verstummt plötzlich alles an meinem Tisch und hinter mir sagt eine höfliche Stimme: »Entschuldigen Sie.«

Diese Stimme kenne ich. Wo habe ich sie nur schon einmal gehört? Sie klingt mir wirklich vertraut. Ich drehe mich um, und als der Stuhl rechts von mir zurückgezogen wird, falle ich vor lauter Staunen fast von meinem eigenen. Oh mein Gott! Ich traue meinen Augen nicht. Sarah, träumst du? Seine Königliche Hoheit, der Prince of Wales, der Chef, sitzt neben dir und grüßt freundlich seine Tischgenossen.

Komm schon, Sarah. Tief Luft holen! Nimm dich zusammen, Mädchen. Deshalb blieb dieser Platz also leer. Es war schon von Anfang an geplant, dass er sich zum Dessert neben mich setzt. Oh mein Gott, das ist zuviel! Gerade als ich noch diese außerordentliche Entwicklung verarbeite, wendet er sich mir zu. Er sieht mir in die Augen und öffnet dann seinen Mund.

»Hallo, Sie kommen mir so bekannt vor. Sind wir uns schon einmal begegnet?«

Ich blicke in seine ach so wundervollen blauen Augen und übe mich in Selbstbeherrschung. Dies ist mein Augenblick mit meinem Arbeitgeber und zukünftigen König. Den darf ich nicht verpatzen!

»Ja«, quieke ich. Komm schon, Sarah, weiter, Mädel! »Königliche Hoheit haben mir freundlicherweise etwas von seiner Geburtstagstorte angeboten.«

Errötend senke ich den Blick. Sarah! Was soll das, wie redest du denn mit ihm? Warum sagst du ›seine Geburtstagstorte‹, als wäre er gar nicht da?

»Ah, dann sind Sie also eine Lady Clerk?«

»Ja«, quieke ich wieder und starre auf meine Serviette.

»Finden Sie Ihre Arbeit interessant?«

Natürlich finde ich die Arbeit interessant, möchte ich sagen. Mehr noch, ich liebe sie. Aber vor lauter Überwältigung ist meine Zunge wie gelähmt und kann die lauten Zurufe meines Gehirns nicht umsetzen. Also lächle ich matt, blicke ihn aus dem Augenwinkel an und nicke.

»Hmmm«, sagt er nachdenklich. Da blicke ich auf. Seine Königliche Hoheit hat seine Aufmerksamkeit nun dem dritten Gang zugewandt, der Panettone, einem gehaltvollen italienischen Hefekuchen mit kandierten Früchten. Ich sehe, dass er ziemlich gereizt die Sultaninen daraus entfernt und zur Seite legt. Ich nehme an, Sultaninen sind HRHs Sache nicht.

Aber meine Gedanken sind ganz woanders. Wird er, nach meinen lächerlichen Konversationsversuchen, noch einmal mit mir sprechen? Jetzt richtet er seinen göttergleichen Blick auf einen Mann gegenüber.

»Ich finde, Chris, die Steinpilze waren köstlich. Meinen Sie, es bestünde die Chance, auf unseren Ländereien welche zu finden?«

Mein zukünftiger König spricht nicht länger mit mir, sondern mit Chris Barber, seinem Küchenchef auf Highgrove. Oh mein

Gott, er ist so nahe, dass ich ihn sogar berühren könnte. Aaaahrgh! schreie ich im Stillen. Das alles ist zu viel für mich. Millicent, was würdest du dafür geben oder tun, hier statt meiner zu sein? Tief durchatmen, Sarah! Genieße den Augenblick. Hier und jetzt sitzt du neben dem zukünftigen König. Sieh dich um. Bewahre diese Szene in deiner Erinnerung. Eines Tages wirst du deinen Enkeln davon erzählen.

Ganz gleich, dass du es vollkommen vermasselt hast und noch nicht mal in der Lage warst, einen zusammenhängenden Satz herauszubringen. Du bist hier. Du berührst das Gesicht Gottes ... nun, nicht ganz, aber fast. Weil du so eine erbärmliche Gesprächspartnerin bist, wird er natürlich nie wieder neben dir sitzen. Eine Jane Austen bist du nicht gerade, wie? Wahrscheinlich wird er in Zukunft darauf bestehen, dass du immer in die hinterste Ecke kommst, damit er dich nie wieder am Hals hat. Aber egal, jetzt ist es so. Der künftige König des Vereinigten Königreiches und des Commonwealth sitzt hier zu deiner Rechten.

»Und welche Aufgabe hat Richard Ihnen zugewiesen?«

Träume ich? Er spricht mit mir. Wirklich und wahrhaftig. Er hat mir eine zweite Chance gegeben. Oh du wundervoller, freundlicher Prinz, noch einmal werde ich dich nicht enttäuschen. Und mich selbst auch nicht. Cool bleiben, Sarah.

»Ich befasse mich mit Ihrer Fanpost, Königliche Hoheit.«

»Sehr schön. Ich hoffe wirklich, das ist nicht zu langweilig.«

»Oh nein, Königliche Hoheit, es ist sehr, sehr, sehr, sehr interessant.«

Seine Königliche Hoheit sieht mich prüfend an und lächelt. Sarah, du Idiotin! Wie kann man nur so dumm sein und ›sehr‹ so oft wiederholen? Wahrscheinlich hält er dich für beschränkt.

»Gut. Dann machen Sie weiter so. Oh, und Verzeihung, ich vergaß, Sie nach Ihrem Namen zu fragen.«

»Sarah«, würge ich hervor. »Goodall.«

»Nun, Sarah, es hat mich gefreut, Sie kennen zu lernen.«

Dann wendet Seine Königliche Stattlichkeit seine Aufmerksamkeit jemand anderem zu. Und ich sitze in vollkommener Verzückung da. Seine Worte hallen in mir nach. Er hat *mich* gebeten, *ihm* zu verzeihen! Weswegen? Jetzt weiß er meinen Namen. Er hat meinen Namen wiederholt. Er hat *Sarah* gesagt.

Meine innere Nanny hält es nicht mehr aus. Sarah, sei nicht so albern! Natürlich hat er deinen Namen gesagt. Das ist sein Job. Du bist seine Angestellte, Mädchen! Nimm dich zusammen! Aber meine romantische Verzückung nimmt noch zu.

Plötzlich tritt wieder Schweigen ein. Und er steht auf. Er fängt an, von hier aus zu sprechen, neben mir. Mein Gott, das wird ja immer besser! Ich bemerke, dass auf der anderen Seite der Mann sitzt, mit dem ich vorhin plauderte und der irgendwas im Kensington Palace macht. Also bin ich *die Frau* an der Seite Seiner Königlichen Vollkommenheit, während er sich an die versammelte Menge richtet. Du liebe Güte, meine Enkel werden dies immer wieder zu hören bekommen, ob es ihnen nun gefällt oder nicht.

Ich sehe mich im Saal um. Während HRH spricht, sind alle Augen auf ihn gerichtet – das heißt, alle bis auf die seiner Frau, Prinzessin Diana. Die Prinzessin sitzt an einem weit entfernten Tisch am anderen Ende des Saals, tuschelt mit einer ihrer Tischgenossinnen und kichert. Das ist doch sicher nicht ganz angemessen, wenn der eigene Mann eine Rede hält? Ihr kleiner Scherz, Königliche Hoheit, kann doch wohl warten, bis Ihr Mann seine Rede beendet hat? Das ist doch schlechter Stil, oder nicht?

Ihr Pech, denke ich. Jetzt sitze *ich* an seiner Seite. Damit will ich nicht illoyal sein, oh nein! Ich blicke auf und erglühe still, als er uns alle gekonnt für unsere Arbeit lobt. Hier wird Geschichte gemacht, Sarah. Und ich bin jetzt genau mittendrin. Es ist nicht die Geschichte der Nation oder seine Geschichte, es ist meine eigene.

»Sie haben alle in diesem Jahr außerordentlich gute Arbeit geleistet, dafür möchte ich Ihnen sehr danken. Machen Sie weiter so!«

Das werde ich, das werde ich.

Dann verstummt Seine Großartigkeit und sieht sich um, bedenkt sogar mich mit einem Blick. Das ist einfach zu viel!

»Ich sehe hier eine Menge neue Gesichter …«

Ja, Königliche Herrlichkeit, und meines haben sie auch bemerkt.

»Mein Gott, wie viele sind Sie denn nun? Mir scheint, es würden immer mehr!«

Wir alle brechen in anerkennendes Gelächter aus.

»Frohe Weihnachten für Sie alle!«

Und frohe, *frohe* Weihnachten auch für Sie!

HRH setzt sich wieder, doch da nähert sich einer seiner Beamten und flüstert ihm etwas ins Ohr. Daraufhin steht er auf, winkt uns allen schweigend zu und verlässt den Raum. Seufz. Er hat uns verlassen. Bis zum nächsten Jahr, lieber, lieber HRH!

Aus dem Augenwinkel bemerke ich, dass die Prinzessin ebenfalls verschwindet – durch eine andere Tür. Wie seltsam. Vielleicht geschieht dies aus Sicherheitsgründen, um mögliche Attentate zu vereiteln? Vielleicht aber auch aus einem viel einfacheren Grund – über den ich wirklich nicht nachdenken möchte. Wie traurig. Wie überaus traurig.

Plötzlich werden wir alle wieder zusammengescheucht. Ab in die Wagen, heißt es für uns, und plaudernd und kichernd folgen wir. Am St. James' Palace geht es dann wieder hinaus und dann in die Prachtzimmer der Lady Clerks. Reden wir über unsere persönliche Begegnung mit dem Prince und der Princess of Wales? Aber nicht doch! Wir sind Lady Clerks im Palast, schon vergessen? Und Lady Clerks lassen sich niemals zu solch offensichtlicher Angeberei herab. Oh nein.

Als wir das Büro verlassen, sind wir alle ziemlich beschwipst. Mich drängt es furchtbar, nach Hause zu kommen. Ich kann es gar nicht erwarten, zum Telefonhörer zu greifen und Mummy alles zu erzählen!

3.

Zum Thema Essen und Abnehmen

Januar 1989

Am Dienstag letzter Woche, nach den Weihnachtsfeierlichkeiten, kehrte ich nach Hause in die Buer Road zurück und bemerkte zu meinem Erstaunen, dass ich nur noch mit Mühe in ein Kleid passte, das ich erst sechs Wochen zuvor erstanden hatte. Sehr seltsam. War das Kleid auf geheimnisvolle Weise eingelaufen, oder hatte ich die falsche Größe gewählt? Ich ging also ins Badezimmer und stieg auf die Waage. Aber offenbar stimmte auch mit der etwas nicht. Ich nahm sie, um sie wieder richtig einzustellen. Aber ach! Mit ihr war alles vollkommen in Ordnung!

Nein, ich verrate jetzt nicht, wie viel ich wiege! Es ist einfach zu peinlich. Gott, war ich deprimiert! Am nächsten Tag diskutierte ich mit Victoria über diese leidige Angelegenheit. Sie sagte, ihr Gewicht deprimiere sie ebenfalls. Was? Ich würde sterben, um so schlank wie sie zu sein. Was erzählte sie da? Aber ich nehme an, so ist es zwischen Freundinnen. Man will immer alles teilen, und sei es die Gewichtsparanoia.

Jedenfalls beschlossen wir, uns bei einem Zeitungshändler nach einschlägigen Magazinen umzusehen, und entdeckten *Slimmers* und *Slimming*. Wir kauften beide und teilten die Kosten, ziemlich erbärmlich, ich weiß, aber wir sind beide pleite. Victoria nahm sich *Slimmers* für die Heimfahrt im Zug mit und ich nahm *Slimming*. Wir lasen sie von vorne bis hinten durch und tauschten uns am nächsten Abend darüber aus. Victoria erzählte mir, ihr hätten vor allem die Fallstudien mit Abbildungen von Vorher (Nilpferd) und Nachher (Giraffe) gefallen.

Nun, Sie haben es wohl schon erraten. Am Freitag fingen wir eine Diät an. Wie ich gelesen habe, ist einer der Tricks bei einer Diät, nicht ans Essen zu denken, vor allem nicht in der Arbeitszeit. Man muss sich jegliche Gedanken ans Essen aus dem Kopf schlagen. Stattdessen kann man an sein Lieblingskleid denken, an eine Party, seinen Freund – sogar an Sex! Aber den verführerischen Befehlen des Magens darf man nicht folgen, denn ehe man sich's versieht, ist man schon in der Küche, knabbert an einem Schokokeks und nimmt Kalorien auf. Das ist ein wirklich vernünftiger, praktischer Ratschlag. Wer würde ihn in Frage stellen? Doch was, wenn die Arbeit untrennbar mit Essen verbunden ist? Sie denken, mein Job hätte nichts mit Essen zu tun? Falsch gedacht!

Kürzlich berichtete irgendjemand in irgendeiner Zeitung, eine der Lieblingsspeisen von HRH sei *Roast Nut Cutlet*, eine Art Quiche mit gerösteten Nüssen, und die Prinzessin äße besonders gerne Brunnenkressesuppe. Außerdem hätte das königliche Paar sogar spezielle Rezepte, die ihre Küchenchefs dafür nehmen müssten. Die Folge davon war, dass Victoria und ich die gesamte Woche mit verdammten Rezepten von treuen Bürgern bedacht wurden, nebst der Bitte, diese an den Prinzen oder die Prinzessin weiterzuleiten.

Ich habe beide Gerichte persönlich ausprobiert. Sie sind absolut köstlich. Unglücklicherweise sind sie mir laut Diätplan verboten, zumindest im Augenblick. Also können Sie sich vorstellen, dass am vierten Tag unserer Diät der quälende Hunger, den Victoria und ich ohnehin ständig verspüren, sich aufs Äußerste verstärkt, wenn wir in Ausübung unserer Pflicht ständig Briefe voller Rezepte beantworten müssen. Zur Selbstkasteiung lese ich sie noch einmal durch:

REZEPT FÜR SEINE KÖNIGLICHE HOHEIT, DEN PRINCE OF WALES: VEGETARISCHE RÖSTNUSSQUICHE

Sechs bis acht Portionen

ZUTATEN

1 Esslöffel Olivenöl extra vergine
eine Drittel Tasse gerösteter Haselnüsse, gemahlen
zwei Drittel Tasse Paranüsse, gemahlen
350 Gramm Tomaten, blanchiert, abgezogen und gehackt
1 große Zwiebel, feinst gehackt
2 Knoblauchzehen, feinst gehackt
ein Viertel Pfund frische Pilze, gehackt
ein halber Teelöffel getrocknetes Basilikum
ein halber Teelöffel getrocknetes Oregano
1 Teelöffel Salz
1 geschlagenes Ei

ZUBEREITUNG

Den Ofen auf 220 C° vorheizen. Springform oder Kastenform (1 Kilo) einfetten. Mit Backpapier auslegen. Nüsse, Tomaten, Zwiebel, Knoblauch, Pilze, Basilikum, Oregano, Salz und Ei in eine mittelgroße Schüssel geben. Die Zutaten gründlich durchmischen. Dann die Mischung in die Backform geben, die Oberfläche mit einem Löffel glatt streichen. Die Form in den Ofen geben und 30-40 Minuten backen, bis die Ränder der Quiche sich leicht von der Backform abgelöst haben. Etwas abkühlen lassen und mit Hilfe eines Messers von der Form ablösen und auf ein Holzbrett oder einen Teller stürzen. In dicke Stücke schneiden und mit Pilz- oder Zwiebelsauce servieren.

(Sollte jemand wie der Prince of Wales oder Mr. Carluccio die Lust verspüren, frische Steinpilze zu sammeln, können diese ohne weiteres die gebräuchlicheren Pilze ersetzen.)

REZEPT FÜR IHRE KÖNIGLICHE HOHEIT, DIE PRINCESS OF WALES: BRUNNENKRESSESUPPE

Vier bis sechs Portionen

ZUTATEN

60 g Butter
60 g Mehl
1 l Hühnerbrühe
350 g Brunnenkresse (hacken, die langen Stiele entfernen)
1 Becher Sahne

ZUBEREITUNG

Die Butter in einem Topf schmelzen, das Mehl hinein geben und ein paar Minuten rühren. Den Topf vom Herd nehmen, die Hühnerbrühe hinein geben und kräftig mit dem Schneebesen schlagen. Das Ganze zum Aufwallen bringen und die Brunnenkresse hinzufügen. Wieder zum Aufwallen bringen und 20 Minuten abgedeckt auf niedriger Temperatur köcheln. Pürieren und unter Zugabe der Sahne erneut erhitzen. Portionieren und servieren.

In der Mittagspause machen Victoria und ich uns wie üblich auf den Weg zur Kantine im Buckingham Palace. Was hat Graham heute Gutes für uns? Oh nein, eine seiner Spezialitäten: Boeuf Stroganoff mit Kartoffelpüree. Adam wurde mit einem Apfel verführt – sogar ich könnte einem Apfel widerstehen, aber Boeuf Stroganoff mit Kartoffelpüree ist eine derart teuflische Versuchung, dass selbst den himmlischen Heerscharen das Wasser im Munde zusammenliefe.

Victoria und ich wechseln einen Blick. Wir werden nicht und ich wiederhole: *nicht* in Versuchung geraten. Aber meine Güte, es sieht nicht nur köstlich aus, es riecht auch göttlich. Als meine Nase den verlockenden, ja berauschenden Duft wahrnimmt, fangen ihre Flügel unwillkürlich an zu beben. Victoria spürt, wie meine Willenskraft nachlässt.

»Denk an unser Gelübde«, sagt sie entschieden.

»Den Salat bitte, Graham«, sage ich seufzend.

»Wollen Sie wirklich nicht das Stroganoff?«, fragt Graham und verleiht jeder Silbe mit seiner schwulen Intonation einen theatralischen Singsang.

»Heute nicht, Graham. Heute nehme ich den Salat, bitte.«

»Hmm. Aber danach nehmen Sie doch den Früchtekuchen, oder? Sie lieben doch Früchtekuchen, oder nicht? Noch mehr als Marmeladenstrudel. Ich weiß noch, als wir diese Speisefolge das letzte Mal hatten, wollten Sie Nachschlag!«

Graham ist eindeutig ein Sendbote des Teufels. Unter Aufbietung meiner ganzen Selbstbeherrschung bringe ich, zugegebenermaßen mit erstickter Stimme, gerade noch hervor: »Und danach nehme ich einen Apfel.«

Graham zieht eine Augenbraue in die Höhe. »Also ein Apfel. Aber ich versichere Ihnen, der Früchtekuchen ist köstlich. Vielleicht ändern Sie nach dem Salat ja noch Ihre Meinung.«

»Graham, seien Sie bitte nicht so sadistisch.«

»Wie Madam meinen.«

Victoria und ich setzen uns. Ich beiße in eine frische, gesunde Selleriestange voller Nährwert. Bäh!

»Wenn's nach diesem Mann ginge, wäre ich bald fett wie Bessie, die Milchkuh«, jammere ich.

»Nicht nur du, Sarah. Ich leide auch«, klagt Victoria.

Trübselig starren wir auf die beiden Beamten vom Buckingham Palace, die uns gegenüber ihr dampfendes Stroganoff verputzen. Ihr Gesichtsausdruck zeigt allzu deutlich, dass es himmlisch schmeckt.

»Das ertrage ich nicht«, sagt Victoria.

»Ich auch nicht.«

Victoria und ich schieben unseren Teller weg, schnappen uns unseren Apfel und verschwinden.

Da uns noch eine Stunde totzuschlagen bleibt, bevor wir an unseren Schreibtisch zurück müssen, gehen wir nach Knightsbridge, um uns das Neueste vom Winterschlussverkauf anzusehen. Bald spähen wir neiderfüllt in die Boutiquen, betreten sogar einige und tun so, als wollten wir etwas kaufen. Schön wär's! Mein Palastlohn, der im neuen Kalenderjahr nur um 15 Pfund pro Woche gestiegen ist, gebietet es eigentlich, sich nur in Second-Hand-Läden umzusehen.

Als Victoria und ich voller Verlangen eine wundervolle Krokohandtasche von Hermès begutachten – zum Schnäppchenpreis von 400 Pfund – frage ich sie, ob sie eigentlich je die ›Chefin‹ gesprochen hat, wie wir Prinzessin Diana seit neuestem nennen.

»Nur einmal.«

»Und du? Hast du den Chef schon mal gesprochen?«

»Nur einmal.«

Wir begaffen weiterhin die Tasche, bis ein Verkäufer, der von Kopf bis Fuß nur faschistoides Schwarz trägt, mit strenger Miene auf uns zutritt und »Kann ich Ihnen helfen?« fragt, allerdings in einem Ton, der verrät, dass er sehr gut weiß, dass dies nicht der Fall ist. Wir murmeln das obligatorische: »Wir schauen nur«, woraufhin er uns im Abwenden mit einem überheblichen Hohnlächeln bedenkt, das wohl besagen soll: »Träumt weiter, Ladys!«

Ich wende mich wieder Victoria zu: »Ist schon komisch, dass wir unser Leben der Post unserer Chefs widmen, sie selbst uns aber so fern sind wie den Absendern der Briefe, die wir beantworten.«

»Ja, das ist wohl wahr.«

»Stell dir vor, wir würden unser ganzes Leben für sie arbeiten und wüssten immer noch nicht mehr über sie, als das, was in der Zeitung steht.«

Bei dieser Vorstellung verharren wir ein Weilchen, dann lassen wir sie ziehen. Wir schlendern aus der Boutique und setzen unseren Weg die Sloane Street hinunter fort, wobei wir ab und an einen Blick in die Schaufenster werfen.

»Victoria?«

»Ja?«

»Ich sterbe vor Hunger.«

»Ich auch.«

Wir suchen den nächsten Sandwichladen auf.

Februar 1989

Nächstes Mal, wenn du Wild aus der königlichen Küche bestellst, sage ich zu mir, darfst du *nicht* davon ausgehen, dass es eingeschweißt und ofenfertig wie aus dem Supermarkt kommt.

Das Wild, von dem ich spreche, sind zwei ›Windsor-Fasane‹, die auf den Ländereien von Windsor Castle gehalten und geschossen wurden. Das heißt, zumindest nehme ich das an, sonst würden sie wohl ›Royal Sandringham-Fasane‹ oder ›Royal Highgrove-Fasane‹ heißen.

Da ich weiß, dass Andy Wild mag, das, wie er es nennt, ›*Hautgoût*‹ hat, oder wie ich es nenne, *stinkt*, bestelle ich die Fasane für Dienstag und mache mich an diesem Tag auf zum Buckingham Palace, um sie abzuholen. Den Palast betrete ich durch den Seiteneingang, dann lasse ich die üblichen Sicherheitsmaßnahmen über mich ergehen. Danach will ich die Tür ins Untergeschoss zur Küche ansteuern. Aber irgendwie ist wohl mein Autopilot eingeschaltet, denn erst als ich oben im Speisesaal lande, fällt mir wieder ein, warum ich eigentlich hier bin. Nein, Sarah, nicht zum Essen, sondern wegen der Fasane! Ich drehe um und gehe den gleichen Weg zurück, da bemerke ich plötzlich, dass die Tür zur Eingangshalle offen steht. Verstohlen stecke ich meinen Kopf hindurch, um zu sehen, wie sie aussieht.

Oh mein Gott! Sie ist umwerfend, über dreißig Meter lang und zehn Meter breit. Vor mir sehe ich Spiegel in wunderschön geschnitzten Goldrahmen, kostbare Porzellansammlungen, unschätzbare alte Gemälde, Marmorbüsten, riesige Kristalllüster und wundervolle französische Möbel aus dem 18. Jahrhundert. Und am anderen Ende schieben zwei in weiße Overalls gezwängte Hausangestellte eifrig ihre Staubsauger über den weichen, roten Wilton-Teppich. Ich hole tief Luft und kneife die Augen zu.

Dann stelle ich mir vor, ein Orchester spielte ›An der schönen, blauen Donau‹, und ich tanzte in einem fließenden Seidenkleid einen Walzer rund um den ganzen Saal. Mein gut aussehender und hingebungsvoller Prinz, der liebe Andy, trägt einen Frack und hält mich im Arm. Fort und fort tanzen wir, als hätten wir überhaupt keine Sorgen. Probleme wie drohende Mietzahlungen, unbezahlte Rechnungen, teure Friseure und so weiter, all diese lästigen Sorgen, die mich täglich heimsuchen, entfleuchen durch die Flügeltüren vor mir wie eine Fledermaus, der der Teufel ausgetrieben wurde. Jetzt bin ich eine Prinzessin und schwebe in den Armen meines Traummannes durch diesen sagenhaften Palast. Tra la – la lah! La la – la lah! Tra la – la lah! La la la lah!

Plötzlich höre ich ein Hüsteln. Mein Traum zerplatzt. Hinter mir steht ein junger und ziemlich ansehnlicher Lakai in Livree. Ich lächle verlegen und murmele etwas wie: ›Ich wollte nur schauen‹, bevor ich die Treppe zum Souterrain hinunterflüchte.

Während oben alles Glamour, Anmut und Pracht atmet, mutet die Welt darunter wie das Innere eines Ozeandampfers an. Die Wände sind in Kriegsschiffgrau gehalten, und überall befinden sich Rohre, Leitungen und Chromverkleidungen. Auf der Suche nach Hinweisen gehe ich einen Gang entlang. Dort gibt es geschlossene Türen mit seltsamen Aufschriften wie ›Master of the Clockworks‹ (Meister der Uhrwerke), ›Keeper of the Mirrors‹ (Spiegelverwahrer) und ›Privy Purse Entrance‹ (Zugang zur Geheimschatulle). Ich fühle mich um zweihundert Jahre zurückversetzt.

In dieser fremden und seltsamen neuen Welt komme ich mir vor wie Alice, die sich in ein surreales Wunderland verirrt hat. Halb erwarte ich schon, dass jeden Moment ein livriertes Kaninchen mit einer Stoppuhr auftaucht.

Tatsächlich stoße ich schließlich auf einen ›Liveryman‹, der zielstrebig den Gang hinunterläuft. Er weist mich den Korridor zurück zum Küchenbereich. Lag es am schlechten Licht oder wirkte er wirklich unnatürlich blass? Ich frage mich, ob er schon sein ganzes Leben hier unten verbringt. War er jemals oben? Hat er je Sonnenlicht gesehen?

Ich betrete die Küche. Sie ist riesig und in Eierschalenweiß gehalten. Ein Gang zu einer Speisekammer hat keine Tür, da sind nur Plastikvorhänge, durch die ich sehen kann, wie gestresst wirkende Küchenhilfen die Lebensmittel für die Abendmahlzeiten herbeischaffen.

Ich bin entsetzt, wie funktionell das Ganze hier mit seinen riesigen Herden und massiven Spülbecken ist. Irgendwie hatte ich wohl erwartet, der Küchenbereich hätte mehr Zauber, um den Glanz der oberen Räumlichkeiten widerzuspiegeln, oder zumindest eine anheimelnde Atmosphäre, mit Olivenölflaschen, Regalen voller Gewürze und dem verlockenden Duft von Backwerk. Die wenigen Köche, die ich jetzt sehe, tragen noch nicht mal die kleidsamen Mützen, wie man sie aus alten Filmen kennt. Sehr enttäuschend.

Ich stelle mich einem der Köche vor. Er hat keine Ahnung, was mit meinen Fasanen ist. Ach herrje. Ich versuche es beim nächsten. Auch er weiß nichts. Panikschübe! Beim dritten jedoch habe ich Glück. Er verschwindet durch den Plastikvorhang und taucht schließlich mit meinem königlichen Wildgeflügel auf. Aber ich traue meinen Augen nicht. Meine Fasane sind weder gerupft noch ausgenommen! Wenn sie nicht so schlaff da hingen, könnte man auch meinen, sie schliefen nur und würden gleich davon flattern.

»Was soll ich denn damit?«, blöke ich.

»Bitte?«, fragt er zurück.

»So kann ich sie wohl kaum in den Ofen schieben, oder?«, jammere ich.

»Nein, Madam, das würde ich nicht empfehlen.«

»Aber warum sind sie denn nicht gerupft?«, jammere ich weiter.

»Vermutlich, weil Madam es nicht so bestellt hat.«

»Man muss es bei der Bestellung mit angeben?«

»Ja, Madam. Es kostet ein Pfund extra.«

Ein Pfund! Im Moment würde ich zwanzig Pfund dafür bezahlen. Ich sehe den Koch mit flehender und gleichzeitig gewinnender Miene an. Mein Herr Küchenchef, Sie sehen eine Jungfer in schrecklicher Not vor sich. Sicher werden Sie ihr doch zu Hilfe eilen?

»Bedaure, Madam, unter normalen Umständen würde ich es ja selbst tun, aber heute Abend ist es für uns unmöglich. Oben ist Staatsbankett. Und wie Sie sehen, sind wir unterbesetzt. Es kursiert ein schrecklicher Virus. Das halbe Küchenpersonal ist aus dem Verkehr gezogen.«

Majestät und ihre Gäste haben wohl Priorität, räume ich unglücklich ein, als ich die beiden Vögel mit dem wunderschönen Gefieder aus dem Buckingham Palace und die Mall hinunter zu meinem Wagen schleppe, wobei ich die irritierten Blicke der Passanten ignoriere.

In der Mittagspause des folgenden Tages klappere ich verschiedene Metzger in St. James, Victoria und Knightsbridge ab, bereit, jeden Preis zu zahlen, um die Vögel ofenfertig zu bekommen. Aber alle erteilen mir eine Absage.

»Bedaure, Madam, wir wären Ihnen gerne zu Diensten, aber das ist nicht mehr erlaubt.«

»Was heißt das: nicht erlaubt?«

»Neues Gesetz. Man braucht eine spezielle Genehmigung für Wild.«

»Und die haben Sie nicht?«

»Nein, Madam.«

»Hat denn *irgendjemand* diese Genehmigung?«, frage ich den fünften Metzger verzweifelt.

»In London? Nicht, dass ich wüsste, Madam.«

Am Abend rufe ich Andy an, um ihm meine Notlage zu schildern.

»Keine Sorge. Wenn ich komme, rupfe ich sie selbst. Ich rupfe für mein Leben gern Fasane«, sagt er, und fast glaube ich ihm.

Nicht mal ein so begeisterter Liebhaber des Landlebens wie Andy kann wirklich gern Fasane rupfen, auch wenn es sich um besondere Royal Windsor-Fasane handelt. Seufz. Mein Andy ist wirklich ein Gentleman.

Seinen Anweisungen zufolge hänge ich die beiden am Treppengeländer auf, wo sie aussehen wie zwei Kapitalverbrecher aus der Vogelwelt, die man als Warnung für anderes Gefieder mit kriminellen Neigungen am Galgen hängen gelassen hat.

Oh du meine Güte! Am Donnerstag komme ich nach Hause und entdecke, dass ich die Heizung angelassen habe. Die Folge davon: der geruchsintensive Verwesungsprozess hat sich alarmierend beschleunigt. Dem *Odeur* nach hängen die Vögel nicht erst vierundzwanzig Stunden, sondern vierundzwanzig Tage ab. Also schiebe ich sie, nachdem ich alle Fenster aufgerissen habe, in den Gefrierschrank.

Am Freitag trifft Andy mit einem riesigen Blumenstrauß ein. Mein Herz gehört ohnehin schon ihm, aber diese wunderbare Geste lässt mich vollends dahinschmelzen. Da ich Andy seit einer Woche nicht mehr gesehen habe, sind die Vögel kaum das Erste, an das ich denke; eher etwas Anderes, aber fast gleich Lautendes.

Als ich viel später am Abend aus meinem Schlafzimmer komme, erinnere ich mich plötzlich wieder an die Fasane. Aaaah! Ich stürze zum Gefrierschrank und reiße sie heraus. Mittlerweile befinden sie sich in einem Zustand eiskalter Totenstarre und könnten ohne weiteres als Totschläger benutzt werden. Ich glaube, wenn mein anbetungswürdiger Andy mich nicht so glücklich gemacht hätte, wäre ich in Tränen ausgebrochen.

Also sitze ich nun am folgenden Morgen hier und widme mich zusammen mit Andy dem Rupfen und Ausnehmen dieser gottverdammten Tiefkühlfasane. Der ganze Boden und alle Arbeitsflächen sind mit Federn bedeckt, und beim Ausreißen der Federn und Eingeweide fühle ich mich wie bei einem makabren Voodooritual. Das ist einfach nicht zivilisiert: das ist mittelalterlich.

Ich arbeite in einem Palast. Was also machen wir hier? Dies ist Fulham, nicht Haiti. Und ich bin keine Priesterin der schwarzen Magie, sondern eine Lady Clerk!

»Das macht Spaß«, sagt Andy.

Ich werfe ihm einen konsternierten Blick zu. Ja, so viel Spaß wie ein Ausflug ins Schlachthaus. Aber als wir es endlich hinter uns haben, machen Andy und ich uns an die Vorbereitung des Essens.

»Hab ich dir schon mal von einem großartigen Familienrezept erzählt?«, fragt Andy.

»Nicht jetzt, Andy.«

»Nein, im Ernst. Es nennt sich *Phaisan Normande*!« Dann erzählt er mir, wie der Fasan zuerst in Cidre eingelegt und später mit Äpfeln gekocht wird.

Warum nicht, denke ich, versuchen wir's. Als wir also mit den Äpfeln und dem Cidre vom Lebensmittelhändler zurückgekommen sind, macht sich Andy daran, das Geheimrezept der Ferrers zuzubereiten, während ich mich um eine Vorspeise aus meinem eigenen Repertoire kümmere: *Oeufs Mollet*. Diese köstliche Vorspeise besteht aus weich gekochten Eiern, die man, nach Entfernen der Schale, in Räucherlachs wickelt, mit Mayonnaise besprenkelt und mit Schnittlauch verziert. Sehr zu empfehlen. Hören Sie auf mich.

Und da ich sechs Jahre zuvor gelernt habe, wie man ausgezeichnete Tortenböden backt, kreiere ich zusätzlich noch Erdbeertörtchen, die, wenn ich mich selbst loben darf, einfach köstlich sind. *Voilà!*

Das wird ein wundervolles Essen werden. Und bei mir ist der Mann meiner Träume. Hach ja, ich bin so glücklich!

Später am Abend spielen Andy, sechs Gäste und ich mit Claret, Beaumes de Venise und Calvados Trinkspiele, und zwar unter Verwendung eines zur Situation passenden Zungenbrechers:

Nur königliche Fasanenrupfer rupfen Federn von königlichen Fasanen. Federn von königlichen Fasanen rupfen nur königliche Fasanenrupfer.

Das wäre für heute genug Königliches. Gute Nacht.

März 1989

Eines Tages erfahre ich, dass ich als Angestellte des Palastes nicht nur in den Genuss königlichen Wildgeflügels komme, sondern auch Zugang zum Royal Film Club habe. Letzterer ist unglaublich günstig, außerdem darf ich einen Gast mitbringen. Heute Abend gehe ich mit einer Freundin dorthin, die ich ›Mindy‹ nennen will und die als Grundstücksmaklerin in Pimlico arbeitet.

Allerdings war mir nicht klar, wie viele Umstände es nach sich ziehen würde, einen Gast mitzubringen. Mindy, so wurde mir mitgeteilt, müsse aus Sicherheitsgründen überprüft werden. Wer weiß, vielleicht entspricht Mindy, die aus einer alt eingesessenen Familie der Shires entstammt, dem Profil der modernen Terroristin. Als ich zwei Wochen im Voraus ein spezielles Formular ausfüllte, fragte ich mich unwillkürlich, wie und von wem ein solcher Antrag wohl bearbeitet wird.

Bringt ein Kurier ihn in aller Eile zum MI5? Vermutlich wird dann in einer geheimen Datenbank nachgesehen. Und stellt daraufhin jemand diskrete Nachforschungen an ihrem Arbeitsplatz an? Wird ihr Telefon angezapft? Wenn es sich um eine Stellenausschreibung handelte, würde ich das ja noch verstehen, aber das Ganze wegen einer Kinokarte zu einem Pfund?

Wie auch immer, offenbar hat Mindy keine düstere Vergangenheit und ihr Passierschein ist ausgestellt. Außerdem hält dieser Tag noch eine weitere Belohnung für mich bereit: In der Mittagspause werde ich die Aufmerksamkeiten eines Verehrers genießen, eines gewissen Doktor David Owen. Nein, nicht der schicke Politiker mit den dunklen Haaren und dem Sex-Appeal, der neuerdings ständig im Fernsehen ist, sondern ein Ornithologe. David, den ich kennen lernte, als ich in Oxford die Sekretärinnenschule besuchte, ist führender Experte in Sachen ›Alpenkrähe‹. Dies ist, wie er mir lang und breit erläutert hat, ein Vogel, der, genau wie David, in Wales heimisch ist.

Dank David weiß ich alles über die Alpenkrähe. Wollen mal sehen: Sie ist schwarz, hat Stelzenbeine, einen gekrümmten, roten Schnabel und steht, wenn ich mich recht erinnere, gerne in seichtem Gewässer. Es mag ziemlich merkwürdig anmuten, dass man sein Leben dem Studium eines solchen Wesens widmet, aber ich nehme an, jede Spezies braucht einen Experten, eine ›Autorität‹, und bei der Alpenkrähe ist es David, der übrigens jeden Augenblick kommen muss.

Ich gehe auf die Damentoilette und überprüfe Frisur und Makeup. Ich hoffe doch wirklich, dass die Alpenkrähe, bildlich gesprochen, vom Tisch ist. Ich meine, David und ich wären mit Alpenkrähen fertig. Ja, ganz sicher haben wir sie zur Genüge durchgekaut.

Als ich wieder herauskomme, teilt Victoria mir mit, unten würde ein ›Gentleman‹ auf mich warten. Also gehe ich nach unten, um meinen schmucken Ornithologen im Chinoiseriezimmer zu begrüßen.

Meine Güte, David, denke ich, du siehst umwerfend aus. Wilde, dunkle Locken und ein durchdringender Blick. Und so schick heute, mit der Brokatweste und einer Krawatte, die aussieht wie von Hermès. Wow, du bist wirklich genauso attraktiv wie dein Namensvetter aus der Politik. Allerdings bin ich schon versprochen, David. Andy ist mein Herzbube. Aber Verehrer, die ein Mädchen zum Lunch ausführen, kann man nicht abweisen. Und einen attraktiveren Begleiter als dich kann man kaum finden.

Stolz nehme ich seinen Arm, dann schlendern wir die Mall hinunter zum Oxford and Cambridge Club. Wie der Name schon sagt, kann man in diesem Club nur Mitglied werden, wenn man wirklich an einer der beiden Universitäten seinen Abschluss gemacht hat – die, wie jeder weiß, die anspruchsvollsten in Großbritannien sind.

David führt mich durch dieses Reich der Intelligenzbestien zum sogenannten Ladies Room, was sich fälschlicherweise nach ›Damentoilette‹ anhört. Beim Oberkellner bestellen wir beide Gin Tonic, dann fängt David an, ein Formular für den Lunch auszufüllen. Der Club ist einer dieser wundervoll altmodischen Orte, ähnlich wie meines Erachtens der Palast.

Da David eine so gute Erziehung genossen hat, weiß er viel mehr über Wein als ich und beschreibt mir den Sancerre und den Burgunder, die wir beide zu unserem Essen bekommen sollen.

»Und was werden wir essen?«

»Das ist eine Überraschung. Aber es wird dir schmecken, versprochen.«

Nach zehn Minuten kommt der Oberkellner zurück und verkündet, der erste Gang sei serviert. Wir betreten einen riesigen Speisesaal und setzen uns an einen Tisch, wo schon Räucherlachs auf uns wartet. David ist ein ungeheuer aufmerksamer Begleiter, aber manchmal wünschte ich, er wäre nicht so furchtbar schlau, denn ich verstehe nur die Hälfte von dem, was er eigentlich sagt. Also lächle ich nur, nicke und starre in seine schönen Augen.

Der nächste Gang kommt. Was ist das? Fasan! Zum Totlachen! Einfach köstlich! Jetzt habe ich David auch was zu erzählen, und ich stürze mich in meine Geschichte von der knapp verhinderten Katastrophe mit meinen beiden Royal Windsor-Fasanen. Am Ende dieses Histörchens bemerke ich plötzlich, dass David etwas reserviert wirkt.

Was in aller Welt habe ich denn gesagt? Da klingelt es bei mir. Oh, Sarah, du Idiotin! Du hast ständig Andy miteinfließen lassen! Wie konntest du nur so unsensibel sein? Jetzt denk scharf nach: Wie willst du die Sache noch retten? In meinem Kopf herrscht nur Leere. Oh, Sarah, du bist wirklich eine dumme Gans! Da kommt mir eine Idee. Gans. Vogel!

Ich strecke die Hand aus, berühre die seine und blicke ihn mit flatternden Lidern ernst an.

»Aber David, eines hast du mir noch gar nicht erzählt. Und ich will es wissen. Es ist so faszinierend. Wie entwickelt sich deine Alpenkrähenforschung in letzter Zeit?«

Davids Augen leuchten auf. Ich wette, das ist er noch nie bei einer Verabredung gefragt worden.

Nun nimmt das Essen wieder einen glücklichen Verlauf, und ich erfahre noch mehr über Alpenkrähen. Armer David, ich bin deiner wahrhaft nicht würdig. Du verdienst viel eher eine Intelligenzbestie. Ja, die wird sich freuen! Hör auf, Sarah!

Nach diesem köstlichen Lunch bringt mich David zurück, und wir vereinbaren, in Kontakt zu bleiben. Ich verabschiede ihn mit einem zärtlichen Kuss auf beide Wangen. Puh!

Später am Abend treffe ich mich mit Mindy und führe sie stolz in den Buckingham Palace. Als sie durch die Pforte ins Innere gelangt ist, staunt sie genau wie ich beim ersten Mal.

»Du hattest Recht, Sarah. Es ist wirklich wie ein Dorf.«

Wir gehen zur Bar, bestellen uns eine Weinschorle und nehmen auf den dunkelroten Sitzen Platz.

»Meine Güte, ist das schön hier«, sagt sie. »Hey, ich hab was zu tratschen.«

Sie lehnt sich vor und flüstert mir etwas ins Ohr.

»Wusstest du, dass die Frau deines Arbeitgebers bei einem Offizier der Leibgarde Reitunterricht bekommt?«

»Aha?«

»Aber sie bekommt nicht nur Unterricht zu Pferd!«

»Was? Das ist empörend. Das kann nicht stimmen!«

»Sie können kaum die Hände voneinander lassen.«

»Nein!«

»Oh doch. Unsere Diana hat ziemlich viel Feuer in sich. Das Ganze scheint schon eine Weile zu dauern.«

Also haben meine frivolen Spekulationen doch ihre Berechtigung gehabt. Kein Wunder, dass Dianas Protection Officer, der liebe Ken Wharfe, uns so oft im Büro besucht. Schließlich kann er kaum vor Dianas Schlafzimmer herumlungern, wenn sie darin zugange ist, oder?

»Wie heißt er?«

»James Hewitt. Sieht ziemlich gut aus.«

»Glaubst du, dieser James Hewitt ist ihr erster Liebhaber?«

»Nein. Lass mal sehen: Vor zwei Jahren knutschte sie auf Bunty Worcesters Hochzeit schamlos mit diesem Typen auf der Tanzfläche herum. Sie war da ziemlich unverfroren.«

»Das heißt aber nicht, dass sie noch was anderes gemacht hat.«

»Dann war da noch Major David Waterhouse, aber er war nur ein häufiger Begleiter.« »Und zwei Jahre davor hatte sie eine Affäre mit einem ausländischen König.«

Mir fallen fast die Augen aus dem Kopf.

»Nein!«

»So heißt es. Und zwei Jahre davor hatte sie offenbar etwas mit ihrem Leibwächter.«

»Aber doch nicht mit Ken Wharfe?«

»Nein. Mit jemandem namens Barry Mannakee. [Barry Mannakee wird in Lady Campbells Buch *Diana, wie sie wirklich war* erwähnt. Er ist mittlerweile tot.]«

Es herrscht einen Moment Stille, als ich Mindys ungeheure Enthüllungen verdaue.

»Seine Königliche Hoheit war über diese Affäre gar nicht erfreut. Er hat sie praktisch in flagranti ertappt. Seiner Meinung nach bewies Diana wirklich schlechten Stil.«

»Schlechten Stil? War er nicht wütend?«

»Ja, das natürlich auch, aber damals ging die Ehe schon langsam den Bach runter. Mir wurde gesagt, dies sei für ihn der Tropfen gewesen, der das Fass zum Überlaufen gebracht hätte.«

»Was? Ihr schlechter Stil?«

»Nein, es tötete das Letzte ab, was er noch für sie empfand. Und doch ist die Sache mit dem schlechten Stil auch eine ernste Sache. Sieh mal, Sarah, die zukünftige Königin von England kann doch nicht mit dem Personal ins Bett gehen. Die Prinzessin sollte sich an ihresgleichen halten. Dabei geht's nicht um Snobismus, sondern um praktische Gründe.

Man kommt aus bescheidenen Verhältnissen und hat plötzlich die unglaubliche Gelegenheit, mit der Prinzessin, der zukünftigen Königin, eine Affäre anzufangen. Da sitzt man plötzlich auf einem Vermögen. Eine solche Geschichte ist Hunderttausende wert – vielleicht sogar eine Million. Für Leute mit wenig Geld ist das eine unwiderstehliche Versuchung. Bedenke nur, was mit Prinzessin Anne passierte. [Prinzessin Anne hatte laut Angaben der *Sun* um 1979 herum eine Affäre mit ihrem Leibwächter Peter Cross. Diese Behauptung wurde seitdem in verschiedenen Büchern aufgegriffen.]«

»Jetzt erzähl mir nicht, die hätte auch etwas mit ihrem Leibwächter.«

»Doch. Ich würde sagen, ja. Die Geschichte stand in der *Sun*.«

»Hat er die Story verkauft?«

»Vielleicht, vielleicht aber auch nicht – jedenfalls kam es raus.«

Mindy trinkt noch einen Schluck von ihrer Weinschorle.

Das ist alles ein bisschen viel für mich. Zuerst erfahre ich, dass die Princess of Wales, die nationale Ikone, Affären hatte, und jetzt diskutiere ich über die Vor- und Nachteile, es mit einem Leibwächter zu treiben – und all das binnen weniger Minuten. Ich vermute, dies ist die Bedeutung des Begriffs *sophisticated*. Ich versuche mir vorzustellen, ich wäre selbst eine reiche und ziemlich vernachlässigte Ehefrau. Der ein Leibwächter zur Verfügung steht. Hm.

»Vielleicht ist es schon eine Versuchung, ständig einen fitten und gut aussehenden Polizeibeamten an der Seite zu haben.«

Doch Mindy zählt jetzt die Nachteile auf. »Ja, aber wenn Prinzessin Anne eine Affäre hat, gefährdet das nicht die Monarchie. Das kann als dummer Ausrutscher abgetan werden. Wenn Prinzessin Diana, unsere zukünftige Königin, etwas mit einem Leibwächter anfängt, ist das etwas ganz Anderes.«

»Also könnte die Sache mit Barry Mannakee jeden Moment auffliegen?«

»Das ist jetzt aus der Welt geschafft. Keine Gefahr mehr. Alles unter den Teppich gekehrt.«

»Wie?«

»Er ist tot. Bei einem Motorradunfall umgekommen. Vor zwei Jahren.«

Ich schlage mir die Hand vor den Mund.

»Du glaubst doch nicht …«

»Diana glaubt es offenbar, aber es konnte einfach nicht arrangiert gewesen sein. Die Umstände waren zu ungewöhnlich. Es war nur ein schrecklicher Unfall. So was kommt vor.«

»Aber der Zeitpunkt?«

»Der Zeitpunkt war schon merkwürdig. Vielleicht die Vorsehung?«

Sie zieht eine Augenbraue in die Höhe. Dann nimmt sie einen weiteren Schluck von ihrer Weinschorle. Ich bekomme meinen Mund immer noch nicht zu. Mindy fährt fort: »Aber die spektakulärste Geschichte über Royals und Rauhbeine ist die von Margaret und dem Gangster.«

»Gangster?«

»Richtig. Ein tougher Cockneybursche. Hatte mal jemanden umgebracht. Margaret lernte ihn im Urlaub auf Mustique kennen, wo sie zu Gast bei Colin Tennant war. Er amüsierte seine Umgebung gewöhnlich damit, dass er sein Ding hervorholte. Offenbar ist es sagenhaft groß. Er macht Partyscherze damit, balanciert drei Halblitergläser darauf. Wie heißt er noch? Genau, John Bindon. Komischerweise hat er damit noch nicht vor der Presse geprahlt.«

»Was, mit dem Balanceakt mit den drei Halblitergläsern?«

»Nein, Sarah, du Dummchen. Mit der Sache mit Prinzessin Margaret.«

»Wenn er es nicht zugegeben hat, woher weiß man dann, dass es wahr ist?«

»Weil sie es Freunden erzählt hat!«

Was? Das ist zu viel. Mindy macht wohl Witze! Im Ernst?

»Mindy, woher weißt du das alles?«

»Von Susie.«

»Susie? Und woher weiß Susie das?«

»Von ihrer Mutter natürlich.«

»Ihrer Mutter? Woher weiß *sie* es?«

»Ihre Schwester ist eine Hofdame.«

»Und?«

Mindy rollt mit den Augen, als wäre ich eine Idiotin, was ich wahrscheinlich auch bin. »Sarah, denk doch mal nach! Sie sitzt an der Quelle des Hoftratsches. Hier im Palast bleibt kaum was geheim.«

Mir schwirrt der Kopf. Da weiß Mindy wahrscheinlich mehr als ich.

»Und wie nimmt mein Chef die Sache mit Diana und Captain James Hewitt auf?«

»Er ist hocherfreut. Schließlich ist ihre Aufmerksamkeit auf jemand anderen gerichtet, und ihr Gekeife und Geschrei gilt nicht mehr ihm. Der arme Kerl, seine Nerven machen das nicht mit, wenn sie keift und schreit.

Ich glaube ja, dass die Ehe gescheitert ist, wusste er in der Nacht, als sie eine riesige schwere Bibel nahm und ihm auf den Kopf knallte.«

Ich denke kurz darüber nach.

»Aber in Beziehungen macht man lauter verrückte Sachen. Gut, sie hatten Streit. Da hat sie ihn einfach mit dem Erstbesten geschlagen.«

»Als sie ihn angriff, kniete er gerade und betete.«

»Er kniete und betete?«, wiederhole ich erschüttert.

»Genau. Er ist sehr religiös, weißt du.«

»Und sie griff ihn mitten im Gebet an?«

»Ja, das schockierte ihn noch mehr, als ihr früherer Angriff mit dem Messer.«

»Das soll wohl ein Witz sein?«

»Nein, und dann hat sie sich absichtlich geschnitten.«

»Hör auf!«

»Doch!«

»Und wann war das alles?«

»Zu Beginn ihrer Ehe.«

»Wann genau?«

Mindy blickt mich über ihr Weinglas hinweg an. »In den Flitterwochen.«

Wow. Das ist ein bisschen viel für mich.

»Also meinst du, ihre Ehe ist am Ende?«

Mindy zuckt die Achseln. »Möglich. Aber das ganz dicke Ende kommt bestimmt noch.«

Es herrscht eine Sekunde Schweigen, und Mindy sieht mich bedeutungsvoll an. Dann kichern wir beide los.

»Ich jedenfalls würde mir um deinen Chef keine Sorgen machen. Der ist anderweitig beschäftigt.«

»Mit wem?«

»Camilla Parker-Bowles.«

»Ja, von der hab ich schon gehört. Aber ist sie nicht verheiratet?«

»Ja, aber sie alle kennen sich ziemlich gut. Ihr Mann Andrew hatte mal was mit Prinzessin Anne. Tatsächlich kennen sich alle so gut, dass sie sogar in gegenüberliegenden Häusern wohnen, im Clareville Grove, am Sitz der PLO. [Die Affäre zwischen Andrew Parker-Bowles und Prinzessin Anne fand statt, bevor beide jemand anderen heirateten. Von ihr wird in *Diana, wie sie wirklich war* von Lady Colin Campbell berichtet.]«

»Tut mir leid, Mindy, ich komm nicht mehr mit. Wer wohnt in gegenüberliegenden Häusern?«

»James Hewitt wohnt gegenüber von Andrew und Camilla Parker-Bowles. Und wenn sie nach ihrer Arbeit zurück zum Clareville Grove fahren, kommen sie manchmal zur gleichen Zeit an. Sie grüßen sich immer, ›Guten Morgen‹ oder ›Guten Abend‹, je nach Tageszeit.«

»Also sind die Liebhaber Seiner und Ihrer Königlichen Hoheit befreundet und benachbart?«

»Nicht eng befreundet, aber sie kennen sich natürlich.«

»Weil sie was mit je einer Hälfte eines Ehepaares haben?«

»Nein«, sagt Mindy. »Deswegen nicht.«

»Weshalb dann?«

»Camillas Mann Andrew ist der Vorgesetzte von James Hewitt. Sie sehen sich in ihrer Einheit. Also gehen sie natürlich freundlich miteinander um.«

Ich trinke einen Schluck Wein, um all das zu verdauen.

»Also, der Prince of Wales weiß, dass seine Frau, die Princess, was mit Captain Hewitt hat. Und die Prinzessin weiß, dass ihr Mann was mit der Frau hat, die gegenüber von Hewitt wohnt und deren Mann der Vorgesetzte von Hewitt ist und früher etwas mit ihrer Schwägerin Prinzessin Anne hatte. Dann nehme ich an, alle sind zufrieden.«

»Äh, nicht wirklich. Diana gefällt es nicht, dass Charles so an Camilla hängt. In Wirklichkeit macht es sie rasend.«

»Trotzdem, deinen Worten entnehme ich, dass sie zuerst mit Affären anfing und jetzt völlig von Hewitt eingenommen ist?«

»Das stimmt.«

Meine Güte, das ist ja unglaublich. Glücklicherweise gibt es keine weiteren Skandale im Königshaus! Mindy scheint meine Gedanken zu lesen.

»Oh, mit den anderen Royals gibt es auch eine Menge Geschichten«, fügt sie hinzu.

»Was? Erzähl!«

Mindy lehnt sich zu mir und flüstert mir fünf faszinierende Minuten lang ins Ohr.

Da soll mich doch der Schlag treffen! Selbst Kaninchen würden angesichts des königlichen Treibens noch erstaunt aufhorchen. Aber natürlich ist das ja nur niederträchtiger Tratsch.

Aber was, wenn nicht? Mir fällt mein Lieblingslied aus der Kindheit ein. ›They are changing the Guards at Buckingham Palace.‹ Eigentlich sollte es heißen ›They are changing Partners‹ und die erste Silbe von Buckingham sollte sich auf etwas Anstößiges mit ›F‹ reimen.

In einer Art Schockzustand gehe ich die Treppe zum Royal Film Club hinauf, mein unschuldiges Bild von der Märchenhochzeit meiner Arbeitgeber und dem Charakter anderer Mitglieder der königlichen Familie ist in tausend Stücke zersprungen.

Glücklicherweise wird der Film uns eine kleine Abwechslung gewähren – es ist eine Komödie mit Dudley Moore und Goldie Hawn. Mindy und ich betreten einen großen, wunderschönen Saal mit Vitrinen voller Porzellan. Am hinteren Ende befindet sich ein Projektor. Ganz vorne stehen zwei Lehnstühle, dahinter drei, vier Reihen mit Regiestühlen.

Ich blicke mich um, um zu sehen, ob ich jemanden kenne. Nein, nur Angestellte vom Buckingham Palace. Und keine Royals. Aber das überrascht mich kaum. Wahrscheinlich sind sie zu sehr mit Sex beschäftigt.

Wir setzen uns, und dann erzähle ich Mindy flüsternd, wie David beim Lunch fast meine Fasanengeschichte krumm genommen hätte. Mindy kann kaum ihr Lachen unterdrücken, als sie von meinen weiteren Lektionen über Alpenkrähen erfährt. Tatsache ist, sie hört überhaupt nicht mehr auf zu lachen. Ich weiß, das die Geschichte komisch ist, aber so komisch doch auch wieder nicht.

»Was ist?«, frage ich.

»Sie dir mal den Vorspann an«, sagt sie und hält sich die Hand vor den Mund.

Ich blicke sie weiter an, begreife aber immer noch nicht.

»Der Film, den wir jetzt sehen, heißt *Eine ganz krumme Tour.*«

Ich lache über den Witz, den sie eindeutig darin sieht, und lehne mich zurück. Aber ich weiß immer noch nicht, was Mindy so komisch findet.

Mai 1989

Heute ist ein seltsamer Tag. Sehr seltsam. Vor noch nicht mal fünf Minuten fiel mir eine merkwürdige Erscheinung auf. Das heißt, irgendwo anders wäre sie nur merkwürdig, in einem Palast aber ist sie wirklich bizarr. Ein Mann mittleren Alters mit weißer Haarmähne, weißem Overall und üppigem Goldschmuck hat eines der Büros betreten. Ich frage mich, ob man mir was in meinen Tee getan hat. Oder ob ich halluziniere.

Meine Güte, da ist er wieder! Er wird den Lady Clerks nebenan vorgestellt. Er hat eine Zigarre in der Hand, was seltsam ist, denn Rauchen ist hier verboten. Wer ist das? Was macht er hier? Was soll dieser sonderbare Aufzug?

Oh mein Gott, jetzt kommt er geradewegs in mein Büro! Meine Kolleginnen und ich starren verblüfft diese seltsame Erscheinung an. Die bedenkt uns mit einem Lächeln, dann wackelt sie mit ihrer unangezündeten Zigarre vor dem Gesicht herum und stößt seltsame, gurgelnde Kehllaute aus, wie Indianer in Cowboyfilmen.

Ist der Mann krank? Ist er gestört? Hat der Sicherheitsdienst einen schrecklichen Fehler gemacht und einem Irren erlaubt, hier hereinzuspazieren? Das ist doch wohl nicht möglich! Wer ist er dann? Soll das ein Streich sein? Das muss es sein. Natürlich! Mir fällt wieder ein, dass Mindy erzählt hat, HRH würde Streiche lieben. Also hat er seinen Hofnarren ins Büro geschickt, beobachtet wahrscheinlich in diesem Moment durch irgendein Guckloch unsere Reaktionen und macht sich vor Lachen in seine königlichen Boxer Shorts. Ja, Königliche Hoheit. Sehr komisch.

Der Hofnarr macht sich mit Victoria bekannt, die wie vor den Kopf gestoßen wirkt. Er nimmt ihre Hand, als wollte er ihr einen Handkuss geben, und dann macht er etwas ganz Bizarres. Er fängt an, ihr mit der Zunge über die Finger zu fahren; er leckt ihre Hand ab. Ich sehe, dass Victoria erstarrt. Das arme Mädchen, sie wirkt geschockt. Aber lieber sie als ich!

Oh mein Gott! Jetzt kommt er zu meinem Schreibtisch. Er nimmt meine Hand und macht dasselbe damit. Seine Zunge fährt über meine Finger und Knöchel vor und zurück. Iiiih! Das ist ja ekelhaft! Er sieht mich an und grinst lasziv.

»Oh, ooooh! Whooarr! Hübsches Mädchen!«

Plötzlich erscheint Geraldine, kühl wie eine Eisprinzessin neben ihm. Sie verzieht keine Miene angesichts der Mätzchen dieses Irren in Overall und Glitzerschmuck.

»Sarah, wahrscheinlich kennen Sie Mr. Savile aus dem Fernsehen.«

Oh mein Gott! Das ist *der*. Der Moderator Jimmy Savile von *Jim 'll Fix It* – ›Jim wird's schon richten‹. Aber was macht er hier? Vielleicht irgendeine Fernsehshow? »Ein Tag als Lady Clerk im Palast?«

Später, in der Küche, spreche ich mit Geraldine über den Auftritt des berühmten Fernsehstars.

»Warum ist er überhaupt ins Büro gekommen?«, frage ich.

»So weit ich weiß, arbeitet er mit der Prinzessin an einem Projekt für das Stoke Mandeville-Krankenhaus. Vielleicht ist er vorbeigekommen, um ein paar der unverlangten Geschenke für die Kinder einzusammeln.«

»Glaubst du, er kommt noch häufiger?«, erkundige ich mich.

»Ich nehme es an«, antwortet sie. »Er ist eine ziemlich wichtige Persönlichkeit hier im Palast.«

»Wichtig? Wieso?«

»Nun, abgesehen von seiner Zusammenarbeit mit der Prinzessin ist er auch noch in einer ganz anderen Mission hier. Alles sehr geheim. Also kein Wort zu niemandem.«

»Und was wäre das?«

»Es weiß so gut wie keiner, aber letztes Jahr hat er versucht, dem Chef und der Chefin bei ihren Eheproblemen zu helfen. Er hat es für sie arrangiert, dass sie sich in Dyfed in Wales trafen, um in der Öffentlichkeit gemeinsam die Flutopfer zu trösten. Da die Königlichen Hoheiten zu der Zeit nicht miteinander sprachen, war das eine ziemliche Bravourleistung.«

Mir klappt der Unterkiefer bis zum Boden runter.

»Das glaube ich nicht!«

»Doch«, sagt Geraldine. »Er war ihr Eheberater.«

Dann fügt sie mit einem Augenzwinkern hinzu: »Jim wird's schon richten.«

Fassungslos stehe ich da und bemühe mich, diese ungeheuerliche Information in mich aufzunehmen. Es ist einfach unglaublich. Jimmy Savile, der Fernsehstar, der komische Gurgellaute von sich gibt und sich verrückt kleidet, ist oder war der Berater Seiner Königlichen Hoheit und der Princess of Wales!

Das kann einfach nicht stimmen. Unter allen Menschen im Vereinigten Königreich, die die beiden um Rat fragen könnten, wählen sie ausgerechnet *ihn*? Jimmy Savile mag großartige Dinge für Kinder und wohltätige Zwecke vollbringen, doch scheint er kaum der qualifizierteste oder passendste Eheberater zu sein.

Juni 1989

Ich sitze mit Victoria und unseren beiden Müttern im Close Hotel in Tetbury und trinke Kaffee. Wir alle sind ziemlich aufgeregt, weil wir in zehn Minuten nach Highgrove fahren, HRHs wunderschönen georgianischen Besitz, den er 1980 von Maurice Macmillan, dem Sohn des ehemaligen Premierministers, erwarb. Victoria und ich sind vom Chef und der Chefin zu einem Barbecue eingeladen worden. Und da wir je einen Gast mitbringen dürfen, haben Victoria und ich uns für unsere Mütter entschieden.

Vor der Fahrt hatten Victoria und ich ein bisschen Angst vor der Begegnung unserer Mütter. Würden sie sich verstehen? Hatten sie irgendwelche Gemeinsamkeiten, abgesehen von Töchtern, die sich um die königliche Fanpost kümmern? Nun, im Moment plaudern sie angeregt. Große Erleichterung.

Meine andere große Sorge ist, ob HRH mich wieder erkennen wird. Meine innere Nanny tadelt mich zwar, ich solle nicht so dumm sein. Wie könnte er sich an dich erinnern, fragt sie. Für wen hältst du dich eigentlich? Du bist nur ein einfacher Fußsoldat in seiner riesigen Armee aus Angestellten und Begleitern. Du stehst ganz unten auf der Gehaltsliste. Du bist ein Nichts. Rechne mit einer Enttäuschung, denn die kommt ganz sicher.

Aber er hat meinen Namen wiederholt. Komm schon, er mag mich. Er hat sogar die Befürchtung geäußert, meine Arbeit könne ›langweilig‹ sein. Das ist doch sehr einfühlsam! Offenbar habe ich etwas in ihm angerührt.

Sei nicht so dumm, du albernes Mädchen!

Während die Stimmen in meinem Inneren den Streit noch ausfechten, steigen wir in Mummys Polo und fahren los. Zehn Minuten später sind wir schon am Parkplatz. Als wir aussteigen, erhaschen wir einen Blick auf die jungen Prinzen, William und Harry, die im Park herumrennen. Die Szene wirkt gleichzeitig natürlich und surreal.

Wir werden auf eine große Rasenfläche geführt, wo das Barbecue stattfindet. Man hat Tische und Stühle aus Kunststoff aufgestellt, wo wir Platz nehmen können. Aber im Moment ist alles auf den Beinen und macht sich bekannt. Es müssen an die zweihundert Menschen hier sein. Und dann, wie aus dem Nichts, ist plötzlich Seine Königliche Hoheit in unserer Mitte.

Keuch! Reiß dich zusammen, Sarah. Mir hämmert das Herz. Du meine Güte, wie gut er in seinem beigefarbenen Leinenanzug mit dem blauen Hemd aussieht! Er öffnet den Mund. Er wird etwas zu uns sagen. Plötzlich wird mir schwindelig.

Was immer du auch vorhast, Sarah, sagt eine vertraute Stimme, fall ja nicht in Ohnmacht!

Er wirft einen Blick in die Runde. Warum sieht er mich nicht direkt an?

Sei nicht so idiotisch, Sarah, ermahnt mich meine innere Nanny.

»Hallo. Willkommen. Das Essen ist dort drüben. Oh, und trinken Sie, so viel Sie wollen«, sagt er und weist mit einer Hand zur Bar.

Du lieber HRH, wer könnte dir mangelnde Großzügigkeit vorwerfen? Dann bemerkt Seine Herrlichkeit Mummys Blick und beginnt ein Gespräch mit ihr. Ich stehe bescheiden daneben und lausche. Man spricht über das Wetter (ausgezeichnet) und ihre Anreise aus Shropshire (ganz gut). Fragt er sie, warum sie überhaupt hier ist? Nein. Erwähnt Mummy, dass ich eine seiner Lady Clerks bin? Wieder nein. Vermutlich weiß er das ohnehin. Das Gespräch nimmt seinen Lauf. HRH lächelt, dann nickt er mir zu und geht weiter, um mit einem von unzähligen anderen Gästen zu sprechen. Wundervoll, er hat mir tatsächlich zugenickt!

Daraufhin eröffnen die Stimmen in meinem Innern erneut ihre neurotische Debatte. Meine innere Nanny räumt ein: Okay, vielleicht hat er dir zugenickt, aber hat er dich auch wieder erkannt? Da bin ich nicht sicher, aber fairerweise muss man bedenken, dass HRH wirklich viel zu tun hat. Er muss sich ja auch noch um andere Gäste kümmern. Aber der Prinz und künftige König hat nicht mit dir gesprochen, oder? Vielleicht hat ihn dein ›Sehrsehrsehrsehrquatsch‹ vom Weihnachtsessen abgeschreckt? Vielleicht, vielleicht aber auch nicht.

Ich drehe mich innerlich im Kreis. Dann werfe ich einen Blick zur jetzt strahlenden Mummy und lächle. HRH hat seine magischen Kräfte walten lassen. Sie schwebt im siebten Himmel. Möge sie lange dort verweilen. Und mit diesem Wunsch schieße ich meine Selbstzweifel zum Mond, wenn auch nur für den Augenblick.

Wir stellen uns in einer Schlange für Hamburger, Hühnchen und Würstchen an. Als wir uns mit unserem Essen und unseren Pimms' niederlassen, sehen wir in der Ferne die Prinzessin in einem himmelblauen Sommerkleid. Meine Güte, sie sieht wirklich mondän aus, und dabei so hübsch. Ein umwerfendes Äußeres, zwei ansehnliche Jungen, ein kluger und einfühlsamer Ehemann, Personal, das ihr jeden Wunsch erfüllt, keine Geldsorgen und Häuser und Paläste in Hülle und Fülle! Und außerdem ist sie noch eine Prinzessin und die zukünftige Königin von England. Sie besitzt alles. Wo also liegt das Problem, Mädchen?

HRH befindet sich jetzt auf der anderen Seite der Rasenfläche. Wer weiß? Vielleicht unterschätze ich Jimmy Savile ja? Zumindest ist das königliche Paar zusammen hier, wenn auch weit voneinander entfernt. Und zumindest schreit sie ihn nicht an.

Ich lege meinen Kopf in den Nacken und genieße die Szenerie. Oh, hier zu sein, im schönen Gloucestershire, an einem herrlichen Sommertag als Gast Ihrer Königlichen Hoheiten, des Prince und der Princess of Wales! Eine Jazzband hat gerade ein Dixielandstück angestimmt. Ich halte ein Glas Pimms in meiner Hand und bräune mich. Vollkommene Glückseligkeit. Außerdem kann ich mich auf ein ganzes Wochenende Faulenzen bei Mummy und Daddy freuen. Was will man mehr?

Zwei Stunden später, als mein Gesicht von der Sonne ganz warm (und hoffentlich braun) geworden ist, brechen wir mit den Mendhams auf, um sie zu ihrem Wagen in Tetbury zurückzubringen. Sie haben noch die Fahrt nach Essex vor sich, und wir müssen nach Shropshire. Ich werfe einen letzten Blick auf diese zauberhafte, königliche Szenerie: Die Band spielt. Die Gäste kippen eifrig Pimms. HRH, perfekter Gastgeber, geht immer noch von einem Grüppchen zum nächsten. Die jungen Prinzen albern im Park herum. All das erfasse ich ein letztes Mal als inneres Bild für mein geistiges Auge.

Dann sehe ich mich nach der Chefin um. Interessant. Sie ist die ganze Zeit hinten auf dem Rasen geblieben, hat sich nicht vom Fleck gerührt. Es ist, als befände sie sich in einem selbst verordneten Exil, sie klebt geradezu an dem kleinen Kreis von Freunden und Lieblingshöflingen und zeigt damit mehr als deutlich, wie sehr sie sich von HRH distanziert. Oh je, denke ich, als wir zum Wagen gehen, Jim hat's nicht gerichtet.

September 1989

Ich habe wirklich den fantastischsten Freund der Welt! Ich befinde mich im Augenblick auf der schottischen Insel Skye, auf den Hebriden, und zwar zwei Meilen außerhalb von Portree am Fuße der Cuillin Mountains, in einem wunderschönen weißgetünchten Cottage mit blauer Haustür. Ich bin zusammen mit einer lieben Freundin, die ich ›Caroline‹ nennen möchte, und ihren Eltern. Vor zehn Minuten traf ein riesiger Blumenstrauß für mich ein, nebst einem Briefchen von dem einfach anbetungswürdigen Andy. Der Strauß ist größer als ich! Caroline und ich sind nun eifrig dabei, die Blumen zurechtzustutzen und in Vasen zu verteilen. Das Cottage ist kaum groß genug, um alle unterzubringen.

»Aye«, sagt der Blumenhändler vom Ort, der *einzige* hier auf Skye. »Die Bestellung ist so groß, dass wir morgen noch mal mit Nachschub vom Festland herkommen müssen. Unser gesamter Laden ist geplündert. Er ist jetzt vollkommen leer.«

Lieber, lieber Andy, du weißt genau, was ein Mädchen schwach werden lässt!

»Du hättest mir sagen sollen, dass du Geburtstag hast«, sagt Caroline. »Dann hätten wir was vorbereitet.«

»Das ist wirklich nett von euch«, antworte ich. »Aber eure Einladung ist schon Geschenk genug.«

Und das meine ich wirklich so. Gestern durfte ich dank Caroline und ihrer Eltern am berühmten Skye Ball teilnehmen. Der Skye Ball erstreckt sich über zwei Abende. Er wird im Gemeindehaus von Portree gefeiert und angeblich bekommt nur die Crème de la crème der schottischen Gesellschaft Karten dafür. Am ersten Abend tragen die Mädchen weiße Kleider mit einer Karoschärpe. Das Muster meiner Schärpe stammt von den Johnstons, da ich kürzlich herausgefunden habe, dass ich von ihnen abstamme. Kurz darauf entdeckte ich allerdings, dass in Wahrheit nur von den irischen Johnstons eine Verbindung zu mir besteht. Aber da ich auf keine schottischen Verwandten zurückblicken kann, habe ich mir die schottischen Johnstons ausgeguckt.

Die Männer tragen Frack oder Kilts. Männer in Kilts sehen immer wunderbar aus. Und ich wette, es gibt kein einziges Mädchen, das sich nicht zumindest ein Mal gefragt hat, wie es um die Größe der Ausstattung bestellt ist, die sich unter dem hüpfenden

Sporran ihres Tanzpartners verbirgt. Frack sieht man heutzutage sehr selten, ist aber ein wirklicher Augenschmaus. Er wirkt so elegant edwardianisch und ist ein guter Kontrapunkt zum Kilt. Sogar das Gemeindehaus ist herausgeputzt. Drinnen ist alles mit lila Heidekraut und Karostreifen geschmückt worden. Und alles erstrahlt im sanften Kerzenlicht.

Zu Beginn des Abends hat man Tapeziertische auf die Tanzfläche gestellt, an dem die einzelnen Gruppen nacheinander Platz nehmen und essen. Das Menü ist ganz einfach – Hummer oder Moorhuhn. Zum Dessert Crème brûlée. Nach dem Essen werden die Tapeziertische weggeräumt, und jetzt beginnt der eigentliche Ball. Wir alle haben eifrig unsere Tanzkarten ausgefüllt.

Dann stimmt die Band einen Eightsome Reel an, und kurz darauf wirbele ich mit vier äußerst gut aussehenden Männern übers Parkett. Und, was ist unter *deinem* Kilt, lieber Tanzpartner? Die Kronjuwelen? Wahrscheinlich, für irgendeine Glückliche!

Der nächste Tanz ist ein Foursome Reel. Irgendwas an den schottischen Tanzbezeichnungen lässt mich an Gruppensex denken. Schnapp dir deinen Partner für einen Vierer! Die Assoziation lässt ein Mädchen ganz schwach werden! Danach kommt der Duke of Perth. Nein, nicht mein Tanzpartner, sondern der Tanz, der nach dem Duke benannt wurde.

Wir tanzen und tanzen bis sieben Uhr früh. Vollkommen erschöpft nehmen diejenigen, die sich noch auf den Beinen halten können, ein köstliches Frühstück aus Bücklingen und Porridge an den wieder aufgestellten Tapeziertischen ein, bevor wir nach Hause ins Bett streben.

Am nächsten Abend geht's zu einem zweiten Tanzmarathon. Welch ein Spaß! Dann bricht der Morgen an. Wir gehen nach Haus und ins Bett. Ich werfe noch einen Blick in den Spiegel, ganz kaputt vom Tanzen und Trinken mit all diesen netten, gut aussehenden Männern. Jetzt bist du sechsundzwanzig, Sarah. So *alt*! Egal, du packst das schon irgendwie. Sei dankbar für das, was das Leben dir bietet.

Ich blicke auf die riesige Vase mit den wunderschönen Blumen neben meinem Bett, dann bette ich mein Haupt auf dem weichen Daunenkissen und träume vom anbetungswürdigen Andy, meinem größten Segen. Lieber Andy, ich liebe dich!

Gute Nacht.

Anfang Dezember 1989

Ihre Königliche Hoheit, die Chefin, hatte eine neue Idee. Sie hat beschlossen, dass die Weihnachtszeit mit einer Frühstücksparty für die Angestellten beginnen soll, und zwar in einem Pub namens The Albert, in der Nähe des St. James' Palace in Victoria. Wir sollen uns geradezu lächerlich früh dort einfinden: um acht Uhr morgens! Das bedeutet noch früher aufzustehen, eine echte Qual für alle, die ihren Schlaf hoch halten.

Außerdem müssen wir für das Frühstück bezahlen! Erst gab es ein Rundschreiben, in dem wir eingeladen wurden. Natürlich waren wir begeistert! Ja, wir wollten alle kommen. Zumindest nehme ich das an. Aber dann hieß es, wer kommen wolle, bekäme fünf Pfund vom Gehalt abgezogen. Finden Sie das nicht auch ein bisschen knauserig? Der Königliche Haushalt wird doch wohl noch für dieses Frühstück aufkommen können?

Jetzt ist es sieben Uhr morgens, und ich zerbreche mir den Kopf, was ich anziehen könnte. Ich fühle mich ein bisschen *bäh* und bekomme gerade eine Angstattacke. Im Ernst, was kann ein Mädchen anziehen, wenn es in dreißig Minuten mit der weltgrößten Modeikone frühstückt? Damit meine ich natürlich unsere Gastgeberin, die Chefin. Schließlich gelingt es mir, mich in einen Fummel zu zwängen, der mich hoffentlich nicht vor einer zweifellos strahlend schönen Prinzessin blamiert. Und los geht's zum Albert!

Als ich dort eintreffe, sehe ich viele vertraute Gesichter und setze mich zu meinen Kolleginnen aus dem Büro. Die Princess of Wales, die, wie zu erwarten war, hinreißend aussieht und dieses Mal Gelb trägt, sitzt an einem anderen Tisch, und HRH ist leider nicht da. Das Frühstück besteht aus den üblichen Eiern mit Speck und Toast etcetera. Offen gestanden könnte man das überall bekommen. Aber zumindest trinken wir Champagner, und die Bedienung ist wirklich rasend nett und gibt sich alle Mühe.

Vierzig Minuten später verabschiedet sich die strahlend schöne Prinzessin. Langsam dünnen sich auch die Grüppchen aus, bis nur noch acht von uns da sind – und sieben Flaschen Champagner. Ganz richtig: sieben. Wir erheben unser Glas auf die nicht mehr anwesende Prinzessin. Bravo, Königliche Hoheit. Ausgezeichnete Idee! Wir werfen einen Blick auf die verbleibenden sieben Flaschen. Es wäre eine Schande, sie zurückgehen zu lassen, vor allem, wo wir dafür bezahlt haben! Weil uns Hartgesottenen jede Art von Verschwendung zuwider ist, fahren wir damit fort, noch viele weitere Toasts auf die Royals auszusprechen.

Weihnachten steht vor der Tür. Ein frohes Fest für alle!

Mitte Dezember 1989

Welch eine Aufregung! Heute Abend werde ich mit dem anbetungswürdigen Andy zum Royals Staff Ball, dem Ball der königlichen Angestellten gehen. Ich weiß nicht warum, aber alle im Büro sprechen ›Staff‹ in diesem Fall nicht wie ›Stahf‹ aus, sondern wie ›Stäff‹, und außerdem sagen wir nicht ›Dahnz‹, sondern ›Dänz‹, so dass es zusammen genommen klingt wie ›Stäff Dänz‹, was bei uns immer zu unerklärlichen Heiterkeitsausbrüchen führt.

Um zum Royal Staff Dance gehen zu können, muss man mindestens ein Jahr im Palast beschäftigt gewesen sein, daher durfte ich im letzten Jahr nicht hingehen. Er findet immer abwechselnd im Windsor Castle oder im Buckingham Palace statt. Dieses Jahr ist der Buckingham Palace dran.

Erst vor vier Tagen hatten wir unser alljährliches Weihnachtsessen für die Angestellten von HRH. Dieses Jahr fand es im Hyatt Carlton statt, und es wurden keine Kosten gescheut! Die Dekoration war umwerfend! Es war wie in einer Weihnachtswerkstatt für Erwachsene. Dieses Mal saß der Chef nicht neben mir. Seufz. Aber er hielt dieselbe schöne Rede wie im letzten Jahr und bekam von uns dafür stürmischen Applaus.

Als wir danach aufbrachen, hatte jemand die glänzende Idee, etwas von der Weinnachtsdekoration mitzunehmen, da der Saal nur für unsere Lunchparty geschmückt worden war, zumindest war uns das gesagt worden. Stellen Sie sich vor: Ich kam am Ende mit einem Weihnachtsbaum heraus! Und der sieht jetzt hier, im Wohnzimmer der Buer Road 30, zusammen mit all den Blumen von meinem Andy – Gott segne ihn – sehr schön aus! Ach ja, außerdem bekamen wir ein Geschenk von HRH: ein Tablett, bedruckt mit einem seiner Aquarelle. Das ist ein Andenken, was ich in Ehren halten werde. Danke, lieber HRH!

Jetzt ist Andy an der Tür und sieht in seinem Dinnerjacket so schick aus. Er wartet mit noch mehr Blumen und überschwenglichen Komplimenten über mein Abendkleid auf.

»Ich bin ein bisschen nervös«, gesteht er. »Du weißt doch, dass ich ein grässlicher Tänzer bin. Ich habe einfach zwei linke Füße«, sagt er.

Zugegeben, Andy ist nicht gerade ein hervorragender Tänzer, daher kam er auch nicht zum Skye Ball mit, aber heute Abend habe ich darauf bestanden, dass er mich begleitet. Schließlich handelt es sich nicht um schottische Tänze, die recht kompliziert sein können, wenn man die Schritte nicht kennt. Heute Abend erwartet uns nur der ganz einfache Schieber. Was sollte da schon schief gehen?

»Du wirst wundervoll sein«, versichere ich ihm, während ich ihm das Haar glatt streiche und die Fliege zurecht rücke. Dann brechen wir auf.

Eine halbe Stunde später befinden wir uns schon im Palast, wo an die dreihundert Gäste versammelt sind. Zunächst wird uns Rot- oder Weißwein angeboten. Ich trinke einen Schluck vom Roten, versuche es aber dann mit dem Weißen. Ich bin zwar kein Weinkenner, aber das hier ist offen gestanden billigster Fusel. Meiner Meinung nach bekommt man schon Besseres in Kunstgalerien oder Pubs. Und ich muss es wissen: Ich hab schon einige aufgesucht.

Es wäre doch sicher nicht zu viel verlangt, dass Ihre Majestät ihre unterbezahlte Belegschaft mit etwas Besserem verwöhnt? Schließlich findet der Ball nur einmal im Jahr statt. Ich wette, bei einem Staatsbankett würde sie es nicht wagen, so etwas zu servieren. Das Land geriete sofort in diplomatische Isolation.

Aber ich will nicht meckern. Ich bin hier, um meinen Spaß zu haben. Ich bin so stolz auf Andy – auf jeden einzelnen Zentimeter seiner einssiebenundachtzig, und ich führe ihn all meinen Kolleginnen vor. Vor allem Geraldine ist beeindruckt.

Dann höre ich ein leises Zischen, und herein kommt Ihre Majestät, Queen Elizabeth, gefolgt vom Duke of Edinburgh, Prince Philip. Hinter ihm treten Prince Andrew, seine Frau, die Duchess of York, und dann Prince Edward ein. Ich bemerke, dass die Hackordnung im Palast äußerst rigide ist. Als sie an uns vorbei schreiten, macht alles einen Knicks oder verbeugt sich.

Leider keine Spur von Seiner Liebenswürdigkeit HRH oder seiner mondänen Frau Diana. Vermutlich weilen sie gerade im Kensington Palace und bewerfen sich mit Gegenständen, oder sie werden von Jimmy Savile beraten. Oder aber sie haben sich mit ihren jeweiligen ›Vertrauten‹ abgesetzt, was im Palastjargon der Euphemismus für ›Geliebte‹ ist.

Zwei Dinge fallen mir auf. Erstens, dass die Queen geradezu winzig wirkt. Und zweitens, dass jemand der Duchess of York, die eigentlich ganz hübsch aussieht, nahe legen sollte, nicht mit offenem Mund herumzulaufen. Wirklich, sie sieht aus, als wolle sie nach Fliegen schnappen. Was dir fehlt, ist etwas Haltung, mein Mädchen. Bedenke, wer du bist. Du bist eine Prinzessin und keine Dienstmagd mit herunterhängendem Unterkiefer!

Wir setzen uns alle zu Tisch und essen Hühnerfrikassee, was ganz in Ordnung ist, aber ein bisschen an Schulspeisungen erinnert und nicht ganz dem üblichen Standard der Gastfreundschaft entspricht, die uns der Prince of Wales angedeihen lässt.

Aber jetzt muss ich mal mit diesen negativen Gedanken aufhören. Trink noch etwas Wein, Sarah. Ja, es ist eindeutig minderwertiges Zeug, wird dich aber lockerer machen. Die Band beginnt mit einer Melodie von Glenn Miller. Bigband-Musik. Sehr gut zum Tanzen geeignet. Großartig. Ich schnappe mir meinen widerstrebenden Andy – meinen Vertrauten, Sie wissen schon – und schleife ihn auf die Tanzfläche. Der arme Kerl, er wirkt starr vor Schreck.

Und jetzt Andy, werde ich dir das Tanzen beibringen, ob dir das passt oder nicht. Ja, Andy, schon besser. Schwing die Hüften. Großartig. Mein Junge, so langsam hast du's raus. Es folgt ein weiterer Song, dann noch einer, und dann kommt ein Klassiker, ohne den kein Ball in diesen Breitengraden komplett wäre: »Tie a yellow ribbon round the old oak tree«. Was der Text bedeuten soll, ist mir schleierhaft, aber die Melodie ist eingängig, und jetzt haben wir wirklich den Bogen raus. Gut gemacht, Andy. Ich mach noch einen John Travolta aus dir. Oh ja! *Saturday Night Fever* im Palast. Yeah!

Nach einem weiteren Tanz belohne ich Andy mit einer Pause. Wir setzen uns an den Tisch und lassen den Essig Ihrer Königlichen Hoheit die Kehle hinunter rinnen. Vielleicht hat die Königin ihn in einem Baumarkt erstanden und ihre Weinvorräte mit Abbeizer verwechselt? Vielleicht ist es Chateau BP – und mit ›BP‹ meine ich diesmal nicht ›Buckingham Palace‹? Aber noch nicht mal so widerliches Zeug wie dieses hier kann Andy und mir den Spaß verderben.

Wir gehen wieder auf die Tanzfläche, und ich beschließe, es drauf ankommen zu lassen. Oh ja! Ich werde Andy die Grundzüge des Rock 'n Roll beibringen. Ich nehme seine Hand und zeige ihm die Schritte. Siehst du, Andy, das ist doch ziemlich einfach. Genau! Es ist nur eine Frage von Übung und Selbstvertrauen. Bravo! Schon bald darauf wirbeln wir über die Tanzfläche. Ich sag mal: aus dem Weg, Fred Astaire und Ginger Rogers!

Oh du meine Güte, das kann doch nicht wahr sein! Oh doch, oh nein! Andy hat das Gleichgewicht verloren und scheint zu fallen. Oh nein! Er stürzt direkt auf mich. Ich kann ihn nicht halten. Er ist zu groß. Aaaah! Ich spüre, wie mein Kopf einen anderen Körper streift, als Andys Gewicht mich nach unten drückt. Wir knallen auf den Boden. Meine Güte, ist Andy schwer!

Das Paar neben uns, das ich wohl fast auch noch mitgerissen hätte, ist stehen geblieben. Wir bieten wohl einen denkwürdigen Anblick, als wir mühsam unsere Gliedmaßen sortieren und aufstehen. Oh nein, ich fass es ja nicht! Das ist zu viel! Das fragliche Pärchen ist Prince Andrew und seine Frau, die Duchess of York. Beide starren uns an. Andy und ich können uns jetzt zumindest in die Vertikale bringen. Wir lächeln verlegen. Die Yorks starren immer noch. Könnte vielleicht irgendjemand so freundlich sein und dem königlichen Paar sagen, dass es unhöflich ist, jemanden so anzustarren, und dass die Prinzessin zumindest dieses eine Mal den Mund zumachen sollte?

Unter Aufbietung aller uns noch verbliebenen Würde begeben wir uns an unseren Tisch und bedienen uns vom königlichen Abbeizer. Dann kommt der letzte Song. Es ist ›New York, New York‹, eines meiner Lieblingslieder. Wir beschließen, es noch mal zu wagen. Was soll's, wenn wir wieder fallen?

Aber das passiert nicht, und irgendwie schaffen wir es auch, sicher nach Hause zu kommen.

Fröhliche Weihnachten.

4.

Die nymphomanischen Neunziger

Januar 1990

Aufwachen mit schwerem Kater. Notiz im Kopf: nie wieder Wein mit Hochprozentigem mischen. Das solltest du doch eigentlich schon gelernt haben. Du zahlst dafür mit dröhnenden Kopfschmerzen am nächsten Morgen. Dummes Mädchen. Trotzdem gibt es einen Trost: Ich bin zu Hause im schönen Shropshire und hatte die wundervollste Weihnachts- und Silvesterfeier.

Meine Güte, in diesen Tagen scheine ich ziemlich populär zu sein. Ich werde überall eingeladen! Ein paar Leute hier zu Hause sind offenbar der Meinung, aufgrund meiner Arbeit im königlichen Haushalt hätte ich selbst etwas Königliches an mir. Neuerdings hören die Leute mir mit respektvollem Schweigen zu: sie sind furchtbar ehrerbietig, und wenn ich etwas auch nur ansatzweise Komisches sage, brüllen sie vor Lachen. Ich kann mich nicht erinnern, dass das schon früher so war.

»Und wie *geht* es Seiner Königlichen Hoheit?«, fragen sie mich, als wäre ich seine Frau oder so etwas. »Sag doch, was isst er zum Frühstück? Wo kauft er seine Hemden? Immer noch bei Turnbull & Asser? Kauft er seine Schuhe bei Lobb's? Und wie geht es den jungen Prinzen in letzter Zeit? Die Prinzessin sieht ja so mondän aus. Wo lässt sie sich die Haare machen?«

Als wüsste ich das. In Wahrheit weiß ich wirklich nur die Dinge über den Chef und die Chefin, die ich in der Zeitung lese. Nun ja, da sind natürlich auch noch Mindys Geschichten, aber die kann ich ja wohl kaum in der Öffentlichkeit wiederholen, oder? Also antworte ich immer, dass das Palastprotokoll mir verbietet, irgendwas zu sagen – was ihr Interesse noch zu steigern scheint. Ich allerdings kann nicht leugnen, dass ich meine neue Popularität genieße. Möge sie lange währen!

Ich gehe nach unten frühstücken. Daddy ist mit Zeitungen zurückgekommen, und ich nehme mir eine und überfliege beiläufig die Schlagzeilen. Oh mein Gott, meine persönliche Nemesis starrt mich von der Titelseite an. *Dieser* Mann! Ich fass es einfach nicht. Ihm wurde die Ritterwürde verliehen! Sir Jimmy Savile OBE (Officer of the Order of the British Empire), der Finger abschleckende Moderator im Trainingsanzug ist ein großer Mann der Gesellschaft geworden. Wohin soll das noch führen?

Aber, aber, Sarah, jetzt bist du doch kein kleiner Snob, oder? Hier steht, er stamme aus bescheidenen Verhältnissen, hätte als Bergarbeiter gearbeitet, wäre Ringer gewesen, hätte die *Top of the Pops* moderiert, sei die Stimme von British Rail, moderiere im Moment eine Hitparade im Fernsehen und hätte Millionen und Abermillionen von Pfund für wohltätige Zwecke gesammelt, vor allem für das Stoke Mandeville Hospital, wo er außerdem ehrenamtlich als Pförtner arbeite. Das ist doch eine fantastische Leistung. Wenn er außerdem noch immer mit seiner geheimen Mission betraut ist (schsch, die Wände haben Ohren!), dann gelingt es ihm vielleicht sogar, die Ehe der Thronfolger zu retten. Er hat sich seine Ritterwürde verdient. Sei nicht so missgünstig, schelte ich mich. Was hast du eigentlich zu meckern?

Ich hasse es, wenn er meine Hand abschleckt, das habe ich zu meckern, entgegne ich. Ist er denn nicht in der Lage, Körpersprache zu verstehen? Meint er vielleicht, sein Erfolg im Fernsehen würde ihn so unwiderstehlich machen, dass er sich Dinge erlauben kann, die anderen noch nicht mal im Traum einfielen?

Noch vor ein paar Wochen – oder ist es schon länger her, ich weiß es nicht mehr – kam er ins Büro. Übrigens wurde mir von Geraldine beschieden, ich hätte unfairerweise die Unwahrheit über den großen Jim gesagt – das, was er normalerweise trägt, so sagte sie, ist kein Overall, sondern ein Trainingsanzug. Wow! Ein Trainingsanzug! Das ist natürlich was anderes. Ich bin überzeugt, dass ganz sicher in Kürze der Trainingsanzug in unseren Herrenclubs unerlässlich sein wird. Schon bald werden alle modebewussten Männer von Welt Jimmy Savile kopieren und ihre Kammgarnanzüge gegen Trainingsanzüge und blitzende Juwelen eintauschen. Vielleicht wird HRH, inspiriert von seinem Eheberater, sogar zum Trendsetter! Das will ich doch wohl nicht hoffen! Ich mag zwar eine patriotische und treu ergebene Untertanin sein, aber an dem Tag, wo dies geschähe, würde ich meine Kündigung einreichen und mich in die ländliche Abgeschiedenheit Shropshires zurückziehen.

Aber zurück zu den Zeitungen. Ich überfliege die restlichen Schlagzeilen. Die königliche Familie befindet sich in Sandringham. Chef und Chefin sind ebenfalls dort. Das ist nett. Ich hoffe nur, es gibt keine Verstimmungen oder Streitigkeiten. Bitte spielt glückliche Familie, ihr königlichen Hoheiten, und wenn es nur euren Kindern zuliebe ist, und uns, euren treu ergebenen Untertanen.

Dann werfe ich einen Blick auf die Titelseite einer Hochglanzbeilage. Unter einem frechen Bild steht dort, dass wir nun in die Nymphomanischen Neunziger kommen. Wirklich jetzt erst? Nun, wenn nur die Hälfte von dem wahr ist, was Mindy mir erzählt, dann setzen wir einfach nur eine Tradition fort, die schon seit Jahrzehnten andauert – von den ›Sexy Sechzigern‹ zu den ›Sinnlichen Siebzigern‹, durch die ›Amourösen Achtziger‹. Und die Bewohner der königlichen Paläste pflegen diese Tradition ausgiebigst. Kritiker meinen ja, die königliche Familie sei rückständig – aber nicht in dieser Hinsicht, oh nein. Im Gegenteil, in Sachen ›nymphoman‹ könnten wir anderen uns schon ein, zwei Dinge von ihnen abgucken …

Das Telefon klingelt, und Mummy ruft mich an den Apparat. Meine Güte, schon wieder eine Einladung! Ich kenne die Leute ja kaum, aber ist es nicht schön, so gern gehabt zu werden?

März 1990
Nach meiner Rückkehr musste ich umziehen, da meine Mitbewohnerin Kate, die gleichzeitig auch meine Vermieterin war, die Wohnung in der Buer Road verkauft hat. Die Glückliche hat sich verliebt und ist mittlerweile schon verlobt. *Bonne chance,* Kate. Bye, bye, schöne Wohnung. Bye, bye, attraktiver, junger Viscount und hübsche Freundin. Ich hab euch zwar nie kennen gelernt, aber nur allzu oft an euch gedacht. Bye, bye, ich werde die Erinnerung in Ehren halten.

Hallo, Averill Street 50 und hallo, neuer, netter Vermieter: Charles Dring, seines Zeichens Vermessungsingenieur.

Außerdem ist es Zeit für eine weitere Veränderung. Langsam dämmert es mir, dass ich Andy nicht mehr liebe. Neulich kam er vorbei, und ja, er war wirklich so süß wie immer, und *naturellement* landeten wir am Ende im Bett. Ich kann Ihnen sagen, es war eine heiße Nacht. Aber am nächsten Morgen entdeckte ich, dass unser leidenschaftliches Liebesspiel das Bett hatte zusammenbrechen lassen! Kein Wunder, dass ich so schlecht geschlafen hatte. Tja, in einem Neigungswinkel von 20 Grad kann man auch nicht gut schlafen, oder? Oh je. Da werde ich Charles wohl einiges zu erklären haben. Im Moment wird das Bett jetzt mit meiner Sammlung Diätzeitschriften gestützt. Aber später lud Andy mich nach Paris ein, und plötzlich wurde mir klar, wie ernst die Sache schon war.

Große Frage: Bin ich bereit, mich für immer an diesen liebenswerten Mann zu binden? Da mir klar geworden ist, dass ich neuerdings für jemand anderen schwärme, muss die Antwort ›nein‹ lauten. Langsam wird mir bewusst, dass ich Andy nicht mehr wirklich liebe. Das ist vielleicht Wahnsinn, aber was soll man machen, wenn man nicht mehr mit ganzem Herzen dabei ist?

Wer also ist der Mann, der mich vor Kurzem so verhext hat? Er sieht, natürlich, außerordentlich gut aus. Er hat grau meliertes Haar und erinnert mich stark an das sexy Frauenidol Richard Gere in *American Gigolo.* Er arbeitet in der City, irgendwo im

Versicherungswesen. Außerdem ist er zur Hälfte Schwede, heißt George Wintour und ist, ob man's glaubt oder nicht, ein Cousin ersten Grades von der ultraberühmten und ungeheuer coolen Anna Wintour, Herausgeberin der amerikanischen *Vogue*. Oh, George, ich spüre noch immer unseren Kuss auf dieser Hochzeit letzte Woche. Ich hoffe doch wirklich, dass du noch meine Telefonnummer hast. Die Gedanken an den Großartigen George lenken mich von all dem Gipsstaub und den Farbtöpfen ab, zwischen denen ich wohnen muss, solange Charles die Wohnung renoviert.

Heute Abend gibt es eine kleine Dinnerparty, und ich werde viele neue Leute kennen lernen. Wie wundervoll! Plötzlich klingelt das Telefon. Könnte das George sein? Ich spüre, wie Erregung in mir aufsteigt. Sei nicht albern, Sarah, das ist bestimmt ein Freund von Charles. Und wenn nicht, dann wird es Mummy sein. Charles nimmt den Hörer ab.

»Sarah, es ist für dich. Irgendjemand namens George.«

Aaaah! Unglaublich! Okay, Sarah, denk dran: immer cool bleiben. Vergiss nicht: Jungs mögen es nicht, wenn Mädchen ihnen zu sehr entgegenkommen. Wahrscheinlich ist es das Beste, wenn du die Verabredung absagst – das heißt, wenn er sich überhaupt mit dir verabreden will. Ja, wahrscheinlich ist es das Beste, wenn du sagst, du wärest die nächsten drei Wochen ausgebucht: mit deinem Freund, mit Verabredungen, Verpflichtungen im Palast und so weiter. Ja, das wird seinen Ehrgeiz wecken. Ich gehe ans Telefon und spreche in meinem sexy Sirenentonfall.

»Hallooh«, sagte ich mit träger und gleichzeitig cooler Stimme.

»Bist du das, Sarah?«

»Ja«, sage ich. Natürlich, das weiß er doch. Was soll dieses Spielchen?

»Tut mir leid, ich dachte, ich hätte die falsche Sarah angerufen. Ich hatte deine Stimme ganz anders in Erinnerung.«

Oh, Sarah, du dummes Ding! Hör endlich auf, wie den Vamp zu spielen; offensichtlich funktioniert das nicht.

»Nun, ich bin's jedenfalls.«

»Ja, das ist großartig. Ich würde dich wirklich gerne wiedersehen.«

»Wirklich?«, seufze ich.

Jetzt Nerven bewahren, Mädchen. Denk dran, die nächsten drei Wochen bist du ultrabeschäftigt. Sage ihm ab, das wird ihn ungeheuer beeindrucken.

»Hör mal, ich hab mich gefragt, was du wohl morgen machst. Ich hätte wirklich Lust, dich in eines meiner Lieblingsrestaurants auszuführen, es heißt The Nick, Der Knast, und ist ganz in der Nähe meiner Wohnung in Balham. Hättest du vielleicht Zeit?«

Unverschämtheit! Erwartet George etwa von mir, dass ich derart kurzfristig mit ihm ein Lokal besuche, das sich anhört wie ein Gefängnis? Meint er vielleicht, ich hätte keine gesellschaftlichen Verpflichtungen? Glaubt er allen Ernstes, ich würde einfach so ›ja‹ sagen? Denkt er vielleicht, ich hätte es nötig?

»Ja«, höre ich mich atemlos seufzen.

»Gut, dann gebe ich dir die Adresse.«

Als ich den Hörer auflege, merke ich, dass ich vor Aufregung zittere. Nur eine Sache stört meine Verzückung. Was meinte er mit ›der falschen Sarah‹? Wie viele Sarahs kennt er denn? Hmmm.

Juni 1990

Große Aufregung. Ich befinde mich wieder in Highgrove, beim alljährlichen Sommerbarbecue meiner Arbeitgeber. Es ist genau wie im letzten Jahr ein prachtvoller Tag. Die Band hat gerade angefangen zu spielen. Die Hamburger brutzeln. Ich trage meine ultracoole Ray-Ban-Sonnenbrille und ein sorgfältig ausgewähltes Kleid, mit dem ich mich (hoffentlich) nicht blamieren werde, falls und sobald ich der weltgrößten Modeikone begegne.

Dieses Jahr habe ich Daddy mitgenommen. Ich bin sehr stolz, als wir untergehakt umhergehen und ich ihn meinen Kolleginnen vorstelle. Plötzlich taucht, wie aus dem Nichts, Seine Prächtigkeit höchstpersönlich auf. Wie immer spüre ich, dass ich Herzflattern bekomme.

»Hallo, Sie alle. Ich hoffe doch, Sie haben Spaß. Hätte jemand von Ihnen Lust auf eine kleine Führung durch den Garten?«

Eine Führung durch den Garten? Ich kann unser Glück kaum fassen! Zufällig sind Gärten die größte Leidenschaft meines Vaters. Mein Daddy ist in Gartenangelegenheiten eine ebenso große Autorität wie Percy Thrower. Was er nicht über Säen, Pflanzen und Kultivieren weiß, muss man auch nicht wissen. Oh, du liebenswürdiger, wundervoller HRH, du hättest meinem lieben Daddy keine größere Freude machen können!

»Nun, dann wollen wir mal!«

Und so folgt unser kleines Grüppchen von sechs Personen im respektvollen Abstand von vier Schritten Seiner Königlichen Hoheit.

In Gartenbaukreisen ist die Anlage von Highgrove berühmt, doch nur wenige hatten bisher das Privileg, sie wirklich zu sehen. Als HRH Highgrove 1980 erwarb, fand er nur Rasenflächen, ein paar Eibenhecken, ein paar Statuen und einen eingefriedeten Garten vor, der vollkommen zugewuchert war. Doch nun war die ganze Anlage unter den kundigen Händen von Rosemary Verey, Lady Salisbury und Dame Miriam Rothschild, *den* Expertinnen, völlig verwandelt worden.

Wie aufregend! Daddy und ich kommen uns vor wie zwei Forscher, die plötzlich das Paradies betreten. Außerdem bekommen wir unsere Führung von HRH persönlich! Es könnte nicht besser sein.

Wir durchqueren den Rosengarten entlang der Hausseite und kommen zur Terrasse an der Rückseite. Vorsichtig bahnen wir uns einen Weg um einen runden, sprudelnden Tümpel herum. Dann führt uns HRH über den Thymianpfad. Der ist wirklich ganz hinreißend. Es ist ein schöner Pfad, der sich bis in die Ferne erstreckt und am Rand von niedrigem Thymian gesäumt wird. Mittlerweile haben sich uns auch die beiden jungen Prinzen angeschlossen, Harry und William, die ihren Vater liebevoll ›Papa‹ nennen. Wie reizend.

Wir kommen zum Swimming Pool auf der anderen Seite des Hauses. Daddy hat das Protokoll vergessen und geht mittlerweile neben Seiner Herrlichkeit. Plötzlich wirbelt HRH herum und stößt fast gegen Daddy, den er nicht so nahe wähnte.

»Sehen Sie sich den Pool mal genau an«, fordert er uns auf.

Wir folgen seiner Bitte.

»Sehen Sie das Bronzeschild dort? Es ist Hochzeitsgeschenk. Ich wusste nicht, was ich damit tun sollte, daher wurde es am Boden des Pools angebracht.«

Ich sehe, dass Daddy dieser Einfallsreichtum beeindruckt. Kluger HRH, eine gute Idee. Dann folgen wir weiter Seiner Königlichen Hoheit, unserem Rattenfänger.

Wir befinden uns in einem schattigeren Bereich des Parks. Plötzlich sehe ich, dass Daddy ziemlich besorgt wirkt. Er dreht sich zum Prince of Wales um, der erneut verwirrt und erstaunt ist, dass Daddy sich direkt neben ihm befindet. Dann weist Daddy auf eine Pflanze mit Blüten wie Wiesenkerbel und sagt: »Meine Güte, Sie haben aber viel *alchemilla mollis* hier, Sir.«

HRH wirkt betroffen, dass dieser seltsame Gast sich plötzlich als derart einschüchternd bewandert in hortikulturellen Angelegenheiten erweist. Wie wird HRH damit umgehen? Weiß er, dass dieser Mann mein Vater ist? Könnte dies meine Stellung gefährden? Wohl kaum, denke ich. Wahrscheinlich weiß er ja noch nicht mal, wer ich bin.

HRH sieht meinen Vater prüfend an. »Oh, meinen Sie wirklich?«, fragt er zurück.

»Nun, ja, Sir. Wirklich«, fährt Daddy mit besorgter Stimme fort, als ob die Pflanze, von der die Rede ist, ganz Highgrove überwuchern könnte. »Sie verbreitet sich sehr schnell.«

Der Prinz blickt meinen Vater an, verarbeitet seinen Rat und setzt dann, mit leicht verwirrter Miene, seine Führung fort. Der arme HRH, wahrscheinlich weiß er noch nicht mal, von welcher

Pflanze Daddy überhaupt spricht. Daddy hätte ihm zumindest die übliche Bezeichnung nennen können: Weicher Frauenmantel.

Dann durchquert unsere Gruppe einen Bereich mit seltenen Bäumen, die zwischen schönen Statuen gepflanzt wurden. Als wir plötzlich in einen Hinterhalt geraten, verliere ich vor Überraschung fast die Fassung. Die beiden jungen Prinzen haben sich heimlich abgesetzt und beschießen uns nun von einem Baumhaus hoch über uns mit Maschinenpistolen aus Plastik. Ratatatatat! Ratatatat!

Wir gehen hinter ihrem Vater her und tun so, als würden wir die Attacke der beiden königlichen Angreifer aus der Deckung nicht bemerken. Aber viel versprechendes Material für das Oberkommando, denke ich im Stillen.

Dann gelangen wir zum eingefriedeten Garten. Oh wie wundervoll! Man kann erkennen, dass er nach mittelalterlichen Vorgaben restauriert wurde – niedrige Buchsbaumhecken mit Gemüsebeeten dazwischen, Rosenbögen in der Mitte, Pfade, die von Apfelbäumen gesäumt werden. Genau in der Mitte befindet sich eine halbrunde, lackierte Holzbank. Ah, ich stelle mir vor, dass HRH hier über sein Dasein als Prinz nachdenkt. Danach führt uns der Thronerbe zum Haus zurück, wobei wir an einer Wiese mit Gräsern und Wildblumen vorbeikommen. Mir fällt auf, dass er den natürlichen Zustand der Pflanzen mag.

»Sir«, meldet sich mein Vater plötzlich erneut zu Wort. »Ich glaube, einige dieser Bäume sind ein klein wenig zu stark mit Efeu bewachsen. Das ist nicht gut für sie, wissen Sie?«

HRH sieht sich offensichtlich nicht imstande, das Urteil eines seiner Untertanen anzuzweifeln, der nicht nur obskure Pflanzen kennt, sondern auch noch deren lateinischen Namen.

»Oh, aber ich mag Efeu, weil die Insekten es mögen.«

Meinem Vater scheint es die Sprache verschlagen zu haben. Das hat dich aus dem Konzept gebracht, Daddy; mit so einer Antwort hast du nicht gerechnet, wie?

Wie süß von HRH, denke ich. Ich wiederhole im Stillen noch

einmal seine Antwort. Sie zeigt soviel Sensibilität und Fürsorge für die Kreaturen des Insektenreichs. Das ist wirklich sehr buddhistisch, eine solche Fürsorge erwartete man eher vom Dalai Lama. Wie überraschend, dies von einem Prinz des Vereinigten Königreichs zu hören. Jetzt bist du noch höher in meiner Achtung gestiegen, lieber HRH. Ich hätte nicht gedacht, dass dies noch möglich wäre.

August 1990

Es ist zehn Uhr morgens, und ich fahre in einem der Wagen aus dem königlichen Fuhrpark nach Gloucesteshire. Dabei hätte ich gedacht, ich würde Highgrove erst zum nächsten Sommerbarbecue wiedersehen – und jetzt wohne ich praktisch dort!

Das Ganze ist auf ein Ereignis im Juni zurückzuführen. Stellen Sie sich vor, wir saßen in unserem Büro, als wir sahen, wie ein besorgter Equerry dem traumhaften Dave Wright etwas ins Ohr flüsterte. Wir merkten alle, dass da etwas im Gange war, doch da es als schrecklich uncool gilt, nachzufragen, widmeten wir uns weiterhin unseren Pflichten. Am nächsten Morgen konnten wir dann alles in der Zeitung nachlesen.

Die Nation erfuhr dort, dass der liebste HRH sich den Arm gebrochen hatte, als er mit geradezu heldenhafter Kühnheit in Cirencester Polo spielte. Dieses eine Mal beherrschte der Chef, und nicht die Chefin, die Titelseiten. Dann las ich einen Kommentar von einem Schwachkopf, der HRH wegen seines Leichtsinns kritisierte. Erbost warf ich die Zeitung auf den Tisch. Wie konnte dieser grässliche Schreiberling es wagen! Wie konnte außerdem ein ebenso grauenhafter Redakteur ihm so etwas durchgehen lassen! Und wie konnte es der Verleger wagen, solche Leute überhaupt zu beschäftigen!

Etwa zwei Monate nun bin ich in einem Team von Lady Clerks, die turnusmäßig nach Highgrove hinunterfahren, um sich Sekretariatspflichten zu widmen, während HRH sich erholt. Manchmal, wenn es noch spät etwas zu tun gibt, bleiben wir über Nacht mit weiteren Angestellten, Polizeibeamten und Lakaien von Highgrove in einem nahe gelegenen Gutshaus. Das kann ziemlich langweilig sein, und die beste Methode, den Abend zu überstehen, ist nach allgemeiner Auffassung, sich zu betrinken. Oh du meine Güte, ich kann Ihnen sagen, dass mir die Übernachtungen in Highgrove schon einige Male einen Kater beschert haben!

Ich parke den Wagen, dann gehe ich zum Wendy House von Highgrove, einem viel gerühmten ehemaligen Spielhaus. Eigentlich gibt es nie viel zu tun. HRH hat gelernt, mit der linken Hand zu schreiben, obwohl es in seinem Zustand nicht viel für ihn zu schreiben gibt. Aber ich finde es außerordentlich beeindruckend, dass er die Mühe auf sich genommen hat, es zu lernen. Er ist ein Mann mit zahllosen Begabungen. Und man stelle sich vor: in seinem Herzen ist auch Platz für die Insekten. Sprecht ihn heilig, kann ich nur sagen!

Ich betrete das Wendy House. Plötzlich stolpere ich und falle fast vornüber. Mensch, ich hab ihn schon wieder übersehen! Werde ich es je lernen? Tigger, der Jack Russell Terrier von HRH, hat neuerdings beschlossen, dass man sich im Wendy House am besten entspannen kann. Ich nehme an, für einen königlicher Jack Russell ist ein Palast die angemessene Hundehütte, ich wünschte nur, er hätte nicht den neu eingerichteten Arbeitsplatz der Lady Clerks zu seiner aktuellen Lieblingsbleibe auserwählt. Das Problem ist, dass er farblich so gut zu den Schilfmatten passt, dass ich ihn, obwohl er ziemlich fett ist, immer übersehe.

Neulich war ich Zeuge einer bemerkenswerten und ziemlich rührenden Szene. Sie ist wirklich erwähnenswert. Bernie, einer der Butler, kam zu mir ins Wendy House. Er suchte Tigger.

»Oh, da bist du ja«, sagt Bernie.

»Ich nehme an, Sie sollen mit ihm spazieren gehen«, sage ich.

»Nein«, erwidert er, »ich soll ihn holen, um ihn Seiner Königlichen Hoheit zu präsentieren.«

Komisch, denke ich. Ist Tigger vielleicht HRH noch nicht offiziell vorgestellt worden? War Tigger vielleicht die ganze Zeit nur auf Probe hier, damit man sehen konnte, ob er sich als königliches Haustier eignet? Vielleicht gibt es ein strenges Protokoll für die Begegnung zwischen Royals und Tieren, genau wie für Menschen?

Bernie wirft einen Blick auf seine Uhr. »Ich nehme ihn jetzt besser mit. Seine Königliche Hoheit wird jeden Moment eintreffen. Dann sollte Tigger da sein, um ihn zu begrüßen.«

Ich springe fast von meinem Stuhl.

»Seine Königliche Hoheit kommt hierher? Ins Büro?«

»Nein, zum Haus. Seine Königliche Hoheit war vierundzwanzig Stunden unterwegs. Wenn er nicht in Highgrove ist, vermisst er Tigger.«

Genau in diesem Augenblick hören wir über uns ein äußerst seltsames Geräusch. Es klingt geradezu apokalyptisch. Was um alles in der Welt ist das? Ein Angriff?

»Ich gehe jetzt besser«, sagt Bernie und blickt nach oben. »Er kommt.«

Ich kann nicht anders. Ich folge ihnen und verlasse das Wendy House. Draußen erwartet uns ein großer, roter Hubschrauber. Er schwebt über der Rasenfläche vor dem Haus. Langsam sinkt er hernieder und wirbelt die Luft in Windstärke neun um uns herum auf. Bernie in seinem schicken Blazer steht keine fünfzehn Meter davon entfernt, hält Tigger auf dem Arm, anscheinend ungerührt darüber, dass beiden, Mann und Hund, die Haare flattern. Als der Hubschrauber gelandet ist, verlangsamt sich der Rotor.

Dann beobachte ich, dass Bernie Tigger auf den Boden setzt. Enthusiastisch wackelt das Tier auf den Hubschrauber zu. Genau in diesem Augenblick öffnet sich die Tür des Hubschaubers und heraus tritt HRH, einen Arm in der Schlinge. An seiner angespannten Miene sehe ich, dass der Unfall auf dem Polofeld für ihn große Schmerzen nach sich gezogen hat, aber als er Tigger zu seinen Füßen erblickt, hellt sich seine Miene auf. Da rollt sich Tigger auf den Rücken, damit das wohl übliche königliche Kitzelritual erfolgen kann. Mit breitem Grinsen beugt HRH sich hinunter und reibt Tigger mit der Hand seines gesunden Arms über den Dickbauch. Das ist wirklich ungeheuer anrührend. Es ist das erste Mal, dass HRH wirklich glücklich wirkt und nicht mehr das gezwungene Lächeln zeigt, das er bei all den offiziellen Anlässen aufsetzt. Ich drehe mich um und gehe zurück ins Büro. Diese Szene werde ich so leicht nicht vergessen.

Wie wunderbar, denke ich, wäre es, wenn diese Szene noch einmal stattfinden würde, allerdings diesmal so, dass die Chefin den Chef bei seiner Landung begrüßt. Seltsam, dass ich sie hier noch nicht zu Gesicht bekommen habe. Man könnte doch meinen, dass die Prinzessin ihn zumindest ein Mal während seiner Rekonvaleszenz besucht. Schließlich ist sie seine Frau!

Die beste Methode, einen ereignislosen Tag zu überstehen – und heute sieht es nach einem besonders beschäftigungslosen Tag aus – ist, beschäftigt zu wirken. Meine Fanpostpflichten sind Victoria übertragen worden, der Armen, die nun im St. James' Palace besonders hart arbeiten muss, während ich hier in Highgrove nichts zu tun habe. Da ich aber so aussehen muss, als hätte ich zu tun, tätige ich ein paar persönliche Telefonate (mit George) und ordne immer wieder meine Unterlagen neu.

Kurz darauf bekomme ich tatsächlich etwas zu tun. Einer der Butler erscheint, ein smarter Bursche namens Paul Burrell, der recht gut aussieht, aber etwas geistlos wirkt. Er taucht mit ein paar Notizen von HRH auf, legt sie mir auf den Schreibtisch und verschwindet wieder. Meine Aufgabe besteht nun darin, sie zu entziffern. Guter Gott, denke ich, wenn ich seine Handschrift nicht richtig deute, könnte ich ziemlichen Ärger verursachen.

Ich erinnere mich noch, wie ich einmal etwas zu schnell abtippte und daher nicht schrieb: HRH hat kein Problem, sondern HRH hat Bein Problem. Es hätte schon für einigen Aufruhr gesorgt, wenn der St. James' Palace ärztlich nicht abgesicherte Befunde hätte verlautbaren lassen. Glücklicherweise sah ich den Fehler, bevor das Schreiben hinausging. Aber da war noch einer, den ich eben nicht rechtzeitig bemerkte. Ich schrieb Sidney und nicht Sydney. Meine Güte, war HRH verärgert! Er hatte einen dicken roten Strich darüber gezogen. Ups! Das hatte ich in der Eile wohl übersehen. Bitte vergiss nicht, HRH, dass ich auch nur ein Mensch bin, dachte ich im Stillen. Aber ich hatte meine Lektion gelernt. Das passiert mir nie wieder. Ich werde nun immer ganz penibel sein.

Als ich jetzt die handschriftlichen Notizen lese, merke ich, wie HRH mich beeindruckt. Ich könnte niemals mit der linken Hand so leserlich schreiben. Forsch mache ich mich ans Werk.

Um halb eins strebe ich Richtung Küche. Chris, der Koch, hat ein himmlisches Pastagericht und einen wundervollen Salat vorbereitet – der Salat ist direkt aus Highgrove – gefolgt von einem Obstsalat. Wie üblich esse ich allein und starre dabei auf den Fernseher, der ständig, aber auch wirklich ständig, läuft. Wie entspannend ist es doch, mir die Dramen in *Neighbours* anzusehen, denke ich, und wie sehr unterscheidet sich das Leben der Protagonisten doch von dem meines Dienstherrn, Seiner Königlichen Hoheit.

Um Viertel vor vier mache ich mich zur Abfahrt bereit. Ach, wenn ich doch erst mal wieder im Palast wäre und meinen Pflichten als Fanpostbeauftragte nachkommen könnte! Jetzt hör aber auf, dich zu beklagen, Sarah, dies ist ein fabelhafter Job, und außerdem kannst du dich auf eine Party heute Abend mit George freuen! Jippie!

Als ich zum Wagen gehe, merke ich plötzlich, dass meine Blase voll ist. Zu viel Tee. Ach, wie ärgerlich! Das heißt, noch mal zurück ins Haus, um zur Toilette zu gehen. Und was, wenn Paul Burrell oder Michael Fawcett mich sehen und in ein Gespräch verwickeln oder, noch schlimmer, plötzlich einen Brief von HRH hervorzaubern, den ich noch schnell abtippen muss? Ich möchte auf keinen Fall zu spät zur Party kommen, und zu dieser Tageszeit ist der Vekehr auf der Autobahn wirklich unberechenbar. Vielleicht sollte ich einfach an einer Raststätte Halt machen und dort auf die Toilette gehen? Aber dann fällt mir wieder ein, in welch Ekel erregendem Zustand die letzte Raststättentoilette war. Iiih!

Da kommt mir ein genialer Einfall. Es gibt nicht nur zwei Möglichkeiten, sondern drei. Vor mir befindet sich ein riesiger Garten. Ich blicke mich um. Er scheint menschenleer. Es ist ein warmer Nachmittag. Also könnte ich es doch wohl unseren Vorfahren gleichtun – diskret natürlich. Ich schlendere langsam zum bewaldeten Abschnitt. Sehe mich erneut um. Immer noch keine Spur von einer Menschenseele. Ausgezeichnet, aber wo soll ich jetzt Pipi machen?

Offen gestanden bin ich versucht, hier auf der Stelle den Rock zu lüpfen und das Höschen fallen zu lassen, aber ich befinde mich nahe am Weg, und natürlich besteht immer die Möglichkeit, dass ein Gärtner vorbeikommt. Das sähe dann gar nicht gut aus, nicht wahr? Hallo, wie geht es Ihnen? Sie müssen Mr. Mellors sein. Ich? Sehen Sie nicht an meinem Aufzug, dass ich Lady Chatterley bin und offensichtlich ausgezogen und bereit, gleich loszulegen?

In der Nähe entdecke ich einen gelben Strauch. Der sollte mir genügend Tarnung vor etwaigen Spaziergängern von Highgrove bieten. Ich lüfte meinen aquamarinblauen Baumwollrock und ziehe die knappen, weißen Höschen hinunter. Als ich mich hinhocke, baumeln sie um meine Fesseln. Ich entspanne meine Beckenbodenmuskulatur. Ah, welch eine Erleichterung!

Plötzlich höre ich Schritte. Oh nein! Ich rechne mit dem Schlimmsten. Man hat gesehen, wie ich das Büro verließ, nun aber bemerkt, dass mein Wagen immer noch da ist und daraufhin einen Suchtrupp losgeschickt. Oh mein Gott, das ist ja eine Katastrophe! Dann schaltet sich der Verstand in Gestalt meiner inneren Nanny ein. Jetzt reg dich nicht so auf! Wahrscheinlich ist es nur jemand, der einen kleinen Spaziergang macht.

Meine Panik legt sich. Da nähern sich die Schritte. Die Panik steigt wieder. Ich spanne meine inneren Muskeln an und unterbreche mein Geschäft, was verdammt schwierig ist. Ich kneife die Augen zu und bete inständig, dass der Strauch mir genügend Deckung bietet. Gott sei Dank ist es Sommer, und alles steht in vollem Laub! Aber was, wenn man irgendwo ein verräterisches Rinnsal sieht oder, noch schlimmer, wenn jemand vom Personal einen Hund ausführt?

Mein Gott, was, wenn es Tigger ist? Der würde doch direkt herüberkommen. Tagsüber wohnt er ja praktisch bei mir. Was mache ich, wenn er herkommt und meinen Slip beschnüffelt, der mir immer noch um die Fußgelenke baumelt?

Eine innere Stimme befiehlt mir, sofort aufzustehen und gleichzeitig das Höschen hochzuziehen. Ja, das wäre zwar peinlich und würde ganz entschieden eine Erklärung erfordern. Wie diese Erklärung aussehen soll, weiß ich nicht, bin aber sicher, dass ich mir irgendwas zusammenstammeln könnte. Eine andere innere Stimme sagt mir, zu bleiben, wo ich bin, in Unbeweglichkeit zu erstarren.

Ich entscheide mich für die Paralyse und spähe durch den schützenden Strauch. Wer könnte es sein? Ein Leibwächter? Ein Gärtner? Michael Fawcett oder Paul Burrell? Los, geh weiter, bitte. Zeig dich, wer auch immer du sein magst!

Plötzlich kommt eine Gestalt in Sicht. Das kann nicht sein! Ich fass es einfach nicht. Das ist doch einfach nicht möglich. Was machst du denn hier? Solltest du nicht im Haus sein und dich erholen? Was spazierst du hier im Garten herum? Oh bitte, bitte, sieh nicht in diese Richtung. Bitte, großartiger, wundervoller Chef, komm nicht hierher. Bleib auf dem Weg. Gott, mir wird übel! Ich bin so nervös.

HRH geht langsam vorbei. Er trägt eine beige Cordhose und ein teures, blaues Hemd. Ich sehe, dass er die Stirn gerunzelt hat. Er scheint tief in Gedanken versunken zu sein. Vielleicht fühlt er den Schmerz von seinem Polounfall? Oder die Last seiner prinzlichen Aufgabe? Wer vermag das zu sagen? Oh, lieber HRH, wenn du nur wüsstest, dass du eine treu ergebene, hingebungsvolle, wenn auch von Panik erfüllte Lady Clerk in deiner Nähe hast, allerdings mit heruntergelassenem Höschen!

Dann bemerke ich, dass er einen Eimer in der Hand hält. Oh mein Gott, den hat er doch wohl nicht für mich mitgebracht, oder?

Er geht weiter. Aber wozu hat er den Eimer? Dann sehe ich, wie er zum Hühnerstall abbiegt. Natürlich! Wie wunderbar! In dem Eimer ist Futter. Und was noch besser ist, er will die Hühner persönlich füttern. Wenn man bedenkt, dass er auch einen Angestellten hätte schicken können. Aber nein, unser großartiger Prinz füttert das königliche Federvieh von Highgrove höchstselbst! Dann sehe ich, wie er in den Stall klettert. Welch ein Einsatz!

Endlich! Ich entspanne mich wieder, und *alchemilla mollis* unter mir bekommt ihren Teil ab. Puh! Das ist besser. Ich stehe langsam auf, ziehe mein Höschen hoch und blicke mich in diesem himmlischen Cotswoldgarten um, in dem die Pflanzen in voller Blüte stehen und von der warmen Nachmittagssonne gewärmt werden. Ich trete einen Schritt vor, da höre ich etwas. Die Stimme ist unverwechselbar, der Ton recht deutlich. Meine Güte, es ist HRH. Mit wem spricht er denn da?

Plötzlich fällt mir das Gespräch mit Mindy wieder ein. Das hatte ich ja vollkommen vergessen. HRH besucht schon seit Jahren seine Hühner, ursprünglich, um seiner Frau aus dem Weg zu gehen. Aber vielleicht ist das nur *ein* Teil der Geschichte. Jeder Farmer weiß, dass Hühner mehr Eier legen, wenn man mit ihnen spricht. Bravo, HRH! Die Speisekammern auf Highgrove werden stets gut gefüllt sein, weil Sie sich so hingebungsvoll um das Geflügel kümmern.

Aber ich frage mich, worüber HRH mit ihnen spricht. Seinem Tonfall nach zu urteilen lädt er viel Angst ab, die zweifellos von den Schmerzen seiner Poloverletzung noch verstärkt worden ist. Einzelne Wörter kann ich zwar nicht ausmachen, aber ich bin mir doch ziemlich sicher, worum es geht. Worum auch sonst? Es muss sich um seine Ehe handeln. Ganz eindeutig.

Da haben wir einen nachdenklichen und sensiblen Prinzen, der mit der weltgrößten Modeikone verheiratet ist. Es heißt, weder liebe noch schätze sie ihn, was wirklich traurig ist. Im Gegenteil, sie soll ihn sogar hassen. Was soll der arme Kerl in Zeiten der Seelenpein also machen? In solchen Momenten der inneren Not muss er sich doch jemandem anvertrauen, aber wem? Wem kann er wirklich vertrauen? Mir natürlich, aber ich liege unterhalb des hoch angesetzten königlichen Radars. Jimmy Savile ist gerade nicht anwesend. Kann er sich also bei einem ihm nahe stehenden Mitarbeiter des königlichen Haushalts aussprechen? Wahrscheinlich nicht, das wäre zu kompromittierend. Was, wenn irgendetwas bekannt wird? Also haben vielleicht diese zahmen, Eier legenden Gloucestershirehennen, dieses rundliche, zarte Federvieh, die besten Ohren für die königlichen Nöte? Vielleicht kommunizieren diese friedlich da hockenden, freundlich gackernden Wesen und der Chef auf einer Ebene, die uns anderen verschlossen bleibt?

Ich glaube, man müsste schon jemand mit tiefen spirituellen Einsichten sein, um den therapeutischen Nutzen einer solchen Kommunikation nachzuvollziehen. Andererseits empfindet es niemand als seltsam, liebevoll mit Pelz tragenden Kreaturen zu plaudern. Haben wir nicht alle schon einmal mit Hunden und Katzen geschäkert? Was ist mit HRHs beeindruckender und großartiger Schwester Prinzessin Anne, die sich so ausgezeichnet mit Pferden versteht? Warum sollte man dann nicht mit gefiederten Kreaturen sprechen?

Während ich so im Garten meiner Arbeitgeber stehe, fühle ich mich seltsam eins mit dem Universum. Wie glücklich und priviligiert kann ich mich schätzen, Zeuge zu sein, wie mein künftiger König sein Innerstes den Hühnern offenbart. Während eines Gesprächs, das mein Vater letzten Sommer mit HRH führte, erfuhr ich, dass HRH auch um die Insekten besorgt ist. Wir haben alle in der Zeitung gelesen, dass er mit Pflanzen spricht. Er ist ein leidenschaftlicher Hundeliebhaber, und ich weiß nur zu gut, wie er an den Problemen der Menschen in aller Welt teilnimmt. Aber nur wenige wissen auch, dass HRHs Herz wirklich universal empfindet und sogar für der Menschheit wichtigsten Lebensmittellieferanten, das Huhn, schlägt.

Langsam gehe ich zurück, steige in mein Auto, breche nach London auf und lasse meinen lieben Prinzen allein bei seinem therapeutischen Gespräch mit dem Federvieh.

September 1990

Wie aufregend! Das ganze Büropersonal ist an diesen Abend zu einem Cartrennen in Clapham, im Süden von London, eingeladen. Offenbar war dies eine Idee von Ken Wharfe, dem singenden Sicherheitsbeamten und Prinzessin Dianas eng vertrautem und treu ergebenem Leibwächter. Dieses Rennen darf ich natürlich nicht verpassen, obwohl George und ich am nächsten Morgen die Fähre in Dover erwischen müssen, weil wir in Frankreich in einer Landherberge Urlaub machen wollen.

Also kommen alle – oder zumindest alle, die Lust dazu haben – zum Rennen, das in einem umgebauten Busdepot stattfinden soll. Was für ein Spaß!

Aber natürlich löst dieses Ereignis eine erneute Bekleidungskrise aus. Was trägt man bei einem motorölträchtigen Rennen, dem auch die weltgrößte Modeikone beiwohnt? Nachdem ich in verschiedenen Kombinationen vor dem Spiegel posiert habe, entscheide ich mich für Jeans und eines meiner bedruckten Sweatshirts.

Ziemlich nervös komme ich um halb acht an. Hätte ich doch das andere Sweatshirt anziehen sollen, das ich immer so gerne trage? Aber dann wird mir ein roter Overall gereicht. Also waren all meine neurotischen Seelenqualen wegen der Kleiderwahl ganz und gar umsonst! Aha, jetzt kämpfe ich also unter gleichen Voraussetzungen mit der Modegöttin.

Übrigens habe ich die Chefin in letzter Zeit ziemlich häufig gesehen. Letzte Woche wurden Victoria und ich gebeten, Harold Brown, dem Butler im Kensington Palace, dabei zu helfen, während eines Empfangs Kanapees herumzureichen. Obwohl dies meine persönliche ›Qualitytime‹ beschnitt, hatte ich nichts dagegen, weil ich noch nie im Kensington Palace gewesen war. Die Königlichen Hoheiten geben oft Stehpartys für Vertreter verschiedener Organisationen, die unter ihrer Schirmherrschaft stehen. So drücken sie ihren Dank aus. An diesem Abend war es die Abbeyfield Society, (hurra).

Anders als im St. James' Palace, der aus dem Mittelalter stammt und nur enge Räume besitzt, sind die Proportionen im Kensington Palace klassisch und großzügig. Der Salon quillt über von Blumen und gerahmten Familienfotos (Einfluss der Chefin). Es gibt einen Flügel, und der aufwändige Teppich ist beige gemustert. Die Möbel sind äußerst gediegen. Ich dachte an die bescheidenen Unterkünfte, in denen ich mein Erwachsenenleben bis dato verbracht habe. Oh, wenn man doch ein Prinz wäre, besser gesagt eine Prinzessin! Ich ging in den Küchentrakt und erfuhr, dass von mir nur erwartet wurde, die Amuse-Gueules herumzureichen – dekorative Kanapees von Mervyn Wycherley, dem Küchenchef vom Kensington Palace.

Ich frage mich, ob die Geschichte wahr ist, dass Mervyn Tigger in den Ofen steckte, als der Hund ihn in der Küche von Highgrove einmal zu sehr auf die Nerven ging. [Diese Geschichte wird in Ken Wharfes Buch *Diana* erzählt]. Sicher nicht. Aber mir dämmert langsam, dass in der Palastwelt alles möglich ist.

Die Kanapees sahen köstlich aus. Die versammelte Menge fand das ebenfalls. Victoria und ich mussten bald in der Küche Nachschub besorgen. Insgeheim wünschte ich mir, dass bloß nicht alle aufgegessen würden. Bitte, bitte, lasst noch was übrig, betete ich im Stillen immer wieder wie ein Mantra.

Harold kümmerte sich um den Wein. Paul Burrell, sein zweiter Butler, wurde mehr und mehr in Highgrove eingesetzt, weil ihm das lieber war. HRH drehte pflichtbewusst und charmant seine Runden und sprach mit allen Gästen, doch wo war die Chefin?

Kurz darauf fand ich es heraus. Als ich noch mehr Kanapees in der Küche holen wollte, stieß ich fast mit ihr zusammen.

»Hallo«, sagte sie und bedachte mich mit einem freundlichen Lächeln.

Sofort machte ich einen Knicks.

Als Nächstes sah ich, wie sie eine Schüssel mit Götterspeise und Vanillesauce aus dem Kühlschrank holte. Sie nahm einen Löffel und bediente sich. Wie merkwürdig!

»Oh«, rief sie plötzlich. »Ich muss ja noch den Selbstbräuner auftragen!«

Ich fragte mich, warum. Hatte sie noch einen anderen Termin? Oder hatte Jimmy Savile seine magischen Kräfte zum Einsatz gebracht, so dass sie sich jetzt für HRH schön machte? Das wäre ja wundervoll! Ich kehrte mit neuen Kanapees in den Salon zurück.

Doch als ich ein paar Minuten später wieder in die Küche zurückkam, raten Sie mal, was ich da sah? Ihre Königliche Hoheit naschte aus einer anderen Schüssel! Erstaunlich! Wie konnte man so viel essen und dabei so dünn bleiben? Die Prinzessin sollte ihr Geheimnis ans *Slimming Magazine* verraten.

»Weiß irgendjemand, was in *EastEnders* passiert ist? Ich hab's zwar auf Video, bin aber noch nicht dazu gekommen, es mir anzusehen«, sagte die Chefin.

Da konnte ihr auch niemand von uns helfen.

Ich widmete mich wieder meinen Pflichten als Kellnerin. Als ich das nächste Mal auf meine Uhr sah, war es bereits halb neun, und ich hatte einen ganzen Abend für den Prinzen und die Prinzessin geopfert. Aber es hatte mir gefallen. Ich war mir unentbehrlich und begehrt vorgekommen. Als ich ging, winkte Harold mich zu sich und bedachte mich mit einer schönen Überraschung – einer Flasche Châteauneuf du Pape. Köstlich! Sie rundete hübsch das Pastagericht ab, das George und ich am folgenden

Abend zu uns nahmen. Allerdings dachte ich bei mir: Ach je, warum habe ich Andy bloß ziehen lassen? Seine Gerichte waren um einiges einfallsreicher.

Wie auch immer, hier in Clapham steige ich jetzt in mein Cart. Wir werden alle gestoppt. Also los. Zwar fühle ich mich am Steuer meines Metro ganz zu Hause. Ich kann ziemlich schnell fahren – wirklich –, aber so ein Cart ist doch eine ganz andere Sache. Vielleicht liegt es daran, dass man so nah am Boden sitzt und keine Schutzhülle um sich herum hat. Auf den Geraden geht es ja gut. Aber die Kurven machen mir Angst. Ich habe das Gefühl, von der Zentrifugalkraft umgekippt zu werden. Ich bin erbärmlich schlecht. Überhole nicht einen Einzigen. Wirklich, Sarah, manchmal bist du so ein Versager. Aber am besten fährt eindeutig die Chefin. Mein Gott, sie hat ja fast ein manisches Glitzern in ihren Augen, als sie an mir vorbeischießt. Sie überholt jeden!

Ich bin rasch disqualifiziert, und dann beginnt der Kampf zwischen den Finalisten. Als die Chefin sich kurz vor der Ziellinie befindet, rammt plötzlich Sergeant Owen, ein Waliser Palastbote, das Cart der Prinzessin. Sie verliert die Führung, und Sergeant Owen gewinnt!

Nachher wird der Sergeant gnadenlos von der Chefin aufs Korn genommen. Das allgemeine Gelächter ist groß. Er bekommt den Pokal, und wir applaudieren lautstark. Gut gemacht, Ken Wharfe! Gut gemacht, Königliche Hoheit! Glückwunsch, Sergeant Owen.

Dann wird ein Gruppenfoto gemacht und – oh mein Gott, ich knie direkt neben ihr. Wirklich und wahrhaftig, hier bin ich, direkt neben Ihrer Absoluten Prächtigkeit. Sie strahlt wirklich magische Schwingungen aus. Kein Wunder, dass die Männer ins Schwärmen geraten. Dort ist auch Victoria auf dem Foto, und Dickie Arbiter, der Pressereferent vom Buckingham Palace, und all meine Kolleginnen.

Es ist eine Schande, dass dieses Bild nie veröffentlicht werden wird. Es ist doch ein Stück Zeitgeschichte. Vielleicht nicht für jeden, aber ganz gewiss für die, die dabei waren. Wir alle haben die Princess of Wales über die Piste gejagt, und sie hätte fast gewonnen! Nur wegen eines kleinen Stupsers nicht! Wer hätte das gedacht?

Ich verabschiede mich. George wartet in Balham auf mich, und unsere Fähre nach Frankreich geht früh am nächsten Morgen.

Bonnes Vacances!

Dezember 1990

Wir haben uns alle im Hyatt Carlton versammelt. Dieses Jahr sind wir in traditioneller Kluft gekommen, weil HRH sich einer Themenparty nicht gewachsen fühlt. Ich muss leider berichten, dass Seine Königliche Hoheit in letzter Zeit viele Schmerzen erleiden und sich im vergangenen Monat erneut einer Operation an seinem gebrochenen Arm unterziehen musste. Diese wurde im Queen's Medical Centre in Nottingham durchgeführt. HRH war zwar sehr tapfer, aber meine Güte, in letzter Zeit wirkt er außerordentlich bedrückt. Ich mache mir wirklich Sorgen um ihn. Kein Wunder, dass er sich für vier Monate von seinen offiziellen Pflichten hat beurlauben lassen.

Mindy, mein geheimer Zugang zum Informationsfluss der Hofdamen, erzählt, dass HRH auch wegen seiner Ehe sehr deprimiert ist. Allerdings muss ich mich doch fragen, wieso: Vielleicht bin ich ja naiv, aber sowohl der Chef als auch die Chefin haben ihre jeweiligen Vertrauten, warum können sie kein Arrangement, keinen Modus vivendi finden? Anderen Paaren gelingt das doch auch!

Und außerdem leben sie ja nicht in einem normalen Haus. Genau genommen leben sie überhaupt nicht in einem Haus. Sie leben in einem Palast, was sag ich: in mehreren! Wenn sie die Gegenwart des anderen nicht ertragen, können sie sich doch sicher aus dem Weg gehen!

Aber ein zivilisiertes Arrangement scheint bei den Eheproblemen meiner Arbeitgeber längst nicht mehr möglich zu sein. Ich fürchte, der Beratungserfolg von Sir Jimmy Savile ist gleich Null. Diesmal wird Jimmy es nicht richten.

Wie auch immer, seine fanfarengleiche Begrüßung »Nun dann, nun dann!« gibt mir immer genügend Zeit, mich von meinem Schreibtisch in die Sicherheit des Waschraums zu flüchten. Nach zwanzig Minuten kann man normalerweise unbesorgt zurückkehren.

Im letzten Monat war ich ohnehin nicht so oft im Palast, da ich zu den Lady Clerks gehörte, die als Sekretärin nach Nottingham entsendet wurde, während HRH dort im Krankenhaus lag. Untergebracht wurde ich diesmal im Haus von Lord King, dem berühmten Geschäftsführer von British Airways. Es war fast genau so, als wohnte man in einem Palast! Schon allein die Sicherheitsvorkehrungen! Dort bewachen mehr Polizeibeamte die Zugänge, als in Highgrove üblich ist.

Nach drei Tagen erschien der tapfere HRH in einem karierten Morgenmantel und Hausschuhen mit den Federn des Prince of Wales, den Arm in der Schlinge, und hielt vor den Ärzten, den Krankenschwestern und uns Palastangestellten eine kleine Rede. Die Chefin war nirgendwo zu sehen. Mein Beschützerinstinkt meldete sich derart stark, dass ich am liebsten zu ihm gegangen wäre und ihn umarmt hätte. Das könntest du brauchen, HRH, eine dicke Umarmung!

Oh, er steht wieder auf! Und jetzt hält er seine gewohnte Dankesrede. Er schließt mit dem üblichen Witz, und wie immer lachen wir herzlich und applaudieren.

So ist er nun mal.

5.

Sturmwolken

Mai 1991

Ich betrete die Küche vom Büro im St. James' Palace und mache mir einen Kaffee. In den letzten fünf Monaten war alles so still. Zu Beginn des Jahres besuchte HRH die Baronesse Louise de Waldner in Südfrankreich, um sich zu erholen und zu malen. Möge der Pinsel euch gewogen sein, Königliche Hoheit! Die Chefin machte währenddessen mit den jungen Prinzen Skiurlaub in Klosters. HRH wollte sich ihr und den Prinzen eigentlich anschließen, überlegte es sich im letzten Augenblick jedoch anders. Man braucht's gar nicht erst zu erwähnen: neue Streitigkeiten. Wo seid Ihr, Sir Jimmy, wenn Euer Land Euch braucht?

Aber es gibt nicht nur schlechte Neuigkeiten vom Chef und der Chefin. Erst vor Kurzem kamen sie gemeinsam aus Brasilien zurück, wo sie an einer Umweltschutzkonferenz teilnahmen. Ich hoffe, auf dieser Reise gab's nicht so viel Streit.

Nach meinem Kaffee kehre ich zurück und sichte die Post, als wir plötzlich und überraschend – und zwar nicht nur für mich, wie's aussieht – in das Büro des Private Secretary, Major General Sir Christopher Airy, gerufen werden. Sir Christopher ist hier im St. James' Palace unser höchster Vorgesetzter. Es muss also etwas wirklich Wichtiges sein. Was um alles in der Welt ist passiert?

Ich muss Ihnen sagen, dass Sir Christopher ein herrlich altmodischer Höfling ist. Da er es mit Formalitäten äußerst genau nimmt, haben einige Angst vor ihm, doch er legt stets tadellose

Manieren an den Tag, und dafür lieben wir ihn. Seine Stärke liegt ganz unzweifelhaft in der Organisation von Empfängen, wo Zeremoniell und Prachtentfaltung gefragt sind. Niemand macht dies besser und enthusiastischer. Er liebt seine Arbeit, und das spürt man auch.

Gespannt vor Erwartung drängen wir uns alle in sein Büro. Sir Christopher erhebt sich. Er ist extrem groß. Wir brauchen ihn nur einmal anzusehen, da machen wir uns auf das Schlimmste gefasst. Sein ganzer Körper zittert, so aufgewühlt ist er. Seine Augen stehen voller Tränen. Meine Güte, was ist denn passiert? Ist jemand von der königlichen Familie plötzlich verstorben? Gab es einen Mordanschlag? Oder was?

»Ich habe Sie hier zusammengerufen, um Ihnen mitzuteilen, dass meine Dienste mit sofortiger Wirkung nicht mehr gefragt sind und ich daher meine Kündigung eingereicht habe. Ich war zwar nur ein Jahr auf diesem Posten, möchte Ihnen aber sagen, dass ich die Zusammenarbeit mit Ihnen Spaß gemacht hat … sehr sogar!«

Und mit diesen Worten setzt er sich wieder. Wir sind fassungslos. Es herrscht Schweigen. Ja, es gab tatsächlich einen Mordanschlag. Hier im Palast.

Schweigend verlassen wir das Büro und kehren an unseren Schreibtisch zurück. Wir sind zu geschockt, um etwas zu sagen. Eine Minute später kommt Sir Christopher aus seinem Büro. Dann macht er die Runde durch unsere Räumlichkeiten. Vor jedem Schreibtisch verbeugt er sich förmlich, schüttelt seinem Gegenüber die Hand und wiederholt, mit Tränen in den Augen, seine Abschiedsworte.

Auch die, die erst seit Kurzem dabei sind oder sich nicht sonderlich für ihn erwärmen konnten, empfinden großes Mitleid für diesen verstörten alten Mann. Als er zu mir kommt, wiederholt er noch einmal, wie angenehm ihm die Zusammenarbeit mit mir gewesen ist. Wie nett von ihm. Wie freundlich. Dann dreht er weiter seine Runde.

Ich merke, dass mir die Tränen kommen, also wanke ich auf die Damentoilette, um mich zu fassen. Dort befinden sich schon vier Lady Clerks aus demselben Grunde. Unsere Gefühle haben uns überwältigt.

Hat er seine Arbeit nicht gut gemacht? Nein. Was ist also passiert? Weiß das irgendjemand? Eine meiner Kolleginnen wendet sich zu uns und flüstert nur ein einziges Wort: »Richard Aylard.«

Wir starren sie verduzt an.

»Er hat Ihre Königliche Hoheit, Prinzessin Diana verärgert.«

»Der Chef will, dass er jetzt die Verantwortung übernimmt.«

»Warum?«

»Der General hat HRH verärgert, als er versuchte, alles immer perfekt zu organisieren«, antwortet sie.

»Wirklich?«, wirft eine andere Lady Clerk ein. »Ich habe das Gegenteil gehört – dass die Chefin dahinter steckt!«

Also zwei widersprüchliche Gerüchte. Ganz offensichtlich hat der Zusammenbruch der königlichen Ehe gegnerische Lager geschaffen – das eine macht den Chef, das andere die Chefin für diesen schrecklichen Zwischenfall verantwortlich. Wo liegt die Wahrheit? Wer weiß. Macht es wirklich einen Unterschied?

Langsam verlassen wir den Waschraum, dessen Papierhandtücher arg geplündert sind. Sir Christopher packt gerade seine persönlichen Sachen zusammen. Immer noch sagt niemand etwas. Die Stimmung ist so gedrückt, als hätten wir gerade vom Tod eines geliebten Familienmitglieds erfahren. Ein paar der Lady Clerks schniefen immer noch, ich eingeschlossen.

Im Palast hat es immer Intrigen gegeben, aber mit anzusehen, wie ein so anständiger, loyaler und vertrauenswürdiger Kauz wie Sir Christopher einer Intrige zum Opfer fällt, obwohl sein Benehmen einwandfrei war, ist einfach schrecklich. Ich kann mich nur glücklich schätzen, dass so etwas niemals in unseren Niederungen passieren kann.

Als Sir Christopher geht, sehen wir ihm nach. Leben Sie wohl, General. Sie mögen verletzt sein, doch Sie haben Ihrem Land und Ihrem Prinzen treu und ehrenhaft gedient. Bewahren Sie sich Ihre disziplinierte, militärische Haltung und Kopf hoch! Wir, die Lady Clerks, grüßen Sie.

Eine weitere Neuigkeit, wenn auch nicht so gravierend: Victoria sieht neuerdings so grazil aus, und ich beneide sie zutiefst. Wir lesen dieselben Diätzeitschriften mit denselben Fallstudien. Vorher hatten wir die gleiche Kleidergröße. Jetzt trägt sie 34 und ich 38. An schlechten Tagen sogar 40! Aaahrgh!

Warum hat Victoria mehr Willenskraft als ich? Warum kann ich Grahams kalorienreichen Mahlzeiten in der Angestelltenkantine des Buckingham Palace nicht widerstehen? Könnte mein Gewicht vielleicht auch etwas mit den unanständigen Mengen an Pasta zu tun haben, die George und ich jeden Abend verzehren? Vielleicht.

Die Natur hat mich wohl eher für die Bequemlichkeit und nicht für Geschwindigkeit geschaffen, sinniere ich. Sieh dich doch an, Mädchen, du hast den Busen einer Bardame. Sieh der Tatsache ins Auge, Sarah, du wirst niemals ein Model oder eine Modeikone wie die Chefin werden.

Ach, die Chefin. Sie sieht immer schöner aus. Neuerdings kann ich mich gar nicht mehr von ihr losreißen. Nicht, dass ich sie etwa persönlich sähe. Aber sie starrt mich von jeder Titelseite der Welt an. Nun, eines werde ich bald mit Ihrer Königlichen Hoheit teilen: Ich werde blond, genau wie sie. Das heißt, nicht ganz genau wie sie, denn sie ist ja wohl eine Naturblondine. Oder? Wie auch immer, mein brünettes Haar muss weg. Bye, bye, Sophia Loren! Hallo, Kim Basinger. Gut, ich werde niemanden täuschen, aber träumen darf man ja wohl.

Notiz im Hinterkopf: Angestelltenkantinen fernbleiben und Friseurtermin machen.

Juli 1991
Ich sollte wirklich nicht jedes Gerücht weitertragen, das mir zu Ohren kommt, aber neulich erzählte mir Geraldine, dass die Prinzessin HRH auf Highgrove besucht hätte, um das Kriegsbeil zu begraben, und er sie abgewiesen hätte. Aber warum bloß, fragte ich.

Da erklärte Geraldine mir, HRH wäre so aufgebracht gewesen, dass sie *ihn* abgewiesen hätte, als er einen Monat zuvor versuchte, Prinz William im Krankenhaus zu besuchen, der den Golfschläger eines Freundes an den Kopf bekommen hatte. Um alles noch schlimmer zu machen, hatte Diana wohl insgeheim der Presse erzählt, HRH hätte nicht versucht, William zu sehen, weil es ihn einfach nicht kümmere. Das war natürlich eine glatte Lüge, aber HRH war nicht vorgewarnt, und plötzlich sah er die grauenhafte Schlagzeile in der Zeitung. Und selbstverständlich durfte der unvermeidliche Kommentar über seine Herzlosigkeit nicht fehlen. Aber was ihn wirklich umwarf, war, dass sein verletzter Sohn dadurch ein schrecklich irreführendes Signal bekam. Anscheinend hat er ihr das immer noch nicht verziehen.

Die ganze folgende Nacht wälzte ich dieses Problem. Ehrlich gesagt, an HRHs Stelle hätte ich sie auch abgewiesen. Jeder scheut davor zurück, in einem Ehestreit Partei zu ergreifen, aber langsam glaube ich, die nationale Ikone kann manchmal auch eine Hexe sein.

Weitere Neuigkeiten: Ende letzten Jahres wurde ich von meinen Fanpostpflichten abgezogen und mit etwas weitaus Erhabenerem betraut. Oh ja, es sieht so aus, als würde ich die Palastleiter hinaufklettern!

Ob man's glaubt oder nicht, ich bin jetzt die Sekretärin der Architecture and Planning Group, die wir hier kurz APG nennen. Die Aufgabe der APG besteht darin, HRH dabei zu beraten, an welchen Projekten er sich beteiligen sollte. Architektur ist eine seiner größten Leidenschaften, aber mit modernen Architekten steht er auf Kriegsfuß. Er ist der Meinung, sie würden Gebäude entwerfen, ohne an die Menschen und ihre Belange zu denken, die darin wohnen. Da sind wir deiner Meinung, HRH!

In Anspielung auf die deutsche Luftwaffe, die England im Zweiten Weltkrieg bombardierte, sagte der Chef einmal in einer Rede: »Zumindest muss man der Luftwaffe eines zugestehen: als sie unsere Häuser zerbombte, ersetzte sie sie nicht durch etwas Abstoßendes, das wie Ruinen aussieht. Das taten wir *selbst.*«

Und als er sich die Pläne für eine Erweiterung der National Gallery ansah, verdammte er diese als ›riesige Feuerwache … wie ein monströser Karbunkel im Gesicht eines geliebten und eleganten Freundes‹. Die Entwürfe wurden prompt verworfen.

Er nimmt wohl kein Blatt vor den Mund, wie? Es wird Sie auch nicht überraschen, dass HRH sich mit seiner umstrittenen Haltung einige Feinde gemacht hat. Bei all diesen Architekten und ihren Freunden bei der Presse, wie zum Beispiel Stephen Bayley, ist er gar nicht beliebt. Oh nein. HRH ist genauso unter Beschuss wie einst die Luftwaffe.

Dennoch findet der Kreuzzug des Chefs in der Bevölkerung ein großes Echo, weil sie ihn als Anwalt für ihre Interessen ansieht. Bravo, Königliche Hoheit!

Die APG nun ist eine Gruppe von Freunden, die sich mit Gebäuden und ihren Entwürfen bestens auskennen und HRH beraten, wann und wo er seinen prinzlichen Knüppel heben sollte. Sie bieten ihre Dienste ehrenamtlich an und treffen sich hier im St. James' Palace. Meine Aufgabe besteht neben allgemeinen Sekretariatspflichten darin, die monatlichen Treffen zu organisieren.

Am Anfang war unser Vorsitzender Dr. Brian Hanson der Meinung, wir könnten zumindest Tee und Gebäck servieren, wenn die Architekur-Koryphäen zusammenkommen. Also schaute ich vor jedem Treffen kurz bei Fortnum & Mason vorbei und kaufte eine Auswahl an Zuckergebäck, das bei uns *Fondant Fancies* heißt. Dr. Hanson hat eine Schwäche für diese Art Gebäck – und zwar so ausgeprägt, dass wir bösen Lady Clerks ihn hinter seinem Rücken ›Fondant Fancy‹ nennen. Neulich jedoch wurde beschlossen, sich nicht mehr mit Kuchen und Tee zu begnügen. Daher besteht meine Aufgabe nun darin, eine Kiste Wein mit ein paar Chips und Erdnüssen zu servieren. Wie Sie sich vorstellen können, werden die Treffen am Ende immer ziemlich fröhlich!

Wer sind nun die Ritter an des Prinzen Tafelrunde der Architektur? Abgesehen vom Vorsitzenden Fondant Fancy gibt es da noch Professor Jules Lubbuck, der mit HRH bei der Neugestaltung des Paternoster Square zusammenarbeitete; Professor Keith Critchlow, der sich auf islamische Architektur spezialisiert hat; Christopher Martin, der auch mal grantig sein kann, sich gewiss aber in seinem Fach auskennt; Christopher Gibbs, ein berühmter Kunsthändler von der Bond Street; Colin Amery, ein großer Denkmal-Experte, der – wer hätte es gedacht – seine Ferien mit den Rothschilds auf Korsika verbringt; und die Schriftstellerin Candida Lycett-Green, die Tochter des bekannten Dichters Sir John Betjeman.

Eines der deutlichen Charakteristika dieser Gruppe ist, dass die Mitglieder fast ausnahmslos leicht exzentrisch wirken, wie verrückte Professoren. Nun, zwei sind ja wohl auch Professoren. Aber selbst die liebenswerte Candida Lycett-Green sieht von Zeit zu Zeit etwas aufgelöst aus, weil sie den Bohèmelook bevorzugt.

Erscheinung und Auftreten der Mitglieder der APG ist auch den übrigen Palastangestellten nicht entgangen. Als ich nun mit einer Tüte voller Chips und Erdnüsse für das heutige Treffen zurückkehre und am Sergeant of the Vestry, einem Palastveteranen Mitte Sechzig vorbeikomme, hebt der nur müde eine Augenbraue und fragt: »Kommen heute Abend wieder die Exzentriker?«

Wirklich, manche Leute haben einfach keinen Respekt.

Langsam treffen die Ex-, ach, fast hätte ich selbst ›Exzentriker‹ geschrieben – die Experten ein. Fondant Fancy eröffnet die Sitzung, und rasch gehen wir die Tagesordnungspunkte durch, die ich selbst vorbereitet habe. Zwar finden die Bürger, die sich an die APG wenden, meist ein offenes Ohr, dennoch werden sie, wenn sie um Unterstützung bei einer Beschwerde oder bei einem Projekt bitten, höflich abgewiesen, und ich muss dann einen dementsprechenden Brief schreiben. Wenn sie wüssten, was ich weiß! Sie sollten sich im Namen von Kirchen bewerben. Die APG ist ganz versessen auf Kirchen.

Heute hat niemand wegen einer Kirche mit irgendeiner Besonderheit geschrieben, also kommt man unweigerlich auf die beiden Lieblingsthemen der Gruppe zu sprechen: die bevorstehende Gründung eines Instituts für Architektur und die Pläne für Poundbury, HRHs visionäres großes, neues Dorf bei Dorchester. Die Idee, Poundbury zu bauen, stammt von Professor Leon Krier, einem weiteren Unterstützer HRHs in Architekturkreisen.

Mittlerweile haben wir uns durch eine Hälfte der Weinkiste gearbeitet, und das Gespräch nimmt wie üblich an Leidenschaftlichkeit zu. Obwohl ich inzwischen auch Schwierigkeiten habe zu folgen, mache ich mir weiterhin Notizen. Wie alle Berufsgruppen, so haben auch die Architekten ihre Fachbegriffe, die ich zum Teil nicht verstehe oder auch nur buchstabieren kann. Aber ich denke, ich werde es am nächsten Morgen schon irgendwie zusammenschustern.

Die Debatte wird hitziger. Es gibt viel Gelächter, verächtliche Aburteilungen Außenstehender und heftiges Nicken. Ich bin sicher, dass hier ganz viel Kluges gesagt wird; ich wünschte nur, ich könnte es auch verstehen.

Mehr Wein wird ausgeschenkt. Wir sind nun bei der zehnten Flasche, und alle sind ein klein wenig angesäuselt. Allerdings gefällt es mir gar nicht, dass auch ich etwas angesäuselt bin.

Das Treffen endet nach Leerung der letzten Flasche. Ein merkwürdiges Zusammentreffen. Höchst erfrischt durch die großzügige Spende von HRH stürzen wir hinaus in die warme Abendluft.

Am nächsten Tag setze ich mich mit einem (für einen Arbeitstag) ungewöhnlich starken Kater an meinen Schreibtisch und studiere meine Notizen, weil ich HRHs Architektenrunde mit einer

Zusammenfassung ihrer scharfsinnigen Gedanken bedenken will. Der Anfang des Treffens bietet noch kein Problem. Meine Notizen sind lesbar und zusammenhängend. Aber wie der Wein so begann auch meine Handschrift zu fließen, wurde immer ausufernder und mäanderte übers Blatt. Die Aufzeichnungen der letzten zwanzig Minuten, als wir bei den letzten Flaschen angelangt waren, sind vollkommen unleserlich. Oh je.

Schreckt mich das ab? Keineswegs. Ich nehme das Bisschen, an das ich mich erinnern kann und das mir auch zusagte, und schreibe diese Gedankenfetzen, wie es gerade kommt, den einzelnen Teilnehmern zu, dann verschicke ich die Sitzungsprotokolle an alle Mitglieder. Offen gestanden, werden sie sich kaum die Mühe machen, die Protokolle zu lesen, und wenn doch, dann können sie wegen ihres eigenen Weinkonsums keine klarere Erinnerung als ich an das haben, wer was über was und zu wem sagte. Zumindest hoffe ich das. Bis jetzt hatte jedenfalls niemals jemand etwas zu meinen Protokollen anzumerken.

Zumindest lerne ich, wie man sich im Leben durchschlägt.

September 1991

Ich habe noch eine Sondervergünstigung für die Palastangestellten entdeckt. Wir haben freien Zugang zur königlichen Loge in der Albert Hall, wenn die königliche Familie sie nicht nutzt! So etwas lässt man doch nicht sausen, oder? Heute Abend sehe ich mir mit George und einigen Kollegen aus dem Büro die *Last Night of the Proms* an. Wir betreten die Loge und bedienen uns an den Getränken. Wenn man bedenkt, dass alle Monarchen seit Königin Victoria und ihrem Gemahl Prinz Albert genau hier gesessen haben, und jetzt wir!

Der Dirigent schwenkt seinen Taktstock, das Orchester setzt ein. Bald verlieren wir uns in den Klängen dieses großartigen jährlichen Musikereignisses. Es wird Beethoven, Mozart und Händel gespielt. Wie immer endet das Konzert mit Elgars großartiger Hymne *Land of Hope and Glory*. Das ist so patriotisch. Mir rinnen Schauer den Rücken hinunter. Unter mir schwenken Zuschauer wild ihre Fähnchen im Takt der Musik. Es ist einfach wundervoll, all die freudestrahlenden Gesichter voller Rührung und Liebe zu ihrem Land zu beobachten.

Wir in der Loge sind uns einig, dass es sich nicht ziemt, derart ungezügelt den Union Jack zu schwenken, daher presse ich meine Ellbogen an den Körper und wedele damenhaft zurückhaltend, wie die Royals es tun würden – zumindest hoffe ich das. Ich komme mir ein bisschen dämlich vor, aber schließlich sitze ich ganz vorn in der königlichen Loge, und ich kann die Royals ja kaum hängen lassen, oder?

Das Konzert geht zu Ende. Begeisterter Applaus ertönt. Plötzlich schreit jemand auf. Dann drehen sich Leute um, zeigen auf uns, starren hinauf und winken uns aufgeregt zu. Was soll der Aufruhr? Was ist passiert? Da brüllt jemand: »Prinzessin Diana!«

Ich höre Jubel. Meine Güte, ich kann's nicht glauben. Ich werde rot. Nicht zu fassen, man hat mich mit der weltgrößten Modeikone verwechselt. Das ist himmlisch, einfach nur himmlisch. Ich glaube, ich falle in Ohnmacht. Das muss an meiner neuen Haarfarbe liegen. Koste diesen Moment aus, Sarah!

Aber da ruft eine andere Stimme: »Besorg dir mal 'ne Brille, Kumpel. Das ist nicht Prinzessin Diana. Sieh sie doch an. Viel zu fett!«

Die Menge wendet sich ab.

Ich ziehe mich mit glühenden Wangen in die Loge zurück. Ich werde einfach nur vergessen, dass dies passiert ist. Nein, ich werde es keiner Menschenseele gegenüber erwähnen. Ich weiß auch nicht, warum ich es jetzt hier berichte. Jedenfalls bin ich mir sicher, dass sie über jemand anderen gesprochen haben. Sie können doch nicht wirklich mich gemeint haben. Ganz sicher nicht. Ich muss mit meiner Diät anfangen, *gleich morgen.*

März 1992
Victoria und ich haben eine neue Abmagerungsmethode gefunden. Zuerst ein Sandwich essen und dann shoppen gehen! Da unsere Mittagspause genau eine Stunde und zwanzig Minuten dauert, rasen wir hinüber zum BP (sieben Minuten), bereiten uns ein Sandwich aus Brötchen, Salat und kaltem Fleisch, wickeln es in eine Serviette (drei Minuten) und machen uns wieder auf den Weg. Das Ganze in zwölf Minuten!

Heute begleitet uns Poppy, ein weiterer Shopaholic aus dem Palast. Während wir forsch durch den Green Park schreiten, denke ich erleichtert, dass wir damit auch einer ganz bestimmten Lady Clerk aus dem Weg gehen, die immer versucht, mich für ihren Katzenschutzbund zu gewinnen. Ich mag Katzen, aber ihr Schutz steht nicht gerade an oberster Stelle meiner Prioritätenliste. Im Gegenteil, ich finde die Vorstellung absurd. Katzen sind vollkommen lebenstüchtig, auch ohne dass Menschen sich einmischen. Sind denn neun Leben nicht genug?

Das Problem ist, dass sie einen höheren Rang innehat als ich und ich mich einfach nicht traue, ihr mein Desinteresse zu gestehen. Statt dessen nicke ich erbärmlicherweise, wenn sie mich wieder einmal mit ihrer Katzenschutzpropaganda bedenkt. Fanatiker gibt's überall – auch in Palästen.

Vier Minuten später erreiche ich mein Mekka – die Bond Street. Wir haben noch genau fünfzig Minuten, um unserem Kaufrausch zu frönen. Was ich kaufe? Natürlich nur sehr wenig. Die Palastgehälter fangen die Inflation nicht auf, es gibt somit keine wirkliche Gehaltserhöhung wie in anderen Jobs. Jedes Jahr bekommen wir ein Schreiben von Richard Aylard, in dem uns die ›Erhöhung‹ unseres Gehalts dargelegt wird. Mein Nettolohn ist momentan 205 Pfund die Woche. Wow! Aufgepasst, Bond Street, ich komme!

Aber meine Güte, wie wir es genießen, in die Welt der Haute Couture einzutauchen: Asprey, Garrard, Hermès, Gucci. Wenn wir in die Auslagen starren, läuft uns das Wasser im Munde zusammen. Hier und da kapitulieren wir. Im Moment sind wir alle besessen von vergoldeten Tierchen auf unseren Schuhen und Gürteln. Der Bankbeamte und Daddy müssen einfach verstehen, dass Goldtierchen dieses Jahr unverzichtbar sind!

Ich muss gestehen, dass ich manchmal ein bisschen unartig bin. Dann tue ich so, als hätte ich mein Scheckbuch und meine Kreditkarte verlegt. Darauf reiche ich dem Verkäufer die Kreditkarte meiner Arbeitsstelle. Unweigerlich berät sich der Verkäufer dann mit dem Filialleiter. Als Nächstes wird meine Neuerwerbung eingepackt, und der Filialleiter teilt mir mit, dass die vernachlässigend kleine Rechnung direkt zu mir in den Palast geschickt wird.

Sie kommt. Oh weh! Leider ist sie in den Papierkorb gefallen. Sechs Wochen später wird sie dann zu mir zurückverfolgt. Daraufhin zieht sie mir der verärgerte Buchhalter direkt von meinem Gehalt ab. Tja, denke ich, zumindest war ich flüssig.

Bei anderen Gelegenheiten bleibt mir nichts anderes übrig, als Daddy die Rechnungen zu präsentieren. Wenn ich dann das nächste Mal nach Shropshire komme, lässt er mich für gewöhnlich vor seinem Schreibtisch Platz nehmen und stellt einen Finanzplan mit mir auf. Der arme Daddy, er muss schon ganz verzweifelt sein.

Aber um die Wahrheit zu sagen, haben wir mittellosen Lady Clerks schon so unsere Methoden, zurechtzukommen und mit unseren Arbeitgebern mitzuhalten. Die Prinzessin, gesegnet sei sie, ist unsere freundliche Gönnerin. Als die weltgrößte Modeikone ist sie natürlich im Visier ausnahmslos aller Schönheitsproduktthersteller. Wer auf dem Modemarkt würde nicht gerne behaupten, die Prinzessin benutze die eigenen Produkte? Als Folge davon bekommt die Chefin jede Woche von den führenden Kosmetikherstellern haufenweise Parfümproben und neue Gesichtscremes. Natürlich hat die Prinzessin schon alle Schönheitsprodukte, die man sich wünschen kann. Was macht sie also mit den Sendungen? Nun, sie gibt sie an Victoria weiter, ihre treu ergebene Lady Clerk, die damit nach Belieben verfahren kann!

Natürlich ist es für mich nicht gerade von Nachteil, dass ich eine von Victorias besten Freundinnen bin. Diese Woche habe ich wirklich Glück gehabt. Victoria hat mir ein wundervolles Parfüm geschenkt: *Knowing* von Estée Lauder – und die dazu passende Körperlotion.

Außerdem sind da natürlich noch die vielen wundervollen Sonderangebote, von denen das königliche Personal profitiert. Das Beste ist ganz sicher Bronnley-Seife. Der Rabatt beträgt hier 90 Prozent. Ist das zu glauben? Alle Lady Clerks haben spitzgekriegt, dass dieses Angebot besteht, und zu Weihnachten sieht es bei uns mit den unzähligen Päckchen und Kistchen, die ständig neu eintreffen, wie in einem Laden nur für Bronnley-Seife aus.

Weitere Ermäßigungen gibt es für Royal Brierley-Glaswaren, Royal Doulton-Porzellan und Barbourjacken – alle 40 Prozent. Die Barbourjacken kann man später auch noch mal neu mit Wachs imprägnieren lassen. Simpsons, das Kaufhaus am Piccadilly, gewährt uns 30 Prozent Nachlass. Auf Pringle-Oberteile oder Golfsocken bin ich zwar nicht gerade versessen, dafür aber auf die belgischen Pralinen von Leonidas, denen ich bis dato erfolgreich widerstanden habe. Aber, hurrah, jetzt haben sie neulich auch die Türen ihres Red Door Salons für uns geöffnet. Dreißig Prozent beim Friseur ist ein Angebot, das ich einfach nicht ausschlagen kann.

Außerdem gibt es da noch den Blumenwagen, der wöchentlich aus Windsor Castle kommt und im Winter Blumenzwiebeln und Weihnachtssterne und im Frühjahr Freibeetpflanzen bringt. Dort erstehe ich manchmal etwas für Freunde. Man bezahlt nur dreißig Prozent dessen, was man normalerweise in einem Blumenladen dafür ausgeben müsste. Es ist immer verlockend, hinunter auf den Hof zu gehen, wenn der Lieferwagen kommt, einfach nur, um zu sehen, ob es was Günstiges gibt, und auch, um ein wenig mit den anderen zu plaudern. Danach begibt sich der Blumenwagen nach Buckingham und Kensington, bevor er zu den Königlichen Gärten nach Windsor zurückfährt.

Mai 1992

Es ist so aufregend, ich kann es kaum glauben! Ich fahre in einem Konvoi über die Autobahn – oder besser gesagt: ich werde gefahren! Ich bin mit dem wortgewandten, leicht aufgeblasenen Foreign Officer Peter Westmacott in einem Wagen. Er ist ein Deputy Private Secretary, und aus irgendeinem Grund haben wir Lady Clerks ihm den Spitznamen Peter ›Wally-ma-cott‹ verpasst. Warum? Das weiß ich nicht. Es klingt einfach komisch, deshalb ist es hängen geblieben. Ebenfalls im Wagen sitzt Anne Beckwith-Smith, die liebenswürdige Hofdame der Chefin.

Die Straße ist gesperrt worden, daher überfahren wir jede Ampel. Ein recht seltsames Gefühl. Wir fahren über die M4, um in Heathrow das Flugzeug der Königin zu besteigen. Das alles ist so pompös, ich kann's kaum glauben. Man fühlt sich richtig groß und erhaben!

Vor, neben und hinter uns fahren Polizisten auf Motorrädern. In den beiden Rolls Royces vor uns sitzen der Prinz und die Prinzessin. Ich kann mir schon vorstellen, dass die Feindschaft zwischen den beiden Königlichen Hoheiten mittlerweile so weit gediehen ist, dass sie in zwei verschiedenen Wagen fahren müssen. Es sieht so aus, als wäre ihre Ehe definitiv am Ende. Die Presseberichte über ihre Reise nach Indien neulich waren einfach furchtbar und zeigten die Chefin mit theatralisch untröstlicher Miene vor dem Taj Mahal sitzend, während der Chef an einem lang vorbereiteten offiziellen Mittagessen teilnahm.

Es war nicht seine Schuld, dass er nicht bei der Chefin sein konnte. Das Mittagessen gehörte zu seinen dienstlichen Verpflichtungen. Warum sollte er all die indischen Geschäftsleute enttäuschen, die ihn schon erwartet hatten? Aber die Presse stellte es so dar, als hätte er nicht mit ihr zusammen sein wollen. Vermutlich hat die Chefin sie entsprechend instruiert.

Dass es wirklich schlecht um die beiden steht, wusste ich schon im letzten Dezember, als die Chefin sich weigerte, eine Party für die Lieferanten im Kensington Palace zu besuchen, und zwar offenbar aus Protest, weil der Chef Mrs. Camilla Parker-Bowles gebeten hatte, sie bei einer Beerdigung zu vertreten. Ach je, dachte ich damals, das war schon ein bisschen provokant von dir, HRH. Du musst doch gewusst haben, dass sie in die Luft gehen würde: lädst deine Vertraute ein, sie zu vertreten? Wie würdest du es finden, wenn sie Captain Hewitt bäte, statt deiner an ihrer Seite zu sein? Ich glaube, hier hast *du* mangelnden Stil bewiesen.

Werden der Chef und die Chefin diese Reise also nutzen, um ihre Ehe zu kitten? Oder wird es nur mehr von immer Demselben sein? Etwas sagt mir, dass ich nicht allzu hochgespannte Erwartungen hegen sollte.

Wir befinden uns auf dem Weg nach Sevilla in Spanien, wo wir an der so genannten Expo' 92 teilnehmen werden. Natürlich bin ich völlig begeistert, trotzdem aber auch leicht nervös. Warum? Weil ich noch nie zuvor eine königliche Reise mitgemacht habe und weil normalerweise immer zwei Lady Clerks mitreisen, ich diesmal aber allein bin. Was geschieht, wenn mir ein Fehler unterläuft? Was ist, wenn ich etwas falsch mache? Ich spreche ja nicht mal Spanisch.

Die innere Nanny schaltet sich ein. Sei nicht albern, Sarah, vergiss nicht, du bist vom Sternzeichen Jungfrau. Astrologisch gesehen sollst du sehr gut organisiert sein. Alles wird glatt laufen.

Ich gehe noch einmal meine Pflichten durch. Ja, alle haben ihre Pässe. Sie haben auch ihre vollständigen Reisepläne, die es in zwei verschiedenen Größen gibt und alle notwendigen Informationen über Sevilla, die Zeitverschiebung, die Wettervorhersage, Kontaktnummern, Daten und Zeiten enthalten. Ich musste die Wochenenden durcharbeiten, um diesen Reiseplan zusammenzustellen. Aber das hat mich nicht gestört, weil ich die Farbe des Einbands auswählen durfte. Ich entschied mich für Königsblau, was ich angesichts der Umstände für passend hielt. Das kleine Mädchen in mir wollte eigentlich Pink. Ich weiß, die Prinzessin hätte das amüsiert, aber HRH wäre wohl verärgert gewesen. Also lief es auf Königsblau hinaus.

Ein Teil in mir ist immer noch nicht beruhigt. Sarah, hast du nicht irgendwas vergessen? Denk nach! Nein? Dann ist es ja gut. Dann musst du nur noch dafür sorgen, dass das provisorische Sekretariat vor Ort reibungslos arbeitet. Und ein paar Briefe tippen. Was soll da schon schief gehen? Entspann dich!

Meine Güte, jetzt sind wir schon in Heathrow. Im Nu sitzen wir in der VIP-Lounge, da wir kein Gepäck aufzugeben haben. Unsere Koffer sind schon vorgereist. Dies wurde von dem Travelling Yeoman Sergeant ›Sarge‹ Ron Lewis veranlasst. *Das* nenne ich Reisen!

Jetzt gehen wir an Bord des *Queens Flight*, eines kleinen Jets, der ausschließlich der königlichen Familie zur Verfügung steht. Wir, die Angestellten, steigen zuerst ein. Ist das nicht wunderbar? Ich schnalle mich an. Ganz zum Schluss kommt das königliche Paar, das in einer separaten Kabine Platz nimmt. Das Flugzeug startet, und schon sind wir in der Luft.

Die ganze Sache erinnert mich an etwas. An was nur? Ja, jetzt fällt's mir wieder ein. An eine Szene aus *Goldfinger*, einem frühen James-Bond-Film. Hier bin ich nun, hoch über den Wolken mit der weltgrößten Modeikone, ihrer liebenswürdigen Hofdame, dem herrlichen Thronerben und einem weltgewandten Gentleman vom Foreign Office. Und dazu meine Wenigkeit. Was mache ich hier? Wie bin ich hier gelandet?

Stell nicht so dumme Fragen, sagt meine innere Nanny. Entspann dich und genieße den Flug. Doch da überkommt mich Panik. Was ist, wenn irgendein hinterhältiger Schurke genau wie in *Goldfinger* versucht, die Maschine zu entführen? Schließlich gehören zwei der Passagiere zu den prominentesten Persönlichkeiten auf dem gesamten Erdball. Was ist, wenn einer vom Kabinenpersonal oder gar der Pilot selbst ein gemeiner Blofeld wie aus einem James-Bond-Film ist? Sei nicht so dumm, Sarah. Jetzt wirst du melodramatisch.

Aber was ist, wenn irgendwas schief läuft? Was denn zum Beispiel? Zum Beispiel, dass sowohl der Pilot als auch der Copilot einen Herzanfall erleiden! Jetzt bist du aber wirklich albern, Sarah.

Natürlich weiß ich nur zu gut, dass HRH nicht nur Fachmann für Architektur ist, Inspiration und leitende Kraft großartiger und effektiver Wohltätigkeitsprojekte, Verfechter von Redlichkeit und Liebhaber aller Lebewesen (einschließlich Insekten), sondern auch ein Mann der Tat. Oh ja, er war Befehlshaber von Kriegsschiffen und besitzt den Pilotenschein für Flugzeuge *und* Hubschrauber. Also könnte er jederzeit in James Bonds Fußstapfen treten! Souverän würde er die Kontrolle über diesen Jet übernehmen und ihn, wenn nötig, auch auf einem kleinen Korallenatoll landen. Und den legendären Blofeld würde er mit *einem* Schlag seines prinzlichen Arms ausschalten. Außerdem ist James Bond fiktiv, während Seine Königliche Hoheit tatsächlich existiert!

Beruhigt schließe ich die Augen und versuche zu schlafen, was einfach lächerlich ist, denn ich bin viel zu aufgeregt.

Nachdem wir gelandet und wieder aus dem Flugzeug gestiegen sind, sausen wir nun in einem weiteren Konvoi Richtung Sevilla. Ich blicke aus dem Fenster. Meine Güte, die Stadt ist wirklich umwerfend. Wir fahren vor dem Hotel Alfonso XIII. vor, das riesig, wunderschön und wirklich teuer ist. Aber, das ist das Fantastische, ich muss nicht zahlen!

Ich werde in mein Zimmer geführt. Es ist wunderbar. Eigentlich ist es eher eine Suite. Abgesehen von einem Doppelbett gibt es noch ein Einzelbett, einen riesigen Fernseher und einen großen Tisch, auf und unter dem sich Metallkoffer mit Büromaterial, Computer, Drucker und so weiter befinden. Gut gemacht, Travelling Yeoman! Mein Schlafzimmer ist also das Büro der Königlichen Hoheiten. Nur herein, Chef und Chefin, eure Miss Moneypenny steht Tag und Nacht für euch zur bereit!

Du kennst deine Aufgaben, mein Mädchen, also mach dich daran. Als ich anfange, die Koffer auszupacken, kommt der Travelling Yeoman höchstpersönlich herein.

»Was dagegen, wenn ich hier fernsehe?«, fragt er. Hat er denn keinen eigenen Apparat auf seinem Zimmer, frage ich mich. Aber vielleicht fühlt er sich auch ein bisschen einsam und sucht Gesellschaft.

»Nur zu«, antworte ich.

Also macht Sarge es sich auf dem Einzelbett bequem, während ich mich wieder der Aufgabe widme, das Büro einzurichten.

Voilà! Alles ist aufgebaut. Jetzt muss ich nur noch die Computer einschalten, und das Büro ist betriebsfertig. Ihre Königlichen Hoheiten können sich auf mich verlassen, oh ja! Ich drücke die erforderlichen Knöpfe und ... äh, nichts. Ich drücke sie erneut. Immer noch nichts.

Ich stoße ein angelsächsisches Schimpfwort aus, für das man als Kind scharf zurechtgewiesen wird. Sarge blickt vom Bett zu mir herüber. »Ach, keine Panik, meine Liebe.«

Er hat gut reden. Ich aber habe ein Büro zu führen! Ich fummele an ein paar Kabeln herum und überprüfe noch einmal, ob alles dort ist, wo es hingehört, dann drücke ich erneut die Knöpfe. *Immer noch nichts!* Wiederholung des angelsächsischen Kraftausdrucks.

»Ach, keine Panik, meine Liebe«, wiederholt auch Sarge.

Sarge, denke ich, du gehst mir auf die Nerven. Hektisch überprüfe ich noch einmal alle Verbindungen und Stecker. Aha! Einer von ihnen ist ein bisschen locker. Erneut drücke ich die erforderlichen Knöpfe. Lichter blitzen auf, die Computer summen.

Endlich! Alles in Ordnung. Ich kann mich entspannen. Dann, ganz plötzlich, gibt es einen lauten Knall, und alle Computer gehen aus, ebenso wie das Badezimmerlicht und der Fernseher. Oh mein Gott! Mindestens drei weitere Wiederholungen des angelsächsischen Kraftausdrucks.

Dies ist meine erste und wahrscheinlich auch meine letzte königliche Reise. Ich kann noch nicht mal ein ganz einfaches Sekretariat einrichten. Ich habe alle enttäuscht: den Palast, meine Kollegen, den Chef und die Chefin, und mich selbst. Ich bin eine völlige, elende Niete und breche gleich in Tränen aus.

»Keine Panik, meine Liebe«, sagt Sarge. »Das kann alles später repariert werden. Ich glaube, jetzt brauchen Sie erst mal ein schönes Mittagessen.«

Und mit diesen Worten führt der onkelhafte Sarge mich aufgelöste Lady Clerk aus dem Zimmer, das nun jeglicher Elektrizität entbehrt.

Am Pool werde ich vom Rest der Mannschaft begrüßt, die mich freundlicherweise mit Champagner versorgt. Bald tanke ich die Mittagssonne von Sevilla und denke, was für ein glückliches Mädchen ich doch bin, so einen herrlichen Job zu haben. Ja, der Stromausfall ist wirklich eine Kleinigkeit, die warten kann. Schließlich werden Ihre Königlichen Hoheiten erst später zurückkehren. Diese Überreaktion von mir war wirklich albern. Sarge und die Mannschaft haben Recht. Wenn ich so darüber nachdenke, war meine Panik sogar etwas peinlich. Du musst mal ein wenig reifer werden, mein Mädchen. Kühlen Kopf bewahren.

Leicht schwindelig von Sonne und Champagner wandele ich in mein Zimmer zurück. Puh, ist das heiß hier drinnen! Was ist mit der Klimaanlage passiert? Sarah, du Dummerchen, hier gibt's keinen Strom, schon vergessen? Ach ja, aber das wird ja bald repariert. Nichts, weswegen man in Panik geraten müsste. Nicht vergessen, kühlen Kopf bewahren.

Beim Stichwort ›kühl‹ aber fällt mir plötzlich etwas ein. Oh mein Gott! Das ist einfach zu schrecklich. Ich fasse es nicht. Es gibt eben *doch* etwas, das alle Panik der Welt rechtfertigt. Das hatte ich vollkommen vergessen. In drei der ungeöffneten Metallkoffer befinden sich Blutreserven unserer Reisegruppe für etwaige Notfälle. Sie sind eindeutig mit unseren verschiedenen Blutgruppen markiert. Im Falle eines Unfalles oder eines Terroranschlags könnten diese Koffer über Leben und Tod entscheiden. Und auf den Koffern steht unmissverständlich: AUF RAUMTEMPERATUR HALTEN!

Ist das hier jetzt Raumtemperatur? Wohl kaum. Hier drinnen ist es wie in einem Backofen. Aaaah! Wie lang habe ich am Pool herumgehangen? Mindestens zwei Stunden! Zwei Stunden, in denen du das Leben deiner wunderbaren Kollegen und das des glamourösesten Paars der Welt aufs Spiel gesetzt hast. Das Leben aller auf dieser königlichen Reise ist deinetwegen in Gefahr, Sarah! An dein eigenes brauchst du jetzt nicht zu denken, Mädchen. Das ist ohnehin nichts mehr wert.

Mit Tränen in den Augen blicke ich auf die drei Metallkoffer. Unsere Blutreserven sind wahrscheinlich zu Blutwurst geronnen. Steh nicht einfach so da und gaffe! Tu etwas!

Ich nehme den Telefonhörer und gebe der Empfangsdame stammelnd einen Befehl.

»Bitte sprechen Sie langsamer«, antwortet sie. »Ich verstehe Sie nicht.«

Langsamer? Kann sie kein Englisch? Ganz ruhig, meine Liebe, sagt mein innerer Sarge. Englisch ist wahrscheinlich erst ihre vierte Fremdsprache. Schließlich sind wir in Spanien.

Ich holte tief Luft. »*Por favor,* ich brauche auf der Stelle einen Handwerker.«

»Sagen Sie bitte: Was ist ein Handwerker?«

Das ist ja lächerlich. Ich hole noch mal tief Luft.

»Ich gehöre zum Prince und der Princess of Wales, *comprende*? Im Moment haben wir hier einen Notfall, weil es keinen Strom gibt. Und dies könnte, aus Gründen, die im Augenblick zu kompliziert zu erklären sind, Menschenleben gefährden.«

»Also brauchen Sie einen Elektriker?«

Puh! Das hätten wir geklärt.

»Ja. Und, *por favor,* dies ist ein Notfall!«

Ich gratuliere mir, weil ich die letzten Worte nicht wie eine außer Kontrolle geratene Hysterikerin geschrien habe, obwohl ich mich im Moment genau so fühle. Bitte, lieber Gott, lass nicht zu, dass ausgerechnet jetzt ein baskischer Terroranschlag oder ein Verkehrsunfall passiert. Bitte.

Fünf Minuten später klopft es an der Tür, und herein kommt Senor Hotelwartungsmann. Er sieht mich blinzelnd an. Rasch wird mir klar, dass er nicht ein Wort Englisch spricht. Eine Katastrophe. Ich bin Sybil in *Fawlty Towers,* und vor mir steht der begriffsstutzige Manuel. In mir tobt der wahnsinnige Basil und verliert mit fuchtelnden Armen die Kontrolle.

Ganz ruhig, Sarah, befiehlt mir meine innere Nanny. Übernimm die Kontrolle. Der arme Mann sieht doch, wie dir die Panik aus allen Poren dringt. Er wirkt beunruhigt. Lächle, sprich langsam und verwende Zeichensprache. Es gelingt mir, ermutigend zu wirken und entsprechende Zeichen mit der Hand zu machen. Er wirkt zuerst verwirrt, aber dann, Gott sein Dank, begreift er. Meine Güte, mein seltsames Kauderwelsch hat funktioniert.

Eine Minute später gehen die Lichter an, der Fernseher erwacht zum Leben, die Computer fahren hoch, und die Klimaanlage fängt an zu dröhnen. Gut gemacht, Manuel! Du hast mir das Leben gerettet, ganz zu schweigen vom Leben des zukünftigen Königspaars von Großbritannien. Das wird dir das Vereinigte Königreich nie vergessen. Ich bin so glücklich, dass ich dich küssen könnte! Ja, ich küsse dich jetzt. Und damit drücke ich zuerst meine Lippen auf seine linke und dann auf seine rechte Wange. Gott segne dich, Manuel. *Muchas gracias* von Großbritannien.

Oh weh, Manuel sieht so nervös aus, als hätte ich ihn angegriffen oder so was. Er sammelt sein Werkzeug zusammen und tritt eilends den Rückzug an. Ich wollte nur dankbar und freundlich sein, Manuel. Ich wollte dich nicht erschrecken, signalisieren meine Augen mit flehendem Blick. Aber ich dachte, als Latino wären dir expressive Gefühlsbekundungen vertraut. Oh weh.

»Adiós, senorita.«

So was nennt man kulturbedingtes Missverständnis. Wahrscheinlich denkt Manuel, ich sei eine einsame und liebeshungrige Touristin, die ihn nur unter einem Vorwand ins Zimmer gebeten hat, weil sie einen Handwerker ganz anderer Art braucht. Ja,

Manuel, ich weiß, du bist der Wartungsmann, kein Gigolo. Ich wollte mich nur bedanken.

Ich holte tief Luft. Immer schön optimistisch bleiben, sage ich zu mir. Die Krise ist abgewendet. Die Blutreserven werden nicht überkochen, und Computer und Drucker sind betriebsbereit. Du bist Miss Moneypenny und hast alles unter Kontrolle.

Zwei Tage später landet die *Queen's Flight* wieder in England, diesmal auf dem RAF-Flugplatz Northolt. Meine Arbeitsbelastung der letzten achtundvierzig Stunden war gering: hier und da mal ein Brief zu tippen, normalerweise spät abends, überreicht von Peter oder Anne. Tagsüber hingegen hatte ich Zeit, am Pool zu liegen und an meiner Bräune zu arbeiten. Am Abend gab's Fernsehen mit Sarge.

Für mich also war es eine herrliche königliche Reise, ganz anders aber, so fürchte ich, für den Chef und die Chefin, die ich kaum zu Gesicht bekam. Den Seitenblicken und dem Zwinkern nach zu urteilen, die Peter und Anne wechselten, scheint die Missstimmung zwischen den beiden einen Höhepunkt erreicht zu haben. Aber als wir nach London zurückfahren, denke ich, schlechter kann es für das königliche Paar doch gar nicht mehr werden, oder?

November 1992

Wie aufregend! Ich werde gerade mit Sarah Ward, einer anderen Lady Clerk, nach Norfolk gefahren. Sarah ist außerdem HRHs Patenkind. Sie heiratet bald, daher zeigt sie mir, wie man für HRH auf Sandringham arbeitet, dem Anwesen der königlichen Familie bei King's Lynn.

Ich wage nicht zu fragen, weil es zu persönlich ist, aber ich würde schon gerne wissen, ob es nicht Sarahs Urgroßmutter war, die von HRHs Großonkel Edward VIII. so grausam fallen gelassen wurde, als er Wallis Simpsons Zauber erlag.

Geraldine hat gesagt, ich solle diese Geschäftsreise nach Sandringham als Beförderung betrachten. Offenbar hat HRH in Folge meiner Arbeit auf der königlichen Reise nach Spanien im Mai verfügt, ich sein ›ein feiner Kerl‹. Das ist zwar ungeheuer schmeichelhaft, aber HRH hat mich eigentlich kaum gesehen. Tatsache ist, dass wir bei unserer allerersten Begegnung zum letzten Mal miteinander gesprochen haben, also vor fast vier Jahren. Aber wer bin ich, dass ich die Gedankengänge des großartigen königlichen Gehirns ergründen könnte? Glücklicherweise scheint weder HRH noch sonst jemand bemerkt zu haben, dass die königlichen Blutreserven fast zu Blutwurst geronnen wären.

Ich frage mich, ob die Chefin auch anwesend sein wird. Ich bezweifle es. Nicht nach der in den Medien so schadenfroh ausgewalzten Schlammschlacht. Ich weiß noch genau, wie sie anfing. Wer nicht?

Im Juni kommt das Buch von Andrew Morton über die Chefin heraus und wird gleichzeitig in Fortsetzungen in einer Sonntagszeitung veröffentlicht. Kurz gesagt, stellt dieses Buch Ihre Königliche Hoheit als bedauernswertes Opfer dar, gefangen in einer Scheinehe, ausgenutzt und betrogen von einem ehebrecherischen Mann, der sie nicht liebt und nie geliebt hat. Die Nation war schockiert.

Dann werden im August in einer Zeitung die Mitschriften der berüchtigten ›Squidgy-Bänder‹ veröffentlicht. Dabei handelt es sich um die Aufzeichnungen von Telefongesprächen zwischen der Prinzessin und einem Mann, der sie ›Squidgy‹ nennt. Diese Telefonate wurden um Neujahr 1990 in Sandringham mitgeschnitten.

Im Wesentlichen läuft es bei diesen Aufzeichnungen darauf hinaus, dass die Chefin behauptet, das Leben mit HRH sei reine Folter. Es stellt sich heraus, dass die Stimme des Mannes einem ihrer alten Freunde gehört, einem ziemlich gut aussehenden Typen namens James Gilbey, mit dem sich die Prinzessin lange vor ihrer Zeit mit HRH traf. So viel zum Mythos ihrer vorehelichen Unschuld!

Jetzt haben wir einen Chef, den die Welt als kaltblütigen Ehebrecher, und eine Chefin, die die Welt als heißblütige Schlampe verurteilt. Und dabei weiß die Welt noch nicht mal von den anderen Liebhabern der Chefin! Wie kam es nur dazu?

Ich blicke aus dem Fenster. Wir sind nun seit fast drei Stunden unterwegs. Meine Güte, die Landschaft hier ist wirklich öde. Vollkommen flach und eintönig. Wer will hier leben? Fasane und Rebhühner, nehme ich an. Offenbar ist Nordnorfolk ziemlich entvölkert. Das überrascht mich kaum. Ich würde hier auch nicht gerne leben. Wirklich nicht.

Schließlich befinden wir uns vor einem Tor. Nachdem uns die Sicherheitskräfte überprüft haben, fahren wir eine lange Zufahrt entlang und sind schon fast da. Ich bin sicher, Sandringham ist wunderschön. Natürlich, anders kann es nicht sein. Schließlich ist es die Residenz Ihrer Majestät in East Anglia. Ich habe mir schon alles ausgemalt. Es wird romantisch sein, mit kleinen und großen Türmen, mit Zugbrücke und Wassergraben, ein richtiger Palast auf dem Lande, der einer Königin würdig ist.

Oh weh. Was stattdessen vor uns aufragt, ist ein großes, unscheinbares Backsteingebäude aus viktorianischer Zeit, das vollkommen jeglichen Reizes entbehrt. Im Gegenteil, ich muss an eines der düsteren Internate denken, in denen ich als Kind furchtbar unglücklich war.

Welch ein Unterschied zu Highgrove! Das nenne ich Schönheit und Stil. In georgianischer Zeit verstand man sich so viel besser auf den Bau von Landsitzen als in der viktorianischen, und das sage ich mit der Autorität einer Sekretärin für HRHs Architekturkomitee. Aber drinnen ist es bestimmt sehr nett, denke ich.

Wir treten durchs Portal. Ich werde kurz einigen anderen Angehörigen des Personals vorgestellt und dann nach oben gebracht. Wir steigen über zwei Treppen direkt ins Dach. Dort zeigt man mir mein Zimmer. Es liegt direkt im Dachgiebel. Oh mein Gott, es ist so klein! Es ist wirklich ganz genau wie im Internat. Es gibt ein altmodisches Waschbecken aus Emaille und ein hässliches Metallbett.

Habe ich irgendetwas falsch gemacht? Werde ich für etwas bestraft? Wenn ich daran denke, dass ich jetzt zehn Tage hier sein werde und mich noch nicht mal vom Großartigen George trösten lassen kann. Wie furchtbar deprimierend. Dann wird mir etwas mitgeteilt, was mich noch mehr erstaunt. Sarah sagt, mein Zimmer befände sich im Frauentrakt. Der Gang auf der anderen Seite der Treppe sei der Männertrakt. Ich hatte Recht. Dies *ist* ein Internat.

Dann zeigt mir Sarah das Büro. Im Moment gibt es einen Haufen Arbeit, weil Windsor Castle fast abgebrannt wäre. HRH hat darauf einen dreiseitigen Brief verfasst, den er nahezu jedem Feuerwehrmann zusenden will, der zu Hilfe eilte und verhinderte, dass das prächtige Schloss bis auf die Grundfesten abbrannte.

Anscheinend kamen Feuerwehrtruppen aus dem ganzen Land, daher muss ich eine Menge Leute anschreiben. Ich mache mich an meine Aufgabe. Ich muss sagen, es ist wirklich aufmerksam von HRH, all diesen Menschen mit einem so langen, wohlüberlegten Brief zu danken. Wie viele andere hätten auch lediglich eine Postkarte geschickt?

Während ich die Korrespondenz erledige, frage ich mich nebenbei, ob ich wohl HRH zu Gesicht bekommen werde. Wahrscheinlich nicht. Wer bin ich schließlich, im großen königlichen Zusammenhang gesehen? Ein Niemand, nur eine bescheidene Lady Clerk.

Am Abend erneuere ich meine Bekanntschaft mit Bernie, dem Butler, der zu HRH und nicht zur Königin gehört. Bernie bedenkt uns alle mit einem ungeheuer steifen Gin Tonic, genauer gesagt, einem großen Wasserglas mit Gin und Eis und einem winzigen Spritzer Tonic.

Das kommt jetzt wie gerufen. Danach lasse ich mich vor einem Teller Spaghetti Bolognese nieder. Da im Fernsehen nichts Interessantes läuft, versuche ich, mit ein paar Angehörigen des hiesigen Personals ins Gespräch zu kommen, aber sie wirken eher reserviert. Nun, sie stammen aus Norfolk, Konversation gehört also nicht gerade zu ihren Stärken, nicht wahr? Wie auch immer, auch wenn sie sich mehr Mühe gäben, könnte ich sie wahrscheinlich nicht verstehen. Also gebe ich es auf. Wo Sarah ist, weiß ich nicht. Ich nehme an, sie isst mit ihrem Patenonkel, dem Chef, zu Abend. Tja, dann kann ich genauso gut wieder an die Arbeit gehen und den Feuerwehrleuten danken.

Am nächsten Morgen kommt Commander Aylard zu mir. Das ist eine willkommene Überraschung. Ich werde gebeten, bei einem Jagdessen auszuhelfen, wo HRH und seine Kumpane sich nach den Anstrengungen einer Fasan- und Rebhuhnjagd einfinden werden. Ich frage mich, ob während meines Aufenthalts hier auch Royal Sandringham-Fasane auf dem Speiseplan stehen werden. Ich will es hoffen. Ja, Königliche Hoheit, ich bin mehr als glücklich, Ihnen sowohl als Sekretärin als auch als Kellnerin zu dienen.

Sarah fährt mich zu einem Gebäude, das aussieht wie ein Gemeindehaus. Ich habe wieder Schmetterlinge im Bauch. Ich betrete den Saal in der Erwartung, meinen Kellnerpflichten nachzukommen, da sehe ich, dass die Jagdgesellschaft schon da ist. Außerdem ist bereits ein runder Tisch mit Hockern als Sitzen aufgestellt worden. Vermutlich werde ich nebenan ein Sandwich mit Bernie essen.

Bernie reicht mir die Drinks. Plötzlich merke ich, dass Seine Großartigkeit direkt neben mir steht. Huch! Wie aufregend! Hach, er sieht so attraktiv aus in seiner Jagdkluft. Ich schleiche zu Bernie und flüstere ihm ins Ohr:

»Was soll ich jetzt machen?«

Bernie sieht mich verwirrt an. Er serviert gerade und ist nicht in der Lage zu antworten. Will mir bitte mal jemand sagen, was ich tun soll? Ich sehe hinüber zu Sarah Ward, doch sie unterhält sich angeregt mit einem der Gäste. Das mag für sie ja noch angehen. Schließlich gehört Sarah praktisch zur Familie. Aber ich nicht. Ich bin ein Niemand, der niemanden kennt. Panik überwältigt mich, und mir ist nach Heulen zumute.

Da kommt der Commander zu mir und lächelt: »Bedienen Sie sich doch«, sagt er und weist auf ein Tablett mit Getränken.

Nervös schenke ich mir etwas Rotwein ein. Ich frage mich, ob das klug ist. Dann schütte ich mir Wein hinunter. Mein Gott, ich habe das ganze Glas in einer knappen Minute hinuntergekippt. Das ist ja schrecklich! Die königliche Jagdgesellschaft wird den Eindruck bekommen, sie hätte eine Trinkerin in ihrer Mitte. Zu spät. Ich sehe mich um. Alle scheinen in ihr Jägerlatein vertieft. Ich schenke mir noch einen Wein ein. Ich trinke einen Schluck und dann noch einen. Ja, danke, jetzt geht's mir schon viel besser, und sieh an, das Glas muss schon wieder aufgefüllt werden. Ich gehe hin und schenke mir erneut nach. Das ist besser, viel besser. Ja, die Panik ist verschwunden.

Oh je, HRH sieht direkt zu mir herüber. Das ist zu viel! Ich werde gefeuert werden. Ich weiß es. Ich werde wegen Trunkenheit entlassen werden. Welch eine Schmach! Das werde ich nie verwinden. Bitte lieber Gott, lass ein Erdbeben kommen und Norfolks Boden mich verschlucken! Meine elende, erbärmliche Existenz sollte ausgelöscht werden. Oh Sarah, wie konntest du nur?

HRH öffnet den Mund. Ich wappne mich gegen das Unvermeidliche.

»Sarah«, sagt er.

Ich starre ihn wie gelähmt an. Oh je. Er weiß sogar meinen Namen. Seine Patentochter muss ihm gesagt haben, wer diese Alkoholikerin ist. Ich halte seinem Blick stand. Ich bin benommen und wie versteinert. Ich kann nicht sprechen. Er sieht mich prüfend an.

»Sie sind doch Sarah, oder?«

Ich nicke. Mach dich bereit, Mädchen. Deine Demütigung steht unmittelbar bevor.

»Möchten Sie sich nicht setzen?« Er zeigt auf einen Hocker.

Oh nein. Er wird mir kündigen. Bitte, HRH, es tut mir so leid. Ich weiß, ich werde nun meine Stelle verlieren. Ich wollte es nicht. Wirklich nicht. Aber ich weiß, was die Stunde geschlagen hat. Ich erwarte keine Kündigungsfrist. Ich werde mich ganz leise und ohne Aufhebens davonstehlen und mich irgendwo verkriechen. Aber bitte, bringen wir es hinter uns. Ich ertrag es nicht länger. Ich glaube, ich breche gleich in Tränen aus! Da schaltet sich meine innere Nanny ein.

Sei nicht albern, Mädchen! Er fordert dich gerade auf, dich zum Essen hinzusetzen. Sieh doch, schau dich um. Alle setzen sich, und du bist dabei. Wirklich? Ja, dummes Mädchen, wirklich. Und hör auf, ihn mit offenem Mund anzustarren. Du bist eine Lady Clerk, kein Fisch.

Ich setze mich, und dann lässt sich dieser riesige Mann neben mir nieder. Er ist massig. Sein Hintern ragt zu beiden Seiten über den Hocker, der kaum noch zu sehen ist. Der Arme, das muss ziemlich unbequem sein. Und wer sitzt rechts neben mir? Ich drehe mich um.

Oh mein Gott! Er ist es! Seine Großartigkeit höchstpersönlich. Und weil der Tisch so klein und der Mann zu meiner Linken so groß ist, wird mein Körper praktisch gegen seinen königlich-athletischen Leib gedrängt. Von Schulterschluss habe ich ja schon gehört, aber das hier ist geradezu grotesk!

HRH dreht sich zu mir. Er sieht mich an und öffnet seinen Mund. Bitte, Sarah, was immer du auch tust, vermassle es nicht, nicht wie letztes Mal. Du bist eine intelligente (manchmal zumindest) und gut erzogene (irgendwie jedenfalls) junge Frau. Du weißt, wie man Sätze bildet und Konversation betreibt. Wirklich? Ja. Also streng dich an!

»Hallo, Sarah. Behandeln sie Sie hier auch gut?«

Wer ist ›sie‹? Meint er das Personal? Wie aufmerksam. Wie nett. Hier sitzt mein zukünftiger König und fragt tatsächlich nach, ob man sich auch gut um mich kümmert. Da kann ich mich wohl kaum über mein Zimmer beschweren und um eine Suite bitten, oder?

»Oh, ja, Königliche Hoheit, sie behandeln mich ganz ausgezeichnet.«

»Gut, das freut mich«, antwortet er.

Dann setzen wir uns zurecht, um die Backkartoffeln, die Quiche und den Salat in Angriff zu nehmen, die Bernie uns serviert. Ich frage mich, ob ich aufstehen und ihm helfen sollte. Wahrscheinlich ja. Aber das scheint mir kaum angebracht, wenn sich in diesem für mich historischen Moment mein zukünftiger König an mich wendet.

»Ich würde mal sagen«, verkündet er mit einem Augenzwinkern, »es ist ein bisschen beengt hier.«

Ich starre in seine herrlich blauen Augen, schenke ihm ein mattes Lächeln und nicke.

»Mich stört das gar nicht, Königliche Hoheit.«

Meine innere Alarmsirene fängt an zu schrillen. Wie *konntest* du nur, Sarah! Du klingst ja wie ein billiges Flittchen! Du bist eine bescheidene Lady Clerk und nicht Mae West. Was wird er angesichts einer solch frechen Antwort von dir denken?

»Nun, Sarah, Sie haben doch bestimmt einen Freund, oder?«

Ich stehe kurz vor einer Ohnmacht. Schnell, hole jemand das Riechsalz! Gerade ist der Rubikon überquert worden. Ich dachte, dieser riesige Fluss würde sich immer, immer zwischen mir und meinem königlich erhabenen Dienstherrn befinden. Nicht nur, dass HRH mir die Ehre angedeihen lässt, neben ihm zu sitzen und auch noch mit ihm zu sprechen, jetzt besitzt er sogar die Freundlichkeit und Aufmerksamkeit, sich vom Sicheren und Allgemeinen (die Jagd, das Wetter) zum Persönlichen (der Freund) zu bewegen.

»Ja, Königliche Hoheit, ich habe einen Freund. Sein Name ist George.«

HRH bedenkt mit gerunzelter Stirn diesen Namen und geht zweifellos im Geiste die vielen Georges in seiner illustren Verwandschaft durch.

»Erzählen Sie mir doch etwas über George.«

Also erzähle ich ihm etwas, in aller Kürze natürlich. Schließlich will ich den Chef auf keinen Fall langweilen.

»Um ehrlich zu sein, Königliche Hoheit, weiß ich nicht so genau, was George beruflich macht. Ich glaube, er arbeitet irgendwo in der City.«

HRH sieht mich an und nickt. Gott, was soll ich noch sagen?

»Aber, Königliche Hoheit, mir ist wichtig, dass er nett ist und aussieht wie Richard Gere.«

Oh du meine Güte! HRH runzelt die Stirn. Er hat keine Ahnung, wovon ich eigentlich spreche.

»Sarah, ich hoffe, Sie werden es mir nicht übel nehmen, wenn ich Ihnen etwas sage.«

Ich schüttele schwach den Kopf. Ich spüre, wie sich mein restlicher Körper ebenfalls schüttelt. Mein Busen wabbelt nur fünf Zentimeter von seiner Brust entfernt. Hat er den Wein in meinem Atem gerochen? Habe ich etwa eine Fahne? Oh Gott, was wird er jetzt sagen?

»Bitte verstehen Sie mich nicht falsch, und ich hoffe *wirklich*, Sie nehmen es mir nicht übel.«

Er verstummt. Ich werde gleich ohnmächtig. Ich rieche. Ich dünste Alkohol aus. Er versucht, nett zu sein. Ich sehe, dass er mir sagen will, dass ich wie eine Schnapsdrossel stinke. Er versucht, die richtigen Worte dafür zu finden. Keine Sorge, Königliche Hoheit, ich weiß, was ich bin. Ich bin ein Schandfleck.

Er setzt erneut zum Sprechen an. »Es reicht, wenn Sie mich einmal pro Tag ›Königliche Hoheit‹ nennen. Danach genügt ›Sir‹.«

Ich schlucke. »Ja, Sir.«

»Gut. Lieben Sie Ihren George?«

Wow, jetzt kommen wir vom Persönlichen zum Intimen!

»Nun, Königliche Hoheit – Entschuldigung, Sir – das ist schwer zu sagen. Jedenfalls empfinde ich starke Gefühle für ihn.«

»Gut. Glauben Sie, Sie werden ihn heiraten?«

Das hat mich noch keiner gefragt!

»Das weiß ich wirklich nicht, Sir. Da hat George schließlich auch noch mitzureden.«

HRH denkt darüber nach.

Die Princess of Wales kniet für eine Gruppenaufnahme beim Betriebsausflug auf eine Cartbahn in Clapham. Neben ihr bin ich, damals noch brünett.

St. James' Palace, mein Arbeitsplatz.

Major James Hewitt,
der ehemalige Leibwächter
und Geliebte von Diana,
der Princess of Wales,
führt seinen Hund aus.

Prinzessin Diana mit ihrem Personal Protection Officer, Ken Wharfe.

Mervyn Wycherley, Dianas ehemaliger Küchenchef, im Park des Kensington Palace, Prinzessin Dianas Wohnsitz.

Jimmy Savile mit Prinzessin Diana im September 1988 in Clifford, Yorkshire, nachdem er sie überredete, sich unters Volk zu mischen.

HRH's Architecture and Planning Group beim Ausflug nach Strawberry Hill.
Von links nach rechts: Brian Hanson (›Fondant Fancy‹), Christopher Martin, Candida Lycett-Green, Prof. Keith Critchlow, HRH, ein Ratsherr, Colin Amery, Prof. Jules Lubboch, Christopher Gibbs, Mary-Anne Malleret, ich.

Sandringham: Mein Büro war oben hinter dem Hof zur Rechten.

Meine Kollegin und Freundin Victoria Mendham mit Prinzessin Diana.

Balmoral Castle.

Michael Fawcett,
der unentbehrliche frühere Valet
des Prince of Wales.

Blumen vor dem St. James' Palace,
einen Tag nach der Beisetzung von
Diana, der Princess of Wales.

Candida Lycett-Green,
eine der Berühmtheiten der
Architecture and Planning Group.

Ich mit einem Steward der
South African Airways während
der Afrikareise der Royals 1997.

ruppenfoto der Reisegesellschaft, aufgenommen im Garten der Residenz des britischen igh Commissioners. Von links nach rechts: ordere Reihe) Leibarzt, Nick Archer ssistant Private Secretary), HRH, Sandy enney (Royal Press Secretary), John Lavery querry), Peter Clarke (hochrangiger eamter der Metropolitan Police); (hintere eihe) Iain MacRae (HRH's Personal otection Officer – ein Doppelgänger von el Gibson; Iain ist mittlerweile der Motorke Protection Officer von Prince William), arolyn Robb (HRH's Küchenchefin), Clive llen (HRH's Valet), Amanda Neville resse), Superintendent Colin Trimming IRH's Protection Officer), ich, Dobson IRH's Valet), Juliet Franks (Lady Clerk), on Lewis (Travelling Yeoman).

Tiggy Legge-Bourke, »Laufbursche der Royals«..

Eine typische Führung durch die Gartenanlage von Highgrove. Im Vordergrund ein von Willy Bertram angelegter Teich, gesäumt von Weichem Frauenmantel, der überall wuchernden *Alchemilla mollis.*

HRH mit seinem Freund, dem Duke of Westminster, Mr. Sexy Holzkopf.

Karen Humphries und ich im Cavalry and Guards Club, kurz nach meiner Dekorierung mit dem MVO.

Camilla, Duchess of Cornwall, mit ihrer Tochter Laura und Prince Charles beim ersten Rennen des Cheltenham Festivals 2006.

Ich, nachdenklich, 2005.

»Ja, das mit dem Heiraten ist eine vertrackte Angelegenheit.«

Plötzlich wirkt er tieftraurig. Ich spüre, wie mich meine Gefühle überwältigen. Man kann den Schmerz in seinem Gesicht sehen. Er ist offensichtlich ein so anständiger Mensch. Die Chefin ist einfach nicht die Richtige für ihn. Aber ich will die Hoffnung nicht aufgeben. Wer weiß? Sie könnten es immer noch hinkriegen.

»Wissen Sie, ich finde großen Trost in der Bibel.«

Er verstummt erneut. Ich könnte heulen. Der Arme, er leidet solchen Kummer. Das ertrag ich einfach nicht. Ich nehme meine Serviette und tupfe damit am Auge herum. HRH sieht mich besorgt an.

»Keine Sorge, Sir. Mir ist da wohl eine Wimper ins Auge geraten.«

»Oh, ich hoffe, es ist nicht zu schlimm.«

»Es geht schon, Sir, wirklich.«

»Oh, gut.«

Und dann fährt HRH fort, kurz seinen Glauben zu erläutern. Ich bin vor allem angetan von der Vorstellung, der Tod sei unsere nächste große Reise. Ich weiß nicht, ob er damit Recht hat, bin aber überzeugt, dass er es vollkommen aufrichtig meint. Und es rührt mich, dass er mich ins Vertrauen zieht. Man stelle sich vor, ein Gespräch unter vier Augen mit dem zukünftigen König!

Da brüllt der Mann zu meiner Linken etwas, und bald widmet sich der ganze Tisch wieder der ausgelassenen Erörterung der Geschwindigkeit und Flughöhe der Wildvögel, die am Morgen gejagt wurden.

Ich sehe mich um. Im Moment bin ich vollkommen ruhig und selbstsicher, eingezwängt zwischen Seiner Prächtigkeit zu meiner Rechten und Seiner Massigkeit zu meiner Linken. Ziemlich oft unterhalten sie sich über meinen Kopf hinweg. Das stört mich jedoch keineswegs. Ich spüre förmlich die Wärme und Zuneigung, die zwischen HRH und diesem riesigen Burschen herrscht.

Gut, denke ich, Sie brauchen solide Freunde, Sir. Und wer eignete sich dafür besser als dieser korpulente Bursche mit der Figur eines Sumoringers und der Stimme eines Nebelhorns? Ich frage mich, wie er wohl heißt. Soll ich mich erkundigen? Nein, auf keinen Fall.

Plötzlich wendet sich seine Korpulenz zu mir und spricht mich lächelnd an.

»Hallo. Wir sind einander noch nicht vorgestellt worden. Mein Name ist Nicholas, Nicholas Soames.«

Wenn ich nicht so feststeckte, würde ich vor Verblüffung glatt vom Hocker fallen. Das ist also *der* Nicholas Soames. Wow! Zwar kenne ich mich in der Politik nicht aus, weil es meiner Meinung nach so langweilig ist, aber selbst ich kenne den großen und illustren Nicholas Soames, den Landwirtschaftsminister der Konservativen und Enkel, man glaubt es kaum, des größten Engländers aller Zeiten: Winston Churchill.

Ich habe dem großen Minister sogar ein paar Briefe geschrieben, natürlich nicht privat, sondern für Seine Herrlichkeit. Welch eine Ehre, Sir, Sie kennen zu lernen, selbst wenn Ihre rechte Hinternhälfte sich nun schon auf meinem Hocker breit macht. Wenn Sie wollen, kann sie sich noch breiter machen. Sie können sie sogar auf meinem Schoß parken! Das stört mich nicht. Es wäre mir eine Ehre.

Was ich Ihnen sagen möchte, Mr. Soames, aber offensichtlich nicht schaffe, ist, wie sehr ich mich freue, dass Sie ein Freund von HRH sind. Mit einem robusten Burschen wie Ihnen an der Seite kann HRH wohl alle Angriffe der frechen Medien und dieses unverschämten Mr. Morton überleben, der den Chef in seinem tendentiösem Buch in derart schlechtem Licht erscheinen ließ.

Der glorreiche Protz in Gestalt des wunderbaren Mr. Soames wird plötzlich von einem seltsam aussehenden Mann von der gegenüberliegenden Tischseite angesprochen. Er wendet ihm seine Aufmerksamkeit zu. Während Nicholas Soames einen runden Schädel hat, hat dieser Kerl einen viereckigen. In der Tat ist seine Schädeldecke so flach, dass er aussieht wie ein Geschöpf von Dr. Frankenstein. Im Stillen rechne ich schon damit, an beiden Seiten seines Kopfes Schrauben zu sehen. Aber abgesehen davon ist er ziemlich attraktiv. Zumindest finde ich das. Er hat dunkle, buschige Augenbrauen, die in der Mitte zusammengewachsen sind, und einen üppigen dunklen Haarschopf wie Hugh Grant.

Ich frage mich, wer dieser sexy Holzkopf ist. Ich erhasche einen Blick von ihm. Aber er mustert mich, als wäre ich irgendeine niedrigere Lebensform, und wendet sich dann ab, um mit jemand anderem zu sprechen. Charmant sind wir ja nicht gerade, Mr. Holzkopf, wer auch immer wir sein mögen! Vielleicht aber sind Sie auch nur schüchtern, und ich schätze Sie falsch ein. Plötzlich höre ich, wie jemand den Holzkopf mit ›Gerald‹ anredet. Aha, wir haben auch einen Namen.

Einige Minuten später erhebt sich die Jagdgesellschaft und macht sich zum Aufbruch bereit. Wildgeflügel von Norfolk, deine Jäger sind auf dem Weg. Mach dich bereit, einen ruhmreichen Tod zu sterben. Die königliche Tafel erwartet dich!

Dann helfen Sarah und ich Bernie beim Aufräumen und fahren zurück zum Haus.

»Wer ist denn dieser Gerald?«, frage ich.

»Oh, das ist Gerald Westminster.«

Ich blicke aus dem Fenster und tue so, als wäre ich weder besonders interessiert noch beeindruckt. Das wäre uncool. Innerlich aber lasse ich einen Schrei los. Er kam mir gleich so bekannt vor. Natürlich, *er* war das. Holzkopf, der Duke of Westminster. Und kein gewöhnlicher Duke, wenn es denn überhaupt so etwas gäbe. Nein, dieser Gerald ist der reichste Duke der Welt. Millionenschwer. Ungefähr fünftausend Millionen Pfund schwer. Mann! Kein Wunder, dass er mir so attraktiv erschien mit seinem guten Aussehen und seiner souveränen Überlegenheit, die er einer verfeinerten Erziehung und Tonnen von Geld verdankt.

Ich denke über die Jagdgesellschaft nach. Ich komme mir vor, als hätte ich gerade bei Madame Tussaud zu Mittag gegessen. Nahezu jeder, mit dem ich heute zu tun hatte, ist eine Berühmtheit. Nur habe ich sie leibhaftig gesehen und nicht als Wachsfigur.

»Nicholas Soames ist witzig«, sage ich.

»Ja«, erwidert Sarah, »er kann ziemlich komisch sein.«

Zurück in Sandringham, nimmt Sarah ihre Koffer und bricht dann nach London auf. Sie kann sich auf ihren zukünftigen Ehemann freuen, während ich hier noch weitere neun Tage in diesem deprimierenden Mausoleum verbringen muss.

Als ich am Abend in meinem grässlichen Zimmer schlafen gehe, verweile ich in Gedanken noch bei dem nur allzu sichtbaren Kummer des Chefs. Wie kann aus Seiner Königlichen Traurigkeit Seine Königliche Fröhlichkeit werden? Das ist hier die Frage. Vielleicht ist Camilla Parker-Bowles die Antwort. Wie die meisten Männer braucht HRH uneingeschränkte Liebe und Unterstützung. Und ausgehend von dem, was ich so mitgekriegt habe, bekommt er das von der Chefin nicht. Zumindest seit vielen Jahren nicht mehr, wenn überhaupt jemals.

Aber was wird dann mit Camillas Mann, Colonel Parker-Bowles? Er braucht doch auch jemanden in seinem Leben. Vielleicht könnte seine Liebe zu Prinzessin Anne wieder entflammen? Das wäre doch eine saubere Lösung, oder nicht? Der Colonel und seine Frau lassen sich scheiden. Camilla heiratet HRH, und der Colonel heiratet HRHs Schwester Prinzessin Anne. Dann wären sie alle verschwägert! Nein, das ginge nicht. Prinzessin Anne ist schon verheiratet.

Und was ist mit der Chefin? Die hat doch schon einen ganzen Stall, aus dem sie wählen könnte. Offen gestanden könnte sie mit ihrem Charme jeden Mann der Welt haben, die Glückliche. In diesem Buch von Morton behauptet sie, sie liebte den Chef, oder hätte ihn zumindest geliebt. Aber liebt sie ihn wirklich, oder will sie nur die Kontrolle über ihn? Das ist ein großer Unterschied. Wenn es stimmt, was Mindy erzählt, hat sie sich jedenfalls nie so benommen, als liebte sie ihn wirklich. Könnte der Finger schleckende Sir Jimmy doch noch die königliche Ehe retten, oder überstiege das seine Fähigkeiten? Wird sich alles noch auflösen? Wo wird das alles enden? Die Komplexität des Ganzen lässt mich nicht los.

Ich werfe mich in meinem quietschenden Bett herum. Eine weitere Frage: Werde ich jemals die mittlerweile so berüchtigte Camilla kennen lernen? Wahrscheinlich nicht. Nach der öffentlichen Schmach, welche die Veröffentlichung von Mr. Mortons Buch ihr bescherte, ist sie gewiss untergetaucht. Ich könnte mir vorstellen, dass HRH Camilla sicher an irgendeinem sehr abgeschiedenen Ort versteckt hat.

Ich schlafe ein.

Als ich wieder erwache, frühstücke ich zuerst und will dann in mein Zimmer zurück, um mich frisch zu machen, da teilt Commander Aylard mir mit, wenn ich wollte, könnte ich gerne mit der königlichen Gesellschaft zur Kirche gehen. Ja, natürlich will ich mit. Ich muss Gott fragen, ob ich George heiraten soll, falls George mich will, außerdem will ich ihm für diesen wunderbaren Job danken. Ich betrachte mich im Spiegel. Ja, Sarah, das wird gehen.

Ich gehe die Treppe hinunter, um mich den anderen anzuschließen. Als ich in die Halle komme, blinzele ich und gleich darauf noch einmal. Jetzt genügte eine Feder des Prince of Wales, um mich umzuhauen. Haltung, Mädchen! Ganz ruhig. Vergiss nicht, du bist im königlichen Wunderland. Nichts, aber auch *gar nichts* sollte dich da überraschen. So ist es gut. Lächle, sei unbekümmert und sprich, als wäre alles ganz normal, was es ja natürlich auch ist. Du magst verblüfft sein, musst aber so tun, als wäre alles vollkommen in Ordnung.

»Guten Morgen, Königliche Hoheit.«

»Guten Morgen, Sarah.«

Ich gehe hinüber zu Commander Richard Aylard.

»Schönes Wetter heute.«

»Ja, für November ist es angenehm mild. Es scheint, als hätten auch wir unseren Indian Summer.«

HRH fragt, ob alle da sind, und dann marschiert die Gruppe aus acht Personen durch die frische Novemberluft zur Kirche von Sandringham. Die Sonne scheint, und ein leichter Wind weht. Vor mir, nicht mal einen Meter entfernt, geht ganz ruhig die Frau, von der alle Welt spricht. Ja, sie ist es höchstpersönlich: Camilla Parker-Bowles!

Wie ist sie hierher gekommen? Ist sie einfach hergefahren? Oder hat sie sich im Kofferraum von jemandem versteckt? War sie vielleicht das ganze Wochenende mit HRH zusammen?

Ich schwatze weiter mit Commander Aylard über das launenhafte Wetter und tue so, als sei alles ganz normal.

Was um alles in der Welt denkt sich HRH eigentlich, schreit es in mir. Ich verstehe ja, dass er mit seiner Vertrauten zusammen sein will, aber doch nicht in aller Öffentlichkeit! Am liebsten würde ich auf ihn zustürzen und ihm befehlen, umzukehren. Schnell, bevor es zu spät ist.

Was ist, wenn vor der Kirche ein Reporter, ein Fotograf oder Kameramann auf uns wartet? Begreifen er und Camilla denn nicht, dass es nach all den Spekulationen und Unerfreulichkeiten in den Medien ein Heidenspektakel geben wird, sollten sie zusammen gesehen werden? Nur ein einziges Foto von den beiden wird zu diesem Zeitpunkt jeden in seinem schlimmsten Verdacht bestätigen.

Ich wappne mich in Erwartung eines Blitzlichts. Aber kein Reporter, Fotograf oder Kameramann wartet auf uns. Puh! Und in der Kirche verzieht auch sonst niemand angesichts der berüchtigten Mrs. Parker-Bowles die Miene. Ja, abgeschiedener als in Sandringham kann's wohl wirklich nicht mehr sein. Aber welch ein Risiko die beiden eingehen!

Nach dem Gottesdienst gehen wir alle zurück, und dann verschwinden Camilla und HRH in den höhlenartigen Tiefen des Royal House, wo Lady Clerks niemals Zugang finden. Und für den Rest meines Aufenthalts bekomme ich die beiden nicht mehr zu Gesicht.

Dezember 1992
Es ist Weihnachten, und ich bin bei meiner Familie in Shropshire. Wir sitzen gerade beim Weihnachtsessen. Die Weihnachtsessen meiner Mutter sind unvergleichlich. Sie zaubert uns immer wieder Unbeschreibliches. Aber ich muss sagen, dass HRH sich zwei Wochen zuvor ebenfalls in der Wahl des Restaurants für die Weihnachtsfeier des Personals übertraf. Er entschied sich für eine kürzlich entweihte Kirche, die in ein Restaurant namens Mossiman's umgewandelt worden ist. Mossiman's befindet sich in der West Halkin Street in Belgravia. Und Belgravia ist, wie jeder weiß, im Besitz des Duke of Westminster, Mr. Sexy Holzkopf höchstpersönlich!

Wir waren alle etwas beklommen, weil erst eine Woche zuvor der Premierminister, der nette Mr. Major, die Trennung meiner Arbeitgeber bekannt gegeben hatte. Würden sowohl der Chef als auch die Chefin kommen?

Meine Freunde außerhalb des Palastes sind wegen des Buchs von Morton und der ›Squidgy-Bänder‹ nicht allzu überrascht über die Trennung. Einige meiner Freunde geben Camilla die Schuld, andere hingegen nicht etwa dem schneidigen Mr. Gilbey, sondern Captain James Hewitt, der gerade Druck von der Presse bekommt, das kann ich Ihnen sagen.

Warum stürzen sie sich auf ihn? Warum kommen all die anderen Liebhaber ungeschoren davon? Die Presse ist wild entschlossen, den Captain zu vernichten. Neulich, auf einer Party, trat sogar ein ehemaliger Offizier der Army an mich heran, der nun als Journalist arbeitet, und besaß doch die Frechheit, mich zu fragen, ob ich irgendetwas Nachteiliges über Captain Hewitt wüsste! Woher sollte ich etwas wissen, abgesehen von dem natürlich, was Mindy mir erzählt, und das werde ich nicht verraten. Ich kenne den Mann ja noch nicht einmal!

Die Jagdsaison auf den armen Captain Hewitt ist eröffnet, dabei diente er doch, wie ich hörte, tapfer und ehrenhaft im Golfkrieg. Vielleicht weiß die Presse nicht, dass seine Beziehung zur Chefin in königlichen Kreisen sogar *begrüßt* wurde. Oder sie weiß es, kümmert sich aber nicht darum. Ich könnte mir vorstellen, dass der Captain jetzt lieber wieder im Irak wäre und dem Feind gegenüberstünde, als die Angriffe der britischen Presse über sich ergehen zu lassen. Im Irak könnte er zumindest zurückschlagen.

Wie auch immer, beide erschienen, der Chef und die Chefin, getrennt natürlich. Wir waren auf dem Kirchturm und blickten hinunter auf das Restaurant. Es war wirklich ganz zauberhaft.

Dieses Jahr lautete das Motto ›Tiere‹, und ich saß an einem Tisch namens ›Ente‹. Leider saß HRH dieses Mal wieder nicht neben mir. Aber das Essen im Mossiman's war vorzüglich. Ja, das Weihnachtsessen konnte es durchaus mit Mummys aufnehmen, und ein höheres Lob kann ich gar nicht aussprechen. Gut gemacht, ihr vom Palast!

Es ist bei uns in Shropshire üblich, beim Weihnachtsessen die Geschenke auszupacken, und ich öffne gerade ganz kribbelig vor Aufregung das Päckchen Ihrer Königlichen Hoheiten. Ja, dieses Jahr habe ich auf Bitten meiner Familie bis Weihnachten gewartet, damit die anderen meinen Nervenkitzel teilen können. Ich weiß, das ist kindisch, aber ich finde, wenn man Weihnachten nicht das Kind in sich heraus lässt, dann stimmt was nicht mit einem.

Zuerst lese ich die Weihnachtskarte, die von HRH persönlich unterzeichnet ist. Dann ist es Zeit für das große, rote Päckchen mit der grünen Schleife. Ich ziehe die Schleife auf. Meine Familie um mich herum sieht zu. Ich greife in das Päckchen und hole zwei Trinkkelche hervor, die achteckig geschliffen sind und eine wunderschöne Gravur mit dem Wappen des Prince of Wales tragen. Meine Familie schnappt bewundernd nach Luft. Oh danke, Königliche Hoheiten!

Ja, es ist genau dasselbe Geschenk wie letztes Weihnachten. Jetzt habe ich nicht zwei, sondern vier Trinkkelche in meiner königlichen Sammlung. Fantastisch! Ich werde diese beiden neuen zu den anderen ganz unten in die Kommode packen. Ich glaube, sie werden die perfekten Schmuckstücke für mein zukünftiges Heim sein, vielleicht wenn ich verheiratet bin … bald, mit George, wie ich hoffe.

Um drei Uhr schalten wir den Fernseher ein, um die Weihnachtsansprache der Queen zu sehen. Sie verkündet der Welt in einer Sprache, die seit tausend Jahren niemand mehr spricht – Latein – , dass sie ein schreckliches Jahr hinter sich hat. Ja, das wissen wir alle. Zuerst das Feuer, das fast ein Viertel von Windsor Castle zerstört hat; dann die Trennung von Prinz Andrew und Sarah, der Duchess of York; und schließlich die offizielle Trennung ihres ältesten Sohnes und seiner Frau, meiner Arbeitgeber.

Meine Güte, was konnte die Welt über Fergies Sexspielchen mit ihrem texanischen ›Finanzberater‹ John Bryan lachen, die sie in ihrem Urlaub in Südfrankreich trieb. Es ist schon schlimm genug, wenn Ehebruch öffentlich wird, aber beim Zehennuckeln fotografiert zu werden, ist totale Demütigung. Doch für Ihre Majestät ist das Schlimmste jetzt bestimmt überstanden. Wie heißt es so schön: Nach dem Tiefpunkt kann es nur noch bergauf gehen.

Eines jedoch stört mich bei der Ansprache. Ich verstehe ja, dass wir alle dazu neigen, in unserem natürlichen Idiom zu reden. Wenn man zudem die angeborene Reserviertheit Ihrer Majestät bedenkt, kann man begreifen, dass sie sich unwohl dabei fühlt, sich ganz direkt mitzuteilen. Aber trotzdem bedeutet Kommunikation mittels einer toten Sprache nicht nur eine verschwendete Gelegenheit, sondern kann dem Publikum, das man zu erreichen sucht, darüber hinaus eine irreführende Botschaft übermitteln.

Als Ihre Majestät so famos verkündete, sie hätte ein ›*annus horribilis*‹ gehabt, erkannte ich an den entsetzten Gesichtern meiner Familienmitglieder, dass sie etwas vollkommen anderes verstanden hatten. Ich hatte den Eindruck, sie hätten, wenn auch nur kurz, gemeint, ihre Königin hätte gestanden, an einer unappetitlichen Krankheit zu leiden, die etwas mit ihrem Hinterteil zu tun habe. ›Annus‹ und ›Anus‹ sind sehr leicht zu verwechseln.

Wie viele ihrer Untertanen im Vereinigten Königreich und Commonwealth sprechen denn Latein? Nicht mal einer unter tausend. Zwar verstehe *ich* Ihre Majestät ganz gut (dank eines geduldigen Lateinlehrers), aber ich wette, die meisten anderen Zuschauer waren verwirrt. Eine vergeudete Gelegenheit.

Hören Sie auf die Worte einer bescheidenen Lady Clerk, Ma'-am. Dies ist meine Weihnachtsbotschaft an Sie: Sagen Sie Ihren treu ergebenen Untertanen, wie es ist – ganz direkt. Sie hatten ein *saumäßiges* Jahr. (Dramatische Pause) Ja, es war grässlich.

Allerdings umfasst Kommunikation nicht nur Worte allein. Tun Sie doch so, als müssten Sie sich eine Träne wegwischen (wenn eine echte nicht kommen will). Dies würde die dramatische Wirkung verstärken. Dann würden die Zuschauer sich mit Ihnen verbunden fühlen. Warum? Weil diese viel mehr saumäßige Jahre hinter sich haben, als Sie sich überhaupt vorstellen können. Sie werden mit Ihnen fühlen und Sie dafür lieben können. Denken Sie immer daran: der Wert einer Monarchie besteht in der Fokussierung der Gefühle – diese Erkenntnis verdanke ich Geraldine, meiner Mentorin bei den Royals.

Obwohl die Chefin nicht Ihre Erziehung genossen hat und noch nicht mal einen Abschluss vorweisen kann, hat sie dies jedoch ganz und gar verstanden. Verzeihen Sie mir meine Kühnheit, Majestät, aber schneiden Sie sich eine Scheibe von Ihrer Schwiegertochter, der Princess of Wales, ab.

Fröhliche Weihnachten.

6.

Cocktails und Leidenschaft

Februar 1993

Wie das Leben sich plötzlich ändern kann. Noch vor zwölf Stunden hoffte ich, George würde aus mir eine ehrbare Frau machen. Vor elf Stunden dann treffe ich dieses umgängliche Monster, das mich um den Verstand bringt. Buchstäblich. Leb wohl, Richard Gere. Sei mir gegrüßt, Hugh Grant.

Natürlich ist es nicht *der* Hugh Grant. Aber wenn man die Gefühlsexplosion letzte Nacht bedenkt, hätte es ebenso gut der große Filmstar höchstpersönlich sein können. Jetzt liege ich nackt in seinen Armen, während das Morgenlicht in sein Schlafzimmer dringt, und denke, dass ich doch eine Schlampe bin, aber – kann man es glauben – ganz offen gestanden darauf pfeife. Was ist mit mir geschehen? Einfach unerklärlich. Ich blicke in seine traumhaften Augen, sinniere über seine mehr als mäßigen Anmachsprüche und sage mir, dass ich einen ganz großen Fehler mache.

In einer gewissen Lebensphase passiert das jedem Mädchen einmal: ein One-Night-Stand. Und wenn wir schon bei der Wahrheit sind, passiert es auch viel öfter als einmal, nicht wahr? Ich fahre mit meinen Fingern über seinen schlanken Prachtkörper. Wer ist er, dieser schrecklich unwiderstehliche Mann, der mich in seine Wohnung gelockt und verführt hat? Was machte er noch beruflich? Ah ja, er sagte, er sei Unternehmer, der Firmen auf- und weiterverkauft.

Das sagte er mit derartiger Selbstsicherheit, dass ich ihn letzte Nacht für jemanden wie Jimmy Goldsmith oder George Soros hielt. Aber wenn ich mich jetzt so in seiner Wohnung umsehe, muss ich davon ausgehen, dass er nicht ganz in ihrer Liga spielt, denn sonst wäre ich sicher in einer Wohnung in Belgravia aufgewacht, die er von Mr. Sexy Holzkopf gemietet hätte, Gerald, dem Duke of Westminster, Britanniens aristokratische Antwort auf Donald Trump. Aber so wie es aussieht, befinde ich mich in einer sehr merkwürdigen Gegend; auf der anderen Seite des Flusses genau genommen. Ja, ich denke, wir haben es hier eher mit einem Del Boy der Firmenwelt zu tun, einem Mann, der das Geld liebt, einem wendigen Glücksritter, einem Mann mit Mumm in den Knochen.

Apropos Mumm, was haben wir denn da? Aha, ich glaube, die Purpurwinde, des Morgens Glorie, reckt ihr Haupt. Nun, da ich jetzt ohnehin als Schlampe verrufen bin, kann ich auch das Beste daraus machen!

Als eine Stunde später unsre fleischlichen Gelüste gestillt sind, stürze ich mich unter die Dusche. Dann ziehe ich mich an und werfe einen Blick auf meine Uhr. Mist! Es ist schon spät, und um zehn Uhr werde ich zu einem Treffen mit Fondant Fancy, dem illustren Vorsitzenden der Architecture and Planning Group, im St. James' Palace erwartet. Ich hoffe, Fondant Fancy wird mich nicht wegen des letzten Teils der Mitschrift unserer jüngsten Konferenz tadeln.

»Wo genau sind wir eigentlich?«, frage ich meinen unrasierten Don Juan.

Er reicht mir eine Tasse Kaffee, blickt mir geradewegs in die Augen und antwortet: »In den Docklands.«

In den Docklands! Oh mein Gott. Das ist ja unglaublich weit weg vom Schuss! Was zum Teufel mache ich mit einem Mann, der in den Docklands wohnt? Das ist nicht nur geografisch meilenweit von meinem Zuhause und meinem Büro entfernt, sondern kulturell gesehen die Wüste Kalahari. Was haben wir da gemeinsam? Nichts! Dies ist wirklich ein ganz großer Nachteil.

Ich schnappe mir meine Tasche und stürze zur Tür hinaus. Glücklicherweise habe ich einiges an Bargeld dabei: Vierzig Pfund sollten doch für die Taxifahrt aus diesem verdammten Niemandsland reichen.

Oh, Sarah, wie konntest du nur? Dich in einen smarten, kleinen Geschäftemacher vergucken, der ausgerechnet hier wohnt. Und wie wirst du Fondant Fancy deine Verspätung erklären? Mit einem Termin beim Arzt? Ach, komm schon, auf diese olle Kamelle wird er nicht mehr reinfallen. Außerdem hast du das schon beim letzten Mal gesagt. Ach, Sarah, deine Karriere im Palast steht kurz vor dem Ende – und das alles für einen kurzen Augenblick der Lust mit einem zungenfertigen Glücksritter.

Hektisch winke ich ein Taxi heran und springe hinein.

»Hören Sie, ich weiß, es ist eine ziemliche Strecke, aber bitte bringen Sie mich zum anderen Ende von London!«

»Ja, Madam, aber wohin genau?«

Nun, ich habe ihn ja vorgewarnt. »Zum St. James' Palace.«

Der Taxifahrer bedenkt mich mit einem merkwürdigen Blick und fährt los. Nun, denke ich, wahrscheinlich ist er noch nie auf die andere Seite der Stadt gefahren. Ich sehe noch mal auf die Uhr. Oh je, ich hatte Recht. Es ist viel zu spät, um noch nach Hause zu fahren und sich umzuziehen. Das wird echt peinlich werden. Was werden meine Kollegen denken? Wofür wird mich Fondant Fancy halten, wenn ich in diesem nuttigen Abendoutfit auftauche? Aber wahrscheinlich wird er es gar nicht bemerken: schließlich bin ich kein Bauwerk.

Plötzlich bemerke ich, dass wir über eine Brücke fahren. Das ist seltsam. Ich dachte, die letzte Brücke am Fluss sei die Tower Bridge. Müßten wir nicht durch den Blackwall Tunnel fahren?

»Entschuldigen Sie«, sage ich zum Taxifahrer, »ich weiß, die Frage klingt ein wenig seltsam, aber wo genau sind wir eigentlich?«

»Nun, Madam, wir befinden uns zwischen Battersea und Chelsea.«

Absolut fassungslos lasse ich mich in meinen Sitz zurücksinken. Angelsächsische Kraftausdrücke explodieren in meinem Kopf. Nicht nur hat mich dieser unglaubliche Mistkerl verführt, er hat mich auch noch angelogen! Battersea ist Meilen von den Docklands, aber nur zehn Minuten von meiner Wohnung entfernt!

»Kleine Änderung der Route bitte. Könnten Sie mich zur Averill Street 50 bringen?«

Vier Stunden später schäume ich immer noch. Ich habe mein Treffen mit Fondant Fancy hinter mich gebracht und hacke nun wütend etwas Korrespondenz in den Computer. Warte nur, du grässlicher Casanova, bis ich dich in die Finger kriege! Ich habe wirklich gute Lust, ihn auf der Stelle anzurufen und ihm den Kopf zu waschen.

Meine innere Nanny schaltet sich ein. Das dürfte schwierig sein, Sarah. Und warum sollte das schwierig sein, entgegne ich? Weil du seine Telefonnummer nicht hast. Das stimmt schon, aber es gibt ja immer noch die Auskunft. Damit dürfte es ebenfalls problematisch werden. Warum? Weil du seine Adresse auch nicht hast. Stimmt. Und da wäre noch ein Problem. Welches? Du kannst dich nicht mehr an seinen Namen erinnern. Ich spüre, wie ich rot werde. Das stimmt. Sarah, du bist ein schamloses Flittchen. Du lässt dich von einem Fremden aufgabeln, verbringst eine ausschweifende Nacht mit ihm, bei der selbst eine Hure die Augenbrauen in die Höhe ziehen würde, und weißt noch nicht mal seinen Namen! Ja, dies ist wirklich eine jener skandalösen Episoden in deinem Leben, die du heimlich, still und leise in eine Datei stecken und dann löschen solltest. Es ist nie passiert. Vergiss nicht, du lässt dich nicht auf One-Night-Stands ein, nicht wahr? Nie und nimmer. Dann ist's ja gut.

Da tritt Geraldine an meinen Schreibtisch.

»Auf Leitung Vier ist ein Anruf für dich.«

»Wer ist dran?«

»Ein gewisser Eddie. Seinen Nachnamen habe ich nicht verstanden.«

Eddie, denke ich, Eddie Wer? Vielleicht wieder einmal ein exzentrischer Anwärter für HRHs Architectural and Planning Group.

»Das Büro des Prince und der Princess of Wales«, säusele ich. »Hier spricht Sarah Goodall. Was kann ich für Sie tun?«

»Ich wusste ja gar nicht, dass du im Palast arbeitest«, sagt eine Stimme, die mir irgendwie bekannt vorkommt.

»Du hast mich auch nicht gefragt«, erwidere ich knapp. »Falls du's vergessen hast, du hast nur über dich selbst gesprochen. Wie auch immer, woher hast du meine Nummer?«

»Da du schon fragst: von meinem Badezimmerspiegel.«

»Deinem Badezimmerspiegel?«

»Ja, du hast deine Nummer mit Lippenstift drauf geschrieben. Ich kann dir sagen, es war verdammt viel Arbeit, das wieder wegzukriegen.«

Gut. »Warum hast du gesagt, deine Wohnung läge in den Docklands?«

»Ach, das war nur ein Scherz.«

»Ja. Sehr amüsant. Ich war in Panik.«

»Ach, das tut mir leid. Verzeihst du mir noch mal?«

»Auf gar keinen Fall.«

»Oh weh! Dabei habe ich eigentlich angerufen, um dich zu fragen, was du heute Abend machst. Hast du vielleicht Zeit?«

»Nein, ich habe keine Zeit«, erwidere ich frostig. »Ich habe was vor.«

»Wirklich, was denn?«

»Da du schon fragst, werde ich es dir sagen. Ich werde um acht Uhr von einem Mann abgeholt, der ein Gentleman sein *könnte*, wenn er sich Mühe gäbe. Er wird mit einem Riesenstrauß Blumen kommen und mich dann in ein teures Restaurant führen, wo er mich mit Champagner und gutem Wein verwöhnt, um seine

Hinterhältigkeit wieder gut zu machen. Die Adresse lautet Averill Street 50, SW6, und komm bloß nicht zu spät. Und noch eins …«

»Ja?«

»Wie war noch dein Nachname?«

Ich lege den Telefonhörer auf. Eine Welle des Verlangens strömt durch meine Lenden. Was bin ich doch für eine wollüstige Frau. Wäre es doch nur schon acht!

April 1993

Ich bin wieder in Sandringham und arbeite eine Woche lang als Sekretärin für HRH. Bis jetzt habe ich ihn noch nicht zu Gesicht bekommen und werde es wahrscheinlich auch nicht. Ich nehme an, er liegt in den Armen von Camilla Parker-Bowles, die er in einem der Zimmer in dieser riesigen Backsteinmonstrosität versteckt hat.

Ich hätte nichts dagegen, auch jetzt in irgendjemandes Armen zu liegen. Vor einem Monat gab's eine klärende Aussprache mit George, bei der ich ihm sagte, es sei wohl vorbei. Jetzt haben wir uns endgültig getrennt. Er ist ein anständiger und liebevoller Mann, aber das Kribbeln ist einfach nicht mehr da. Wenn er mich noch im Februar gebeten hätte, ihn zu heiraten, hätte ich auf der Stelle ›ja‹ gesagt. Bei Herzensangelegenheiten kann ein Mädchen nun mal nicht warten. Leb wohl und viel Glück, George. Eine Andere wirst du sehr glücklich machen. Solltest du Referenzen brauchen, kannst du jederzeit anrufen.

Was Eddie betrifft, so treibt er wirklich gern Spielchen. Wenn ich Glück habe, ruft er mich zweimal die Woche an. Ganz ohne Zweifel hat er mehrere Freundinnen. Sicher bin ich nur *eine* Stute in seinem Stall. Und seit ich hier bin, hat er mich noch nicht einmal zurückgerufen. Bastard! Warum hänge ich so an ihm? Es gefällt mir gar nicht, das zuzugeben, aber ich glaube, man hat mich fallen gelassen.

Da sitze ich nun am frühen Abend in einer unglaublich riesigen Küche und trinke einen steifen Gin Tonic. HRHs Kammerdiener Michael Fawcett erzählt uns ein paar lustige Geschichten. Mervyn zaubert schnell ein Abendessen für HRH, und ›Bob‹, sein Ersatzmann für morgen, sitzt neben mir und genießt Michaels Vorstellung. Bob hat ein paar Mal mit mir und Susannah zusammen im Buckingham Palace Tennis gespielt, daher kenne ich ihn ganz gut.

Dann gehen wir hinüber zum Speisesaal der Angestellten. Das Stammpersonal von Sandringham sitzt an einem Tisch zusammen, und Außenseiter wie wir sitzen an einem anderen. Das Abendessen wird hier schon lächerlich früh serviert. Von sechs bis sieben Uhr. Das ist doch barbarisch, oder? Ich kann mir vorstellen, das liegt daran, dass dann die Küche für die königlichen Diners frei ist. Ich frage mich, wie die wohl so sind. Es besteht eigentlich keinerlei Chance, dass ich mal zu einem dieser Diners eingeladen werde. Es ist eine Sache, bei einem Jagdessen einzuspringen, aber eine ganz andere, zum Abendessen mit dem Prinzen eingeladen zu werden. Dafür müsste man schon HRHs Patentochter oder die fest angestellte Sekretärin von Sandringham sein. Ich weiß, wo mein Platz im königlichen Universum ist, nämlich ziemlich weit unten.

Aber ich will mich nicht beklagen. Ich würde meinen Job gegen nichts in der Welt eintauschen … das heißt, ganz stimmt das nicht. Ich hätte nichts dagegen, mit Michael Fawcett zu tauschen und die Gelegenheit zu bekommen, Seine Großartigkeit persönlich anzukleiden. Ich wäre gut dabei. Es würde mich kein bisschen stören, wenn er ungeduldig oder verärgert wäre, was, wie ich höre, wohl manchmal vorkommt. Mit schlechter Laune kann ich umgehen – auch mit königlich schlechter Laune.

Als das Abendessen beendet ist, gehe ich hinauf auf mein grässliches Zimmer. Ja, ich habe wieder dasselbe bekommen. Ich versuche, in meinem Buch zu lesen, *Eine Handvoll Staub* von Evelyn Waugh. Aber es klappt nicht. Ich komme einfach nicht hinein. Also gehe ich wieder nach unten, um zu sehen, wie es so in der Küche läuft.

Mervyn reicht mir einen weiteren Gin Tonic mit Eis und Zitronenscheibchen. Lieb von Ihnen, Mervyn. Wow, ich glaube, Sie haben das Tonic vergessen! Bob und ich plaudern weiter über dies und das. Ich mag Bob wirklich, und im Gegensatz zu vielen anderen Männern, die im Palast arbeiten, ist er nicht schwul, daher spüre ich, obwohl wir nur Freunde sind, ein wohliges Kribbeln.

Meine Güte, dieser Drink beduselt mich aber ganz schön. Bob hilft nun Mervyn, also beschließe ich, dass ich die beiden lang genug mit meiner Anwesenheit belästigt habe und mich jetzt zurückziehen werde.

»Geh noch nicht zu Bett«, sagt Bob. »Ich sag dir was, warum plaudern wir nicht oben noch ein bisschen weiter, in einem der Zimmer zwischen unseren Gängen? Wenn ich hier fertig bin, klopfe ich bei dir.«

Ich finde es nett von ihm, mir Gesellschaft zu leisten. Also gehe ich nach oben, fahre mir durch die Haare und versuche, mich wieder in mein Buch zu vertiefen. Dieses Mal gelingt es Evelyn Waugh, mich zu packen. Ich bin schon bei Kapitel Sechs, als ich plötzlich ein Klopfen an der Tür höre. Ich war so vertieft in den Roman, dass ich Bob doch glatt vergessen habe.

Der arme Kerl sieht erschöpft aus. Meine Güte, er hat eine Flasche Wodka und zwei große Flaschen Tonic dabei. Da haben wir wohl eine lange Nacht vor uns, wie? Super!

»Hast du irgendein Zimmer zwischen den Gängen gefunden?«, frage ich.

»Kann ich nicht gerade behaupten«, erwidert er.

»Macht nichts. Dann trinken wir hier was.«

Ich leere mein Wasserglas, das mir ein Hausmädchen aufmerksamerweise hingestellt hat, und spüle dann noch den Zahnputzbecher aus. Bob spielt mit Wodka und Tonic den Gastgeber, und bald sitzen wir auf dem Bett und plaudern fröhlich über dies und das und Gott weiß was. Es ist schon komisch, wie schnell einem Wodka ins Blut geht. Komisch ist auch, dass mir plötzlich auffällt, wie attraktiv Bob ist, dabei habe ich das vorher noch nie bemerkt. Um die Wahrheit zu sagen, nimmt seine Attraktivität mit jedem Glas zu.

Jetzt lächelt er mich an. Das ist schön. Er streicht mir übers Haar. Das ist noch schöner. Jetzt lehnt er sich zu mir. Meine Güte, wie sexy sein Mund ist. Seine Hände fahren mir über den Körper. Oh nein, Sarah, jetzt muss Schluss sein. Seine Lippen senken sich auf meine. Das ist gar nicht gut, nur ist er so verdammt sexy. Jetzt treffen sich unsere Zungen. Das ist einfach nur himmlisch. Verlangen durchströmt mich. Das ist falsch, ganz falsch. Was tue ich da?

Du weißt ganz genau, was du da tust, schilt meine innere Nanny. Nein, weiß ich nicht. Doch, weißt du wohl. Sieh mal, du knöpfst sein Hemd auf. Wirklich? Ja, wirklich. Jetzt fährst du mit deinen Fingern über seinen nackten Rücken. Nein, das ist nicht wahr, oder? Und jetzt löst du seinen Gürtel. Das kann doch nicht sein! Das ist schamlos! Ich muss sofort damit aufhören! Du willst damit aufhören? Ja, ich will unbedingt damit aufhören. Nun, dann wäre es vielleicht besser, wenn du nicht seine Hose herunterziehen würdest. Das tue ich doch nicht, oder? Doch, es sieht ganz so aus. Meine Güte, ich bin ja nackt. Wie ist denn das gekommen? Das muss Zauberei gewesen sein. Meine Kleider haben sich anscheinend in Luft aufgelöst. Nein, Sarah, sie haben sich nicht in Luft aufgelöst. Wenn du nicht hier so herumstöhnen und keuchen würdest und dir statt dessen die Mühe machtest, die Augen zu öffnen, würdest du sehen, dass sie auf dem Boden verstreut sind. Wann ist das denn passiert? Was denn? Dass ich meine Kleider verloren habe. Vor etwa einer Viertelstunde. Aber jetzt kann ich das doch nicht mehr aufhalten, oder? Ich bezweifle es sehr. Oh, er ist so gut. Ich muss wirklich versuchen, das aufzuhalten, und zwar jetzt! Nun, vielleicht wäre es hilfreich, die Beine zu schließen. Aber das ist so schwierig. Er streichelt mich so schön. Ich muss aufhören, bevor es zu spät ist. Los, Sarah, gib dir Mühe. Herrgott noch mal, er ist nur ein Freund. Du arbeitest mit ihm.

Es ist nicht richtig, und das weißt du auch. Na gut, aber fünf Sekunden kann er noch weitermachen, *dann* hören wir auf. Ups, schon zu spät!

Oh mein Gott, Das ist einfach unglaublich. Du weißt schon ziemlich genau, was du da tust, was, Bob? Ja, ich habe mich in die Hände eines Meisterkochs begeben. Oh Bob, so kannst du mich täglich durchrühren. Wow!

Morgenlicht dringt durch die zugezogenen Vorhänge. Hab ich das geträumt, oder ist es wirklich passiert? Es muss ein sündiger Traum gewesen sein. Ganz sicher. So etwas würde ich doch nie tun, oder? Auf gar keinen Fall. Also war es ein sündiger Traum.

Meine Güte, mir geht's mies. Ich setze mich im Bett auf. Das ganze Zimmer dreht sich. Ich blicke zu Boden. Oh je. Dort liegen meine Kleider, wild verstreut wie vom Winde verwehtes Konfetti. Also war es doch kein Traum, wie? Nein, Sarah.

Oh je. Wie soll ich das überleben? Mir geht es wirklich nicht gut. Nein, ganz und gar nicht. Um genau zu sein …

Ich stürze quer durchs Zimmer zum Waschbecken und übergebe mich heftig. Bye, bye, Wodka Tonic und Abendessen vom Vortag. Ich kann nur sagen: Gott sei Dank sind die altmodischen Waschbecken so groß.

Als ich nach unten gehe, fühle ich mich ein wenig zittrig, aber ansonsten viel besser. Still esse ich mein Frühstück, dann gehe ich ins Büro, um mich einen weiteren Tag meinen Pflichten als Sekretärin zu widmen. Um elf Uhr halte ich es nicht mehr aus. Ich schleiche mich zur Küchentür und erhasche einen Blick auf Bobs sexy Hinterteil, das in eine wundervolle schwarzweiße Küchenchefhose gehüllt ist. Bob schneidet gerade mit atemberaubender Geschwindigkeit Gemüse, und sein Hintern wackelt dabei im Takt. Ich kann mich gerade noch beherrschen, sonst würde ich auf der Stelle auf ihn zu stürzen und ihm die Hose vom Leib reißen.

Beherrsch dich, Mädchen, befiehlt meine innere Nanny. Du bist eine kultivierte Lady Clerk, keine zügellose Nymphomanin.

Nun, vielleicht haben sich die Dinge geändert. Aber vergiss nicht, Männer mögen keine zu entgegenkommenden Frauen. Aber ich hatte vor noch nicht mal zwölf Stunden Sex mit ihm, und es war fantastisch. Das war gestern, aber jetzt ist heute. Und du weißt ganz genau, dass er in London eine Freundin hat. Es war ein One-Night-Stand, und er ist nur ein guter Freund. Kann ich nicht einfach mal rüber gehen und ihm an den Hintern packen? Nein. Aber ich begehre ihn so sehr. Da bin ich sicher, aber das vergeht schon wieder, außerdem hast du zu tun. Seufz. Du bist manchmal so eine Spielverderberin. Ich weiß.

Gegen Mittag kommt Bernie der Butler zu mir. Er sieht mich mit einem Lächeln an. Oh mein Gott, er weiß es. Bob hat ihm alles über unsere Session letzte Nacht erzählt. Natürlich. Wahrscheinlich konnte er nicht widerstehen. Ich wette, die Sache breitet sich schon wie ein Lauffeuer in den Diensttrakten aus. Das ist einfach zu schrecklich! Ich werde als Schlampe von Sandringham Berühmtheit erlangen. Sie werden vor meinem Zimmer Schlange stehen. Das halte ich nicht aus. Ich werde kündigen müssen.

»Guten Morgen, Madam.«

»Guten Morgen, Bernie. Haben Sie was von Seiner Königlichen Hoheit für mich?«

»In der Tat, Madam.«

Komm schon, Mann, spuck's aus. Ja, ich weiß, dass du weißt, dass ich eine echte Schlampe bin. Du hast deinen Spaß gehabt, jetzt lass uns zum Tagesgeschäft zurückkehren.

»Seine Königliche Hoheit sendet seine besten Grüße und lädt Sie ein, heute Abend mit ihm zu speisen.«

Ich blinzele ungläubig. Sicher hat HRH sich geirrt. Anders kann es nicht sein. Ah, ich weiß. Das ist es. Er hat die falsche Sarah erwischt, natürlich. Er hat an seine Patentochter gedacht, meine Bürokollegin Sarah Ward. Ich lächele Bernie strahlend an.

»Ich glaube, Seine Königliche Hoheit hat mich mit einer anderen Sarah verwechselt, Bernie.«

»Und welche sollte das sein, Madam?«

»Sarah Ward, seine Patentochter.«

»Ich versichere Ihnen, Madam, seine Einladung gilt Ihnen.«

»Mir? Sarah Goodall?«

»Ja, Madam.«

Plötzlich überkommt mich Verfolgungswahn. Jetzt weiß ich, was das ist: ein Witz auf meine Kosten. Genau. Bastarde! Aber ich vergewissere mich lieber zuerst, bevor ich mit Vasen nach ihm schmeiße.

»Ist das ein Witz, Bernie?«

Ich sehe, dass er irritiert wirkt.

»Nein, Madam, ich versichere Ihnen, es ist kein Witz.«

An seiner Miene sehe ich, dass er die Wahrheit sagt.

»Wow!«

»Und was soll ich nun Seiner Königlichen Hoheit sagen?«

»Wie bitte?«

»Nehmen Sie seine Einladung an?«

Ich kann ja wohl kaum ablehnen, oder? Der Prince of Wales bittet nicht zu kommen. Er befiehlt.

»Bitte sagen Sie Seiner Königlichen Hoheit, dass ich ihm für die freundliche Einladung danke und sie mit Freuden annehme.«

»Ausgezeichnet, Madam. Das Essen wird um 8.30 Uhr serviert. Seine Königliche Hoheit wird Sie und die anderen Gäste um 8.00 Uhr im Salon empfangen.«

»Bernie, eins noch …«

»Ja, Madam?«

»Wären Sie vielleicht so freundlich und würden mir heute Abend zeigen, wo der Salon ist? Ich kenne mich nur im Diensttrakt aus.«

»Es wird mir ein Vergnügen sein, Madam.«

Mit einer Verbeugung verabschiedet sich Bernie. Ich bleibe fassungslos an meinem Schreibtisch sitzen. Das ist ja umwerfend. An dem einen Abend habe ich Sex mit einem königlichen Küchenchef und am nächsten esse ich mich dem künftigen König von England. Ist das zu glauben?

Den Rest des Tages verharre ich in einer Art Trancezustand. Es gelingt mir sogar, Bobs Hintern zu vergessen, was schon einiges ist, denn vor Bernies Auftritt konnte ich kaum an etwas anderes denken.

Um sechs Uhr begebe ich mich in die Küche und hole mir bei Mervyn einen steifen Gin Tonic ab. Bob bedenkt mich mit einem Seitenblick und einem halben Lächeln. Ja, ich weiß, Bob. Es war nur ein One-Night-Stand. Keine Sorge. Ich werde deinen herrlich straffen Hintern nicht mehr begrapschen. Ich hoffe nur, du hast es niemandem erzählt, aber offen gestanden, solltest du doch, dann ist es mir auch egal. Zumindest mittlerweile, denn heute Abend esse ich mit Seiner Königlichen Hoheit. Es wäre mir jetzt vollkommen schnuppe, wenn meine leidenschaftliche Nacht im überregionalen Fernsehen gesendet würde.

Ich gehe hinauf auf mein Zimmer, um mich umzuziehen. Aber was soll ich nur anziehen? Ich schiebe die Kleider an meiner Garderobenstange hin und her. Nach einer halben Stunde habe ich jede mögliche Kombination anprobiert, und jetzt stehen nur noch zwei Kleider zur Wahl. Hmm, dieses verruchte mit dem Schlitz in der Seite gefällt mir ganz entschieden. Das würde auch sehr gut zu meinen High Heels passen, dem Schlampenschuhwerk, wie die Princess of Wales so etwas nennt. Wie sehe ich aus? Sensationell. Vorsichtig trage ich mein Makeup auf. Dann richte ich noch ein paar Haarsträhnen und werfe einen letzten Blick in den Spiegel.

Gerade will ich das Zimmer verlassen, da schaltet sich meine innere Nanny ein. Sarah, dieses Outfit kannst du unmöglich anziehen! Warum denn nicht? Weil es unpassend ist. Du gehst nicht zu einem heißen Date. Du bist als Gast zum Diner des Prinzen geladen, und wahrscheinlich auch nur, damit die Anzahl der Gäste stimmt. Du kommst als sittsame Lady Clerk und nicht als Geisha. Außerdem ist der Platz der königlichen Mätresse schon besetzt!

Widerstrebend ziehe ich mir etwas Dezenteres an und gehe nach unten. Bernie bringt mich zum Trakt der Royals. Ich bin vielleicht nervös! Ich betrete den Salon. Wow! Er ist voller wunderschöner Gobelins. Und auf einer Seite befindet sich eine Galerie für Musikanten. Werden plötzlich Musiker auftauchen und uns mit einem Ständchen beglücken, frage ich mich. Im königlichen Wunderland ist alles möglich.

»Guten Abend, Sarah«, sagt HRH.

Meine Güte. Ich war so hin und weg von den Gobelins und der Galerie, dass ich ihn glatt übersehen habe. Er trägt einen blauen Nehruanzug aus Damast, sehr schick, wirklich. Einen Moment überkommt mich Panik. Ist das eine Kostümparty? Rasch betrachte ich die anderen Dinnergäste. Puh.

Dann mache ich einen Knicks, worin ich ja mittlerweile jahrelange Übung habe.

»Es ist zu gnädig von Seiner Königlichen Hoheit, mich zum Dinner einzuladen.«

Ganz ruhig, Sarah. Das war ein klein wenig übertrieben.

»Aber ganz und gar nicht«, erwidert er und führt mich zu einem Servierwagen aus den siebziger Jahren. »Was möchten Sie trinken?«

Wow. Der Prince of Wales will *mich* bedienen. Das kann ich einfach nicht fassen.

»Einen Gin Tonic, bitte, Sir.«

»Schön.«

Und dann mixt HRH mir den steifsten Gin Tonic, den ich je in Händen gehalten habe.

Meine Güte, diese steifen Drinks müssen was typisch Königliches sein.

»Danke, Sir.«

»Alles in Ordnung? Werden Sie hier gut behandelt?«

»Ich werde hier hervorragend behandelt, Sir.«

»Oh, schön.«

Sehnsüchtig denke ich an Bobs Lenden. Die könnten mich kaum besser behandeln.

Ich trinke den tödlichen Gin Tonic und schließe mich dem

Gespräch mit den anderen Gästen an, zu denen auch Commander Aylard gehört. Rasch bemerke ich, dass meine Rolle darin besteht, mich im Hintergrund zu halten, nur zu sprechen, wenn man mich fragt, und ansonsten den Mund zu halten. In der königlichen Hackordnung bin ich ganz am unteren Ende. Ich bin nicht wirklich ein Gast, aber wohl doch ein klein wenig mehr als nur eine Angestellte. Es ist eine ziemlich seltsame Rolle.

HRH blickt auf seine Uhr, dann gehen wir zu Tisch. Der Speisesaal ist riesig. Auf einer Seite blicken georgianische Fenster auf den Park. Die andere Seite ist ganz mit Sèvretellern bedeckt. Der Tisch ist oval, ungefähr sechs Meter lang und zwei Meter breit und mit *Objets d'art* aus Porzellan geschmückt. Es gibt acht Kerzen in vier schönen Doppelleuchtern aus Porzellan. Alles ist wirklich wunderschön.

Wir setzen uns zu Tisch. Zuerst gibt es Suppe, gefolgt von Lammkoteletts und dann Zitronentörtchen. Mein einziger Kritikpunkt ist: wir sind so weit voneinander platziert, dass es für einige Gäste schwierig ist, dem Tischgespräch zu folgen. ›Entschuldigung, könnten Sie das noch mal sagen?‹ ist ziemlich oft zu hören. Tja, der Tisch ist wohl eher für dreißig Personen gedacht und nicht für sechs.

Ich würde ja gerne berichten, wie die Weine waren, aber dazu kenne ich mich nicht gut genug aus. Ich nehme an, es waren französische. Bordeaux oder Burgunder? Schwer zu sagen. Trotzdem kann ich mit Fug und Recht so viel behaupten: Sie waren ganz anders als der Chateau BP, den Ihre Majestät zum Ball der königlichen Angestellten reichen lässt. Kein königlicher Essig am Tisch des Prince of Wales!

Nach dem Essen begeben wir uns in einen anderen Raum und setzen uns an ein großes, prasselndes Feuer. Wir trinken Kaffee und knabbern Royal Duchy Orangengebäck.

Es ist zauberhaft. Ich befinde mich mitten in einem Traum. Plötzlich fragt HRH: »Hätte jemand Lust, mit mir einen Film anzusehen?«

Nun, die Gelegenheit werde ich mir ja wohl kaum entgehen lassen, wie? Richard Aylard und ein weiterer Gast sind müde und gehen zu Bett. Mit uns restlichen drei Gästen aber geht HRH zurück in den Salon.

Dort ist während des Essens eine Leinwand montiert worden. Auf der Galerie sehe ich jemanden vom Sandringhamer Personal mit einem Projektor. Meine Güte, was werden wir zu sehen bekommen? Wie aufregend!

Dann bittet HRH uns drei, Platz zu nehmen. Ich lasse mich auf ein Sofa sinken. Aah, das ist sehr schön entspannend. Mmmh. Die Drinks üben eine wunderbar beruhigende Wirkung auf mich aus. Plumps! Ich spüre etwas neben mir auf dem Sofa. Was ist das? Meine Güte, HRH, der künftige König, sitzt neben mir. Welch eine Ehre!

Der Film beginnt. Ach je, ich kenne ihn. Es ist *Wiedersehen in Howard's End* mit Anthony Hopkins. Den hab ich schon mal gesehen. Ein guter historischer Film, der HRH ganz sicher gefallen wird.

Der Film beginnt, und ich denke über Bobs Hintern und das Aftershave des Chefs nach. Ich wette, es ist Trumper's. Ja, so was wie Trumper's würde zu HRH passen. Ach ja, wie gut der Chef in seinem superschicken Nehruanzug aussieht.

Das Nächste, an das ich mich erinnern kann, ist, dass plötzlich die Lichter an sind! Mein Gott, was ist passiert? Es ist niemand mehr hier. Wo sind denn alle hin? Ich höre etwas auf der Musikantengalerie und blicke hoch. Dort steht der Filmvorführer und packt eine Filmrolle weg.

»Was ist denn los?«, blöke ich.

»Sie sind eingeschlafen, Madam.«

»Vor Seiner Königlichen Hoheit?«

»Nun, Madam, eigentlich neben ihm.«

Mein Gott, wie konnte das geschehen? Warum bin ich eingeschlafen? Meine innere Nanny weiß die Antwort. Du bist wegen einer Kombination aus folgenden Faktoren eingeschlafen: HRHs ultrasteifer Gin Tonic, die Weine zum Dinner, die Tatsache, dass du den Film schon einmal gesehen hattest, und schließlich die Müdigkeit wegen deiner sündig durchwachten Nacht mit Bob.

Mit hängendem Kopf vor lauter Scham schleiche ich mich aus dem Zimmer und begebe mich nach oben ins Bett. Tja, das war's dann ja wohl, was? Nie wieder Einladungen zu königlichen Abendessen. Wie konnte ich Seine Königliche Hoheit nur derart beleidigen und in seiner Gegenwart einschlafen? Ich frage mich, ob ich auch noch geschnarcht habe. Höchstwahrscheinlich! Was soll ich jetzt machen? Sehen wir der Tatsache ins Auge: Ich bin erledigt. Tränen rollen mir die Wangen hinunter.

Aber eine wohlbekannte strenge Stimme unterbricht meine Gedanken. Komm schon, Mädchen. So schlimm ist es auch nicht. Du bist jetzt fünf Jahre im Dienste der königlichen Familie tätig. Das ist doch schon eine Leistung. Ich weiß, jammere ich. Aber ich liebe diesen Job und bete meinen Chef an. Wirklich? Natürlich nicht auf diese Art. Aber immer wenn ich ihn sehe, spüre ich, dass tief in seinem Innern so viel Schmerz ist. Ja und? Da möchte ich einfach nur zu ihm gehen und … Ja? Ihn in den Arm nehmen. Nun, dagegen ist nichts einzuwenden. Und jetzt muss ich kündigen. Findest du das nicht ein wenig melodramatisch? Nein, ganz und gar nicht. Ich habe es an Respekt fehlen lassen. Kannst du dir vielleicht etwas Beleidigenderes vorstellen, als neben dem zukünftigen König einzuschlafen? Ich kann mir eine Menge Beleidigenderes vorstellen. Geh jetzt schlafen. Im Grunde ist es eine Belanglosigkeit. Und noch eins. Was? Selbst wenn du wirklich kündigen musst, hast du doch etwas, mit dem du bist zum Lebensende prahlen kannst. Und das wäre? Wie viele Frauen auf der Welt können mit Fug und Recht behaupten, sie hätten neben dem Prinzen von Wales geschlafen? Ja, das ist auch wahr.

Ich klammere mich an diese Vorstellung und schlafe ein.

Am folgenden Morgen wache ich auf, frühstücke, marschiere ins Büro und entwerfe mein Kündigungsschreiben. Ich probiere verschiedene Versionen aus. Sie reichen von rührselig (sentimental und herzergreifend) bis stählern (kühl und förmlich). Ach herrje, aber keine Version drückt genau die Mischung aus Würde und Emotion aus, die ich im Auge habe.

Dann betritt Bernie der Butler das Büro. Ich frage mich, was er für mich hat. Eine Abmahnung? Das Kündigungsschreiben? Mein P45-Formular mit den abgeführten Steuern? Ach, was soll's, ich kann's genausogut gleich hinter mich bringen. Komm schon, Sarah, wappne dich.

»Ja, Bernie? Haben Sie etwas für mich?«

»Ja, Madam.«

Ich umklammere die Stuhllehnen. Mein Magen fühlt sich hohl an.

»Und was?«

»Seine Königliche Hoheit möchte Ihnen danken, dass Sie gestern so kurzfristig zum Abendessen kommen konnten, und eine weitere Einladung für heute Abend übermitteln.«

Das haut mich um. Also ist HRH überhaupt nicht wütend auf mich! Im Gegenteil, er will mich wieder beim Abendessen dabei haben! Ich weiß nicht, wie es sich anfühlt zu hören, dass man im Lotto gewonnen hat, kann es mir jetzt aber vorstellen. Es ist, als hätte meine gute Fee ihren Zauberstab geschwungen. All meine Sorgen haben sich einfach in Luft aufgelöst. Oh, hat je ein Butler derart gute Nachrichten überbracht?

»Bitte sagen Sie Seiner Königlichen Hoheit, ich käme gern.«

»Das werde ich, Madam.«

»Und noch eins, Bernie. Wie lange kennen wir uns jetzt: zwei Jahre? Wann haben Sie angefangen, mich ›Madam‹ zu nennen?«

»Gestern.«

»Ganz genau. Davor nannten Sie mich immer ›Sarah‹. Und dann, als ich plötzlich befördert wurde und als Gast beim Abendessen Seiner Königlichen Hoheit teilnahm, nannten Sie mich ›Madam‹. Bitte Bernie, ich weiß, mit dieser Art Demarkationslinien ist es nicht immer ganz einfach, aber ich gehöre genau wie

Sie zum Personal, wenn Sie also nichts dagegen haben, nennen Sie mich bitte weiterhin ›Sarah‹.«

»Ich weiß, Sarah. Aber wenn eine Lady Clerk Gast Ihrer Königlichen Hoheiten wird, ändert sich alles. Die meisten Angestellten entscheiden sich dann lieber für die sichere Seite und ändern sofort ihren Umgang mit der Person, um der Verschiebung ihrer Position Rechnung zu tragen. Ich bin sicher, Sie wissen, dass es für uns alle nicht leicht ist. Aber danke, dass Sie mich aufgefordert haben, Sie weiterhin ›Sarah‹ zu nennen. Ich werde es den anderen mitteilen. ›Sarah‹ sind Sie, und ›Sarah‹ sollen Sie auch bleiben.«

Mit diesen Worten tritt der große unbesungene Jeeves des Königlichen Haushalts ab. Ich habe ein Gefühl, als hätte ich nicht nur eine Brücke, sondern Berge überquert. Später am Abend treffe ich mich erneut mit HRH und seinen Gästen im Salon. Ich mache einen Knicks.

»Guten Abend, Königliche Hoheit.«

»Guten Abend, Sarah.«

»Sir, ich muss mich wirklich für meine erbärmlichen Manieren entschuldigen. Es tut mir unendlich leid, gestern Abend beim Film eingeschlafen zu sein.«

»Aber bitte, Sarah, denken Sie nicht mehr daran. Kann ich Ihnen etwas zu trinken anbieten?«

»Das ist sehr freundlich von Ihnen, aber wenn Sie nichts dagegen haben, bediene ich mich selbst.«

»Oh. Wie Sie möchten.«

Ich schenke mir viel Tonic und nur ein Tröpfchen Gin ein, nicht umgekehrt, wie es hier üblich zu sein scheint. So habe ich mich zumindest unter Kontrolle. Mein künftiger König steht vor mir, und dieses eine Mal werde ich weder neurotisch noch betrunken sein. Also los, Mädchen.

»Ja«, fährt HRH fort. »Wir versuchten, Sie gestern Abend nach Ende des Films wachzurütteln, aber das schien unmöglich.« Er sieht mich an und zwinkert. »Ja, äh, ich dachte schon, Sie wären *tot*!«

Wieder einmal schmilzt mir das Herz. Lieber, lieber HRH, ich kann nicht anders: Ich liebe dich einfach. Er fährt fort:

»Und komischerweise haben Sie, bevor Sie einschliefen, Ihre Ohrringe abgenommen und auf den Sofatisch gelegt. Es freut mich, dass Sie sich hier so zu Hause fühlen.«

Gott sei Dank, ich hatte mich schon gefragt, wo sie geblieben waren. Ich hatte schon den ganzen Tag wie verrückt nach ihnen gesucht. HRH zeigt auf den fraglichen Tisch. »Ich würde sie jetzt schon nehmen, damit Sie sie nicht vergessen.«

Nicht nur deswegen – sonst könnte man ja skandalöse Schlüsse ziehen, warum und unter welchen Umständen sie hier zurückgelassen worden wären. Schlimm genug, wenn ich im Personaltrakt einen schlechten Ruf habe. Aber ich kann es mir nicht leisten, auch einen in den königlichen Prachtzimmern zu bekommen, nicht wahr? Also schnappe ich mir rasch die Ohrringe.

Dezember 1993

Hurrah, heute ist mein Lieblingstag des Jahres, die Weihnachtsfeier des Büros! Ja, wir sind auf dem Weg zu Simpson's-in-the-Strand! Wie wird das wohl werden?

Nachdem wir aus unseren Wagen geklettert sind, betreten wir einen unglaublich großen Speisesaal mit dicker Holztäfelung. Die Kellner bieten uns eine Auswahl wunderbarer Apéritifs an. In einem steckt eine Zimtstange, in einem anderen dunkle Beeren, und dann gibt es noch einen ganz weißen, der, wie der Kellner sagt, ›Snowball‹ heißt. Ich hege den Verdacht, dieser Snowball fällt unters Betäubungsmittelgesetz. Wenn Schnee schmilzt, ergibt sich pures Wasser, aber ich wette, wenn dieser schmilzt, hat man puren Alkohol.

Was soll ich nehmen? Nein, dieses Mal halte ich mich lieber an Champagner. Das ist zwar langweilig, aber zumindest weiß ich, was ich trinke, und kann mich zügeln. Mein *moment of shame* in Sandringham ist mir immer noch zutiefst peinlich. Ich persönlich mache die steifen Drinks dafür verantwortlich. Ich frage mich, ob es bei den Royals immer nur steife Drinks gibt. Dieses Risiko werde ich diesmal nicht eingehen. Laurent-Perrier, bitte. Ja, das reicht vollkommen!

Als Ihre Königlichen Hoheiten das Restaurant betreten, verbeugen wir alle uns oder machen Knickse. Sie sieht umwerfend aus, wie immer. Und der liebe HRH sieht auch gut aus. Ich frage mich, ob sie je wieder als Mann und Frau zusammen leben werden. Wer weiß? Aber die Vorzeichen lassen nichts Gutes hoffen.

Andauernd gibt es neue Gerüchte über die Flirts der Chefin. Und dann ist da natürlich auch noch die berüchtigte Aufzeichnung des vertraulichen Telefongesprächs zwischen dem Chef und Camilla Parker-Bowles, das in diesem Jahr veröffentlicht wurde. Da hat sich die Presse aber gefreut! Wie sie den armen HRH verspottete, bloß weil der den Wunsch geäußert hatte, im Schoß seiner Geliebten zu sein. Was ist schlimm daran? Ich finde es fantasievoll, ehrlich und süß. Es zeigt, dass ein Mann aufrichtig liebt. Ja, ich gebe zu, dass es unglücklich ausgedrückt war, als er sagte, er wolle ihr Tampon sein. Aber können zwei Menschen nicht mehr gefühlvolle Vertraulichkeiten austauschen, ohne fürchten zu müssen, dass dies gleich weltweit ausgestrahlt wird? Ist denn gar nichts mehr heilig?

Wie ist die Presse denn überhaupt an diese Aufzeichnung gekommen? Und wer hat das Gespräch aufgenommen? Und wie? Manchmal frage ich mich, ob es nicht doch höheren Orts finstere Gesellen gibt, die den Untergang der Königlichen Familie planen.

Ich blicke mich im Saal um. Ich sehe so viele mir bekannte Menschen hier. Da ist meine liebe Freundin Victoria Mendham. Sie ist nun zum Kensington Palace gewechselt, um ausschließlich für die Chefin tätig zu sein. Sie erzählt, die Chefin sei ziemlich anspruchsvoll – manchmal könne sie erst um neun Uhr abends gehen. Ich persönlich finde das ein bisschen hart gegenüber Victoria, da sie schließlich keine Überstunden bezahlt bekommt. Und dazu muss sie dann ja noch mit dem Zug nach Essex zurück.

Allerdings muss man der Chefin zugute halten, dass sie Victorias Einsatz anerkennt und sie ›mein Fels‹ nennt. Gut, sie nennt auch noch ein paar andere ihrer Angestellten ›mein Fels‹: Mervyn Wycherley, ihren Küchenchef; dann ihren kürzlich ausgeschiedenen Leibwächter, Ken Wharfe, den Opernliebhaber; und ihren Butler Paul Burrell. Das sind eine Menge Felsen.

Victoria erzählt, dass die Prinzessin sie auch scherzhaft ›Ralph‹ nennt, weil sie neuerdings fast nur noch Kleidungsstücke von Ralph Lauren trägt. Nun, Victoria hat ohne Zweifel die Figur für Designerkleider. In der Sprache des *Slimming Magazine* bin ich das Nilpferd und Victoria die Giraffe.

Victoria hat mir auch verraten, dass ihre Eltern ihre Kleidungsstücke von Ralph Lauren bezahlen. Das ist zwar süß und aufmerksam, aber ich frage mich manchmal, wie sie sich das leisten können. Es ist eine Sache, mit den Normalsterblichen mitzuhalten; aber eine ganz andere, mit der weltgrößten Modeikone gleichzuziehen.

Wie auch immer, einige von uns hier im Palast finden, dass Victoria mittlerweile genauso hübsch und modisch aussieht wie die Chefin selbst. Ich bin froh, dass Ihre Königliche Hoheit nicht neidisch ist.

Und, wer ist noch hier? Ah, da ist der lustige Michael Fawcett. Dann entdecke ich alle Butler: Bernie, Harold Brown und Paul Burrell. Ich sehe Mervyn Wycherley, und da drüben ist auch Bob. Rasch blicke ich in eine andere Richtung, weil ich rot werde.

Drüben an einem anderen Tisch sitzt Tony Burrows, der Buchhalter. Der kümmert sich um alle finanziellen Angelegenheiten im Palast. Einen seiner besten Freunde mag ich hier am liebsten – ja, Sergeant Ron Lewis. Tony hat mir einmal erzählt, dass Ron und HRH sich sehr mögen, weil Ron schon seit seinem neunzehnten Lebensjahr beim Chef ist. Ron war auch dabei, als der Prinz am Strand in Australien von einem Mädchen angesprungen und abgeknutscht wurde. Hmm, ich wette, sie hatten Schwierigkeiten, sie wieder los zu werden! Jemand hat ein Foto davon gemacht, das dann in allen Zeitungen erschien. Als Ron und ich einmal in seinem kleinen Zimmer oben im St. James' Palace waren, hat er es mir stolz gezeigt, es hing dort an der Wand.

Geraldine und Esther sind nicht mehr dabei, was ich schade finde. Sie haben sich, wie man so schön sagt, ›verändert‹. Nun, ich werde mich ganz gewiss nicht ›verändern‹, ich bleibe, wie und wo ich bin. Hier kriegt man mich nur noch in einer Holzkiste raus. Oh ja. Ich *liebe* diesen Job!

Alle kippen fleißig ihre Cocktails, die von aufmerksamen Kellnern flugs nachgefüllt werden. Zwanzig Minuten später setzen wir uns alle, um den schönen Truthahn zu genießen – das Simpson's ist weltberühmt für Gebratenes. Die Vegetarier essen etwas anderes. Sie wissen ja gar nicht, was ihnen entgeht.

Mir fällt auf, dass die Leute dieses Jahr angeheiterter wirken als bei früheren Anlässen. Ich wage zu behaupten, dass einige sogar fast betrunken erscheinen. Ich wusste es! Diese Cocktails sind einfach tödlich! Ich kann mich beglückwünschen, dass ich mich von ihnen ferngehalten habe. Hätte ich sie ebenso gekippt, säße ich jetzt wahrscheinlich schon auf Bobs Schoß!

Ich blicke hinüber zu Sarge, dem Travelling Yeoman. Im Augenblick sieht er eher aus wie der Torkelnde Yeoman.

Es zischt allerorten, als Seine Herrlichkeit sich erhebt und seine Rede hält. Er beschließt sie mit dem üblichen: »Oh! Wie viele sind Sie jetzt eigentlich? Sie scheinen ja immer mehr zu werden! Fröhliche Weihnachten!«

Wir klatschen alle wie wild, und HRH setzt sich. Ich liebe diese Rede einfach.

Plötzlich ertönt eine vertraute Waliser Stimme. Oh mein Gott, es ist Ron! Er versucht aufzustehen. Alles im Saal erstarrt. Ron schwankt in alkoholbedingter Benommenheit hin und her. Bitte Ron, lass es! Setz dich, bevor es zu spät ist!

»Hellooh, Lädies un' Schentlmän! Ich wollde nur 'nnn Toos anbringn. Der Toos gilt Seinn Königlischn Hoait unn meim gu'n Froin Tony Börroohs!«

Mit ausgreifender Geste weist er zuerst auf HRH und dann auf Tony. Einen Moment lang herrscht fassungslose Stille. Dann erheben wir unser Glas und wiederholen Rons Toast. Ron lässt sich glücklich auf seinen Stuhl zurücksinken. Nun, ich glaube, für uns gibt es auch keine wichtigeren Menschen als unseren Arbeitgeber und den Mann, der unsere Gehälter zahlt.

Zur allgemeinen Erleichterung scheint Seine Königliche Hoheit Rons Überraschungstoast höchst amüsant zu finden. Das ist wunderbar. Könnten Sie sich vorstellen, dass andere Mitglieder der Königsfamilie derart entspannt reagieren würden?

Nein, ich auch nicht.

7.

Wachablösung

Juli 1994

Im Buckingham und im St. James' Palace hat es furchtbaren Stunk gegeben, das heißt, eigentlich in *jedem* Palast und Anwesen der Royals. Dabei ging's um eine kürzlich ausgestrahlte Dokumentation, in der für Jonathan Dimblebys autorisierte Biographie über den Chef geworben werden sollte. Der Chef hat sich dort nicht nur darüber beklagt, dass er in seiner Kindheit zu wenig Wärme von seinen Eltern bekam, sondern auch zugegeben, mit Camilla Parker-Bowles eine Beziehung zu unterhalten!

Die Folge davon waren Chaos und Verderbnis. Camilla und ihr Mann Andrew Parker-Bowles lassen sich jetzt scheiden. Die Königin und Prinz Philip sind aufgebracht und wütend. Laut Mindy (meiner verlässlichen Quelle im inneren Zirkel des Palastes) hat sie besonders HRHs öffentliche Klage über sie gekränkt. Außerdem findet Prinz Philip Charles' Eingeständnis seines Ehebruchs ›infantil‹, was ich sofort im Wörterbuch nachsehen musste, (es bedeutet ›kindisch‹). Prinz Philips Begründung lautet dahingehend, dass *er* niemals zugeben würde, irgendwelche Vertrauten zu haben, warum sollte es also sein Sohn tun? Und das ist wirklich die Frage.

Warum nur, lieber HRH, warum?

Mindy meint, Jonathan Dimbleby sei einer dieser besonders überzeugenden Journalisten, die ihre Interviewpartner immer dazu bringen, Dinge preiszugeben, was sie später bereuen. Es ist schon schlimm genug, wenn Menschen sich durch Geständnisse ihr Leben versauen, aber wirklich ernst wird es, wenn sie dadurch auch im Leben anderer herumpfuschen und die Zukunft der Monarchie gefährden. Ach je, jetzt ist die Katze wohl aus dem Sack.

Und wer ist schuld daran? Mindy meint, die alte Garde im Buckingham Palace, die auch die Königin und Prinz Philip beraten, hätten ihren Sündenbock in HRHs Privatsekretär, dem lieben Commander Richard Aylard, gefunden, der, wie wir alle wissen, dem Prinzen zutiefst ergeben ist. Jetzt heißt es, er hätte es nicht verhindert, dass sich der Chef auf eine Zusammenarbeit mit dem smarten Mr. Dimbleby einließ.

Richards Verteidigung gegenüber höheren Chargen im Palast lautet, die Wahrheit wäre ohnehin früher oder später ans Licht gekommen. Er hielt es für besser, jetzt damit umzugehen, ungeachtet des daraus folgenden Skandals, als in Kauf zu nehmen, dass der Palast weiteren Schaden durch unzählige Andeutungen und Enthüllungen der Presse erlitte. Seine Argumentation ist ziemlich einleuchtend, trotzdem sollte man auch die Opfer berücksichtigen.

Ich persönlich war ein bisschen niedergedrückt, weil bei Mummy Krebs diagnostiziert wurde. Sie behauptet, es sei nichts Ernstes. Warum bekommt sie dann Chemotherapie? Ich hoffe und bete, dass sie Recht hat.

Aufheitern kann mich im Moment nur meine Arbeit. Ich war dieses Jahr schon zweimal oben in Balmoral, dem schottischen Anwesen der Königsfamilie. Und ich unternehme regelmäßige Reisen nach Highgrove und Sandringham. Außerdem bin ich befördert worden!

Ich arbeite jetzt nicht nur als Sekretärin für die Leitung der Architekturgruppe, sondern auch für den Deputy Private Secretary Stephen Lamport. Da das Personal stetig wächst, wurde ich in ein neu eingerichtetes Büro im Souterrain versetzt, das ich mir mit Ceri (›Kerri‹ ausgesprochen) teile. Ceri Jones, eine wunderbare Staatsbeamtin aus Wales, wurde von einer Regierungsstelle abgeordert, von Fondant Fancy übernommen und ist nun meine direkte Vorgesetzte in allen Belangen der Architekturgruppe.

Alle bedauerten mich zutiefst, als sie hörten, dass ich die Prachtzimmer verlassen muss. Sie meinten, es müsse doch höchst unangenehm für mich sein, in der fensterlosen Düsternis des Souterrains und getrennt von allem, was oben vorgeht, zu arbeiten. Aber da liegen sie falsch! Die Atmosphäre oben hat sich entschieden zum Schlechteren verändert, seit ein paar Neuzugänge dazu abberufen wurden, die Uhr stets im Blick zu behalten und darauf zu achten, ob und in welcher Weise alle Mitarbeiter ihre Arbeitszeiten einhalten. Ceri hingegen interessiert sich überhaupt nicht dafür, was wirklich eine Erleichterung ist. So weit es sie betrifft, kann ich es mit meiner Mittagspause halten, wie ich will. Und, was noch besser ist, ich kann auch morgens kommen, wann ich will, allerdings nur so lange, wie ich meine Arbeit schaffe!

Es hat sich auch als vorteilhaft erwiesen, dass wir mittlerweile ›Saufkumpane‹ geworden sind und Ceri sich lebhaft für mein Liebesleben interessiert, was sich in letzter Zeit hauptsächlich um Eddie, den Unternehmer dreht. Aber da ich ihn nur hier und da sehe und weiß, dass er sich noch auf andere konzentriert, tue ich es ihm gleich! Oh ja, was dem einen recht ist, ist dem anderen billig.

Um unser Leben hier im Büro wirklich zivilisiert zu gestalten, haben Ceri und ich eine neue Tradition ins Leben gerufen, die darin besteht, am Freitag früh Schluss zu machen. Um vier Uhr nachmittags köpfen wir eine Flasche eisgekühlten Champagner, und dann kommen Freunde aus dem ganzen Palast vorbei, um auf der gelbseidenen Chaiselongue, die uns aufmerksamerweise zur Verfügung gestellt wurde, über ihr Liebesleben zu diskutieren. Ich kann Ihnen sagen, was wir dort nicht zu hören bekommen, ist auch nicht weiter erwähnenswert.

Der Höhepunkt des Jahres war bis dato die Herausgabe eines neuen Architekturmagazins namens *Perspectives on Architecture*, das als Sprachrohr für HRHs Kampagne dienen soll, ›neuen Gebäuden eine menschlichere Gestalt‹ zu verleihen, wie ich dazu in der mir diktierten Presseerklärung schrieb.

Herausgeber ist der dynamische Giles Worsley, der früher für *Country Life* arbeitete. Und er lässt alle möglichen klugen Leute für sich schreiben, zum Beispiel die liebenswürdige Candida Lycett-Green und den scharfsinnigen Australier Clive James mit den kurz geschorenen Haaren. All die Exzentriker von der APG kamen, um beim Start zu helfen, und ich muss sagen, dass wir hier in den Prachtzimmern eine ganz schöne Party hatten. Moderne britische Gebäude werden wieder schön sein. Gut gemacht, HRH.

Oktober 1994

Wie schön, wieder in Balmoral zu sein. Ja, es ist das dritte Mal dieses Jahr. Ich will Ihnen ein bisschen von der Anlage erzählen. Balmoral ist das große Anwesen der Königsfamilie bei Aberdeen, im Osten der schottischen Highlands. Es gibt eine Burg, wo Ihre Majestät und Prinz Philip wohnen und wo der Rest der Königsfamilie sich trifft. Dann gibt es noch Birkhall. Das ist der Wohnsitz der Königinmutter, wo auch HRH wohnt. Normalerweise würde auch ich dort untergebracht, aber im Augenblick ist alles voll, daher wies man mir ein entlegenes Cottage mit drei Zimmern zu, das sich drei Meilen entfernt von Birkhall, nahe dem Loch Muich, befindet und Tom-na-Gaidh heißt.

Heute Abend werde ich ganz allein dort sein, was ein bisschen unheimlich ist, vor allem, weil mir gesagt wurde, es gäbe dort einen Geist. Offenbar gab es da mal einen Holzfäller, der wahnsinnig wurde und etwas unbeschreiblich Grässliches im Wald direkt neben dem Cottage tat. Jetzt heißt es, sein Geist spuke dort herum. Ich weiß, es ist albern, und natürlich gibt es keine Geister, aber trotzdem werde ich heute Nacht das Licht anlassen.

Während es in Sandringham offen gesagt ziemlich öde ist, ist es in Balmoral einfach himmlisch. Es ist von wunderschönen Hügeln und Heideflächen umgeben. Mein Büro befindet sich im Esszimmer, und wenn ich nichts zu tun habe, sitze ich einfach nur da und starre aus dem Fenster, um die herrliche Aussicht zu genießen.

Ich hatte dieses Jahr so viele wunderbare Erlebnisse, aber das beste bis jetzt war der heutige Morgen. Mir wurde nämlich gesagt, ich könne, anstatt mit der British Airways nach Aberdeen zu reisen, mit HRH in der *Queen's Flight* mitfliegen. Zunächst war ich in furchtbarer Panik, weil ich mit Eddie, dem sexy Biest, verschlief und fast das Flugzeug verpasst hätte.

Also komme ich eine Viertelstunde vor Abflug am RAF Northolt an und werde in aller Eile ins Flugzeug verfrachtet. Ich schnalle mich an und als ich aus dem Fenster blicke, entdecke ich einen wunderschönen, grünen Aston Martin, der auf uns zu fährt und am Rand der Startbahn Halt macht. Ihm entsteigt ein zielstrebiger, schlanker, sportlicher Mann. Ist das James Bond?

Fast. Es ist der Thronerbe von England, Schottland, Wales und Nordirland. Ja, es ist seine Herrlichkeit. Tigger, sein Jack Russel Terrier, springt vor ihm ins Flugzeug und wackelt in die Kabine. Dann beschließt er aus irgendeinem Grunde, sich mir zu Füßen zusammenzurollen. Ich dachte, Tigger wäre nur HRH ergeben. In der Vergangenheit hat er mich sogar drohend angeknurrt. Was hat diesen Gefühlsumschwung bei Tigger bewirkt? Ich fühle mich richtig geschmeichelt.

Die Motoren heulen auf, und Minuten später hebt die *Queen's Flight* ab. Lebt wohl, ihr engen Straßen von London. Seid mir gegrüßt, ihr herrlichen schottischen Highlandspanoramen. Welch ein Leben!

Tigger hat entschieden, hier mir zu Füßen zu bleiben. Ich frage mich, ob ich ihn seinem Herrchen bringen sollte. Nein, denke ich, das würde gegen das Protokoll verstoßen. Ich warte besser, bis sein Herrchen zu mir kommt. Eine Viertelstunde später betritt Prinz Charles unsere Kabine.

HRH blickt auf seinen Hund. »Ach, da bist du ja«, sagt er zu Tigger. »Ich freue mich, dass du ein bequemes Plätzchen gefunden hast.«

Einen Moment lang überkommt mich Panik. Sollte ich mich abschnallen, aufstehen und einen Knicks machen? Mir ist klar, dass dies angesichts der Beengtheit der Kabine ein bisschen schwierig werden dürfte, trotzdem sollte das Protokoll stets respektiert werden. Aber jetzt ist es zu spät. Ich hoffe, HRH ist nicht verärgert.

»Guten Morgen, Königliche Hoheit.«

»Oh, guten Morgen, Sarah.«

Dann tut HRH etwas höchst Ungewöhnliches. Er blickt prüfend auf meine linke Hand. Mein Gott, stimmt was nicht damit? Ist dort Schmutz? Habe ich meine Hände heute Morgen nicht ordentlich gewaschen? Ist einer meiner Nägel abgebrochen? Gefällt ihm die Farbe meines Nagellacks nicht? Was ist los?

»Oh, Sie sind also noch nicht verheiratet?«

»Nein, Sir, ich bin nicht verheiratet.«

Mein Herz fängt an zu hämmern. Warum fragt er mich das? Denkt er, ich käme als Kandidatin für ihn in Frage, nun, da Sir Jimmy es eindeutig nicht geschafft hat, seine Ehe mit der Chefin zu retten? Fragt er mich deshalb nach meinem Ehestand? Dann würden alle meine Träume wahr. Einfach unglaublich.

Jetzt hat meine innere Nanny genug. Ja genau, das ist einfach unglaublich. Hör auf, dir was vorzumachen.

HRH setzt erneut an. »Sarah, wenn Tigger sich so wohl bei Ihnen fühlt, könnten Sie dann so nett sein und sich diese Woche ein bisschen um ihn kümmern?«

Ich entdecke, dass ich ihn anblinzle. Das ist entschieden ein Fortschritt in unserer Beziehung. HRH vertraut ausgerechnet mir Tigger an, seinen viel geliebten Hund.

»Oh, Sir, es wäre mir eine Ehre. Ich würde mich mehr als glücklich schätzen, mich um Tigger zu kümmern. Er ist ein zauberhafter Hund.«

»Gut.«

Und mit diesem Wort verschwindet HRH durch die Tür zum Cockpit. Und ich sitze hier mit dem mir anvertrauten königlichen

Haustier. Wow! Ich frage mich, ob es dafür einen offiziellen Titel gibt. Hüter des königlichen Haustiers vielleicht? Ich jedenfalls werde von nun an Tigger an meinem Busen bergen, mag er auch schnüffeln, knurren oder beißen!

Eine Viertelstunde verharre ich im Zustand ungetrübter Glückseligkeit, da beschleicht mich plötzlich Angst. Warum bleibt HRH so lange im Cockpit? Ist etwas passiert? Stimmt irgendwas nicht?

Ich sehe mich nach dem Royal Protection Officer um, der mit bemerkenswerter Ruhe auf der anderen Seite unserer Kabine sitzt, und frage ihn: »Verbringt Seine Königliche Hoheit oft so viel Zeit im Cockpit?«

»Oh ja«, erwidert dieser. »Seine Königliche Hoheit sammelt Flugmeilen.«

Das verwirrt mich jetzt vollends. Sind Flugmeilen nicht etwas, das man als Vielflieger sammelt? Warum sollte HRH Flugmeilen sammeln? Ist das irgendeine Initiative des Palasts, um Kosten zu senken? Ich denke kurz darüber nach. Das kann doch nicht stimmen.

»Entschuldigung, aber das verstehe ich nicht.«

Der Leibwächter lehnt sich vor.

»Seine Königliche Hoheit muss für seinen Pilotenschein Flugmeilen sammeln.«

Das verblüfft mich.

»Wollen Sie damit sagen, dass in diesem Moment Seine Königliche Hoheit das Flugzeug unter seiner Kontrolle hat und es fliegt?«

Der Leibwächter nickt.

»Ja, und er wird es auch landen.«

Staunend lasse ich mich in meinen Sitz zurücksinken. Wie viele Talente hat HRH eigentlich noch? Nachdem er vor kurzem über die Landebahn von Islay hinausgeschossen ist, hätte man schon annehmen können, dass sein königliches Selbstvertrauen leicht erschüttert wäre. Aber keineswegs! Mit seinen angeborenen Führungsqualitäten hat er sich direkt wieder zum Pilotensitz zurückbegeben.Welch ein wundervoller Prinz, der wegen eines kleinen Missgeschicks beim Fliegen nicht gleich die Nerven verliert. Und was macht es schon, wenn sich der Schaden auf eine Million Pfund beläuft? Jeder weiß, dass Islay berüchtigt ist für diese kurze Landebahn. Ein Zwischenfall wie dieser hätte auch dem besten Piloten der Welt passieren können. Außerdem: Was machen schon eine Million Pfund, wenn man Mitglied der königlichen Familie ist?

Oh, du lieber HRH, wenn ich bedenke, dass du Kommandant zur See bist, Prince of Wales, Lord of the Isles, und jetzt auch noch König der Lüfte. Die Hüterin des königlichen Haustiers grüßt dich. Ach, in solch guten Händen zu sein!

Und sechs Stunden später sitze ich hier im Tom-na-Gaidh. Es dämmert gerade. Bald wird der Geist des wahnsinnigen Axtmörders im Wald herumspuken. Aber alle Lampen hier funktionieren einwandfrei und außerdem habe ich zu meiner Gesellschaft und meinem Schutz Tigger bei mir. Oh ja, Tigger, wir vertreiben den irren Axtmörder, nicht wahr? Tigger knurrt mich mit offensichtlicher Zustimmung an.

Außerdem habe ich ein ziemlich frivoles Buch bei mir, das ich niemanden sehen lassen darf. Es heißt *Princess in Love*, stammt von Anna Pasternak und handelt von der Affäre zwischen der Prinzessin und Captain Hewitt.

Letzte Woche fragte ich Mindy auf der dunkelroten Bank an der BP-Bar, wie dieses Buch eigentlich zustande kam. Sie meinte, die Prinzessin hätte Hewitt gebeten, Anna Pasternak bei der Erstellung eines Artikels zu helfen, in dem die Beziehung zwischen ihr und dem Captain geleugnet wurde. Er hatte zwar keine Lust, meinte aber, einem königlichen Befehl seiner ehemaligen Vertrauten nachkommen zu müssen. Also wurde die Geschichte pflichtgemäß geschrieben und gedruckt. Aber alle anderen Zeitungen wussten sehr wohl, dass er eben doch eine Affäre mit der Prinzessin hatte, und wurden ihm gegenüber natürlich fies.

Er wurde in der Tat dermaßen verunglimpft, dass die Leute ihn mieden; er bekam keinen Job mehr, und sein Reiterhof in Devon hatte Geldeinbußen. Er stand kurz vor dem finanziellen und gesellschaftlichen Ruin. Da trat Anna Pasternak wieder auf den Plan, die zufällig die Enkelin des Autors von *Doktor Schiwago* ist (einem meiner Lieblingsfilme). Sie meinte, wenn er die Wahrheit sagte, würde sich alles klären.

Klären? Für den Captain ist alles nur noch schlimmer geworden. Jetzt nennt man ihn *Britain's Number One Love Rat* (Britanniens größten Liebesschuft). Tja, mittlerweile ist er so unbeliebt wie Camilla, die man hier schon ›Cowmilla‹ – ›Kuhmilla‹ nennt. Welch einen schrecklichen Preis zahlen diese beiden Menschen dafür, die Vertrauten meiner Arbeitgeber zu sein.

Mindy meint auch, *Princess in Love* sei ein vulgäres, skandalöses Buch, und niemand aus der besseren Gesellschaft dürfe sich damit erwischen lassen. Da hat sie Recht. Ich werde mich sicher nicht damit erwischen lassen!

November 1995

Ich sitze mit Eddie auf dem Sofa in dem gemütlichen Reihenhaus auf der Moylan Road 19, nahe der Lillie Road in Fulham, wo ich nun wohne. Gerade zeigt *Panorama*, die BBC-Sendung zum aktuellen Tagesgeschehen, ein Interview mit der Chefin. Guter Gott, was wird sie sagen? Was soll das große Aufheben darum? Wird sie verkünden, dass sie und der Chef es doch noch hingekriegt haben? Oh, das wären so wunderbare Neuigkeiten!

Die Sendung beginnt. Plötzlich überkommt mich eine schlimme Vorahnung. Sie hat ihre Augen schwarz umrandet und lässt ihren Kopf unglücklich zu einer Seite hängen. Diesen Blick habe ich schon einmal gesehen. Ja, das ist ihr Blick, der ›einsam und verlassen‹ signalisiert, mit dem sie drei Jahre zuvor vor dem Taj Mahal abgelichtet wurde. Eddie und ich sitzen wie erstarrt da.

Als das Interview seinen Lauf nimmt, wird mir klar, dass es eine Neuauflage von Andrew Mortons Buch ist, jetzt live im Fernsehen. Die Prinzessin erzählt von ihrer Bulimie; von HRHs Freunden, die sie angeblich schlecht behandelt haben; von Camilla, die ihre Feindin im Palast sei. Oh nein, sie gesteht, dass sie eine Affäre mit James Hewitt hatte!

»Ich liebte ihn, aber er ließ mich sitzen.«

Was kommt als Nächstes?

»Ich möchte die Königin der Herzen sein.«

Nein! schreit es in mir. Hör auf! ›Die Königin der Herzen?‹ Wenn auch nur die Hälfte der Männer bekannt wird, mit denen du geschlafen hast, wirst du nur noch als ›Königin der Huren‹ Berühmtheit erlangen. Bitte, Chefin, das ist nicht richtig. Da kann doch jetzt nicht noch mehr kommen, oder?

Oh nein. Mir dreht sich der Magen um, als sie der Welt verkündet, HRH sei als König ungeeignet.

Als König ungeeignet? Liebe Chefin, ich weiß, dass dein Schmerz groß ist, aber das ist das Verrückteste, um nicht zu sagen das Grausamste, was du je getan hast. Was machst du da, willst du deinen Mann seines künftigen Throns berauben? Offensichtlich. Was sollen deine Kinder darüber denken? Ich weiß, du bist nicht mehr meine Arbeitgeberin, doch ich habe immer große Zuneigung für dich empfunden, so wie jeder, der dich kennt. Aber wie soll das jetzt noch möglich sein? Das ist kein Interview, das ist eine Kriegserklärung. Es ist ein Angriff auf die Königsfamilie, das Pearl Harbor für die Royals. Glaubst du wirklich, das hätte keine Folgen?

Das Interview geht zu Ende. Selbst Eddie fehlen die Worte.

Als Nächstes kommt *Newsnight*. Meine Güte, sie haben meinen Tischnachbarn von Sandringham eingeladen, Seine Massigkeit, den großartigen Staatsminister der Streitkräfte Nicholas Soames. Jetzt wird er in die Mangel genommen. Wird er sich zurückhalten? Das kann ich mir nicht vorstellen. Er ist nicht der Typ.

Er behauptet, Diana habe unglückliche Zeiten hinter sich, die bei ihr zu ›Labilität und geistiger Verwirrung‹ geführt hätten. Ja, richtig, er sagt, sie sei teilweise unzurechnungsfähig. Mein Freund in Übergröße erzählt dann von Dianas Theorie, ihr Telefon würde abgehört. Seine Reaktion: Dies bezeuge ›Paranoia in fortgeschrittenem Stadium‹. Nein, er sagt, sie sei *vollkommen* verrückt.

Ich lasse mich in mein Sofa sinken. Was hat das jetzt gebracht? Ich denke über das nach, was Mindy mir neulich erzählt hat. Sie behauptet, Diana sei anders als ihre Schwestern, die anderen Spencermädchen, weniger ausgeglichen und etwas rachsüchtig. Und dann spricht Mindy auch noch den absurden Gedanken aus, das läge vielleicht daran, dass sie nicht wirklich die Tochter von Earl Spencer sei. In Gedanken rekapituliere ich noch mal diese Unterhaltung. Mühelos erinnere ich mich an die Einzelheiten, weil sie unvergesslich sind.

»Es geht das Gerücht, ihre Mutter hätte vor Dianas Geburt eine Affäre gehabt, und zwar mit einem bekannten und mächtigen Mann, der sehr berüchtigt war und dem nur wenige Frauen widerstehen konnten.«

Ich weiß, dass Mindy einen gerne auf die Folter spannt.

»Dann raus damit«, sage ich. »Wer war es?«

»Wenn ich dir sage, dass er zum Ritter geschlagen wurde und sein Vorname Jimmy lautet, errätst du dann den Nachnamen?«

Das haut mich um. Ich glaub's einfach nicht. *Deshalb* also haben der Chef und die Chefin sich Sir Jimmy Savile als Eheberater ausgesucht. Weil er der leibliche Vater der Chefin ist! Das erklärt so einiges. Kein Wunder, dass er meint, er hätte das Recht, so vertraulich mit uns Lady Clerks umzugehen.

»Wer hätte das gedacht?«, sage ich. »Sir Jimmy Savile ist der leibliche Vater Ihrer Königlichen Hoheit?«

»Was?«, entgegnet Mindy. »Aber doch nicht Sir Jimmy Savile! Ich spreche von Sir Jimmy Goldsmith.«

»Was, Sir Jimmy Goldsmith, der unermesslich reiche Finanzier und Politiker?«

»Genau.«

»Das kann doch nicht dein Ernst sein.«

Wie auch immer, Mindy besteht darauf, dass Dianas Mutter mit Sir Jimmy eine Affäre hatte und alle Daten zusammenpassen. Dann fragt sie mich, ob mir noch nicht die erstaunliche Ähnlichkeit zwischen der Chefin und Jemina, Sir Jimmys Tochter mit Annabel Goldsmith, aufgefallen sei. Und nicht nur *das*, sagt sie, sondern auch der interessante Umstand, dass die beiden eng miteinander befreundet und beide in Gentlemen aus Pakistan verliebt sind – Jemina in Imran Khan und Diana seit Neuestem in den Chirurgen Hasnat Khan. Sie hätten ja sogar den selben Nachnamen! Ob sie vielleicht Cousins wären?

Ich wiederholte gegenüber Mummy, was Mindy gesagt hatte, und ihre Reaktion darauf war wie immer maßvoll und vernünftig, denn sie verwarf es als ›reine Spekulation‹. Ich nehme an, damit hat sie Recht. Ohne einen DNA-Test bleibt es das, was man als ›vollkommenen Blödsinn‹ bezeichnet.

Dezember 1995

Große Aufregung, um nicht zu sagen, leichte Anspannung hier beim Büropersonal, als wir am St. James' Palace in den Bus steigen, um zu unserem alljährlichen Weihnachtsessen zu fahren, das dieses Mal im Lanesborough Hotel am Hyde Park Corner stattfinden wird. Aus einem beispiellosen Impuls heraus hat die Chefin beschlossen, mit uns zu fahren!

Die weltgrößte Modeikone sieht einfach umwerfend aus. Sie trägt einen zauberhaften pinkfarbenen Blazer mit Messingknöpfen und einen schwarzen Rock. Ihre Schuhe sind von Jimmy Choo. Neuerdings trägt die Chefin nur noch Schuhe von Jimmy Choo. Sie wirkt nicht nur strahlend, sondern auch leicht triumphierend. Ich frage mich, ob das an der *Panorama*-Sendung liegt oder an der Aussicht auf ein neues Leben nach ihrer Scheidung.

Forsch nimmt sie ganz vorn im Bus Platz, wie eine Amazone, die ihre Truppen in die Schlacht führt. Ich kann sehen, wie die Menschen draußen auf der Straße verblüfft zu ihr hinüber starren und ihren Augen nicht trauen. Das überrascht mich nicht.

Würden Sie Ihren Augen trauen, wenn Sie sie in einem Bus sähen?

Als wir am Lanesborough ankommen, erwarten uns schon unzählige Reporter und Kameraleute. Wir alle werden auf Film gebannt. Ich komme mir vor wie ein Star bei einer Hollywoodpremiere. Es ist einfach wundervoll! So was ist noch nie passiert! Eine Freundin meint, dass Neuigkeiten von der Königsfamilie derart heiß begehrt sind, dass die Presse sogar jeden ablichtet, der für sie arbeitet, selbst Lady Clerks. Wir betreten das Lanesborough und bekommen sofort Champagner gereicht. *Mais naturellement!*

Als ich eintrete, begegne ich sofort Tiggy Legge-Bourke, dem Kindermädchen von William und Harry. Vor ein paar Jahren ersetzte Tiggy Olga Powell, die ziemlich süß war, ein bisschen wie ›Nursie‹ in *Blackadder*. Nur konnte Olga die jungen königlichen Rabauken nicht bändigen. Ich erinnere mich noch, wie Olga einmal den flüchtenden Tunichtguten hinterher keuchte und rief: »Kommt sofort zurück, ihr bösen Jungen!« Tiggy hingegen ist jemand, dem die beiden instinktiv gehorchen. Sie hat etwas von einem altmodischen Feldmarschall an sich und spricht immer in militärisch forschem Ton.

»Und, wie steht's?«, begrüßt sie mich, als wäre ich ein befreundeter Offizier mit Kommandogewalt.

»Oh, sehr gut, danke, Tiggy.«

Bald sind wir in einen Schwatz vertieft. Ich weiß so einiges über Tiggy, weil sie oft in der Zeitung steht. Mindy hat mich auch mit dem neuesten Tratsch darüber versorgt, wie sehr die Chefin Tiggy verabscheut. Zuerst nahm sie Anstoß daran, dass ihre beiden Söhne sie mögen. Dann missfiel ihr auch noch das offensichtliche Einvernehmen zwischen Tiggy und HRH. Dies ist allgemein bekannt, da es sogar ein Foto in der Zeitung gab, auf dem Tiggy dem Chef kokett ein Küsschen auf die königliche Wange gab. Aber die Prinzessin und ihre Verbündeten gehen noch weiter. Sie behaupten, Tiggy und HRH hätten eine Affäre. Die

Prinzessin ist sogar der Meinung, HRH hätte Camilla fallen gelassen und wolle Tiggy *heiraten*. Mindy meint, Diana sei so paranoid, dass sie glaubt, der liebe HRH würde sogar so weit gehen, sie durch einen Autounfall umbringen zu lassen, damit er Tiggy heiraten kann! Hat man schon mal so etwas Absurdes gehört?

Bevor ich weiß, wie uns geschieht, steht plötzlich die Prinzessin vor uns. Ich mache einen Knicks, aber die Chefin hat nur Augen für Tiggy. In ihrem Blick lodert Hass. Ihre Königliche Hoheit mustert Tiggy geringschätzig und verkündet mit lauter Stimme: »Die Sache mit Ihrem Baby tut mir ja so leid!«

Dann reckt die Chefin ihre Nase in die Höhe und tritt mit dieser rachsüchtig triumphierenden Miene in die Menge, die sie schon im Bus trug, um allen zu zeigen, dass sie die Nummer eins ist. Oh ja! Tiggy und ich blicken ihr mit offenem Mund nach. Haben wir recht gehört? Ich bin fassungslos. Die Prinzessin hat unverblümt und öffentlich verkündet, dass das Kindermädchen ihrer Söhne entweder eine Fehlgeburt oder eine Abtreibung hatte – und unzweideutig anklingen lassen, dass HRH der Vater war.

Geschockt stehe ich immer noch wie angewurzelt da, als sich Tiggy an Prinzessin Dianas neuen Protection Officer wendet, der hinter ihr steht.

»Weißt du, was sie gerade zu mir sagte?«, fragt sie ihn.

Mit verlegendem Blick zuckt er die Achseln. Wow! Ich frage mich, wie das alles jetzt weitergehen soll, als wir plötzlich angehalten werden, Platz zu nehmen. Puh! Gerettet vom Essensgong.

In dem einen Raum sitzt das Gefolge der Prinzessin, im anderen das des Prinzen. Wir sind wie zwei revalisierende Armeen. Die ganze Atmosphäre ist sehr eigentümlich. Ich winke Victoria zu, die mitten im anderen Lager sitzt. Kann unsere Freundschaft bestehen?

Wie vorauszusehen war, gab es wegen des *Panorama*-Fiaskos bereits einige Kündigungen. Geoff Crawford, der Press Secretary von Prinzessin Diana, ist gegangen, und es heißt, ihr Private Secretary Patrick Jephson packe ebenfalls seine Koffer.

Wir lassen uns alle an den für uns bestimmten Plätzen nieder. Ich sehe, dass Tiggy nicht weit von mir sitzt. Sie sieht fuchsteufelswild aus, und das kann ich ihr nachfühlen. Was immer die Chefin empfinden mag, es ist einfach schrecklich, hinzugehen und eine Angestellte öffentlich blosszustellen, finden Sie nicht? An Tiggys Stelle wäre ich außer mir. Wahrscheinlich wäre ich schon gegangen.

Wir essen einen Gang nach dem anderen, da taucht während des Desserts ein als Frau verkleideter Mann auf. Ich nehme an, die Gesellschaft befindet sich im Wandel und man muss solche Dinge als normal ansehen. Trotzdem hätte es mich weniger überrascht, wenn ein Transvestit bei der Weihnachtsfeier des Buckingham Palace aufgetaucht wäre anstatt hier beim Essen des St. James' und des Kensington Palace. Der Mann tritt an die verschiedenen Tische und stellt sich vor. Mir ist noch nie zuvor ein Transvestit begegnet, wie spannend! Jetzt kommt er zu unserem Tisch herüber. Ach, ich dumme Kuh, das ist ja der Zauberer Fay Presto!

Nun, wenn es je den rechten Zeitpunkt für eine kleine Abwechslung gegeben hat, dann diesen. Fay Presto ist brillant! Er lässt Flaschen verschwinden und zeigt Kartentricks, und schon bald ist die ganze Spannung wegen des Vorfalls zwischen Tiggy und der Prinzessin verflogen. Aber dann beobachte ich plötzlich etwas aus dem Augenwinkel.

Das kann doch nicht wahr sein! Habe ich wirklich gerade ein Brötchen vorbeifliegen sehen? Meine Güte, zwischen fünf, sechs Tischen ist eine Brötchenschlacht ausgebrochen! Tiggy und die jungen Prinzen schmeißen mit Brötchen um sich! Was ist da los? Der freche Prinz Harry bekommt einen hysterischen Lachanfall nach dem anderen. Mein Gott, was hat er denn jetzt in der Hand? Es sieht aus wie eine Dose. Aber die wird er doch wohl nicht auch noch schmeißen, oder? Ich weiß, der junge Prinz Harry ist immer für eine Überraschung gut, aber wenn er mit Dosen um sich wirft, gibt's Ärger. Dann sind hier keine Sicherheitsbeamten mehr gefragt, sondern Bewährungshelfer. Meine Güte, Prinz William hat auch so eine. Und Tiggy!

Plötzlich quillt Schaum aus den Dosen, außerdem fliegen überall Lebensmittel herum. Selbst die Leibwächter beteiligen sich an dem Tumult. Ich fasse mein unangerührtes Brötchen ins Auge. Soll ich dem Beispiel meiner königlichen Dienstherrn folgen? Ich denke ja. Also schleudere ich das Brötchen ins Getümmel. Welch ein Spaß! Jemand wirft eins zurück. Dann sehe ich, dass Tiggy zielstrebig zu HRHs Tisch läuft. Mein Gott, jetzt besprüht sie den Chef mit Schaum. Alles lacht.

Und dann sehe ich etwas, was ich bis zu meinem Lebensende nicht mehr vergessen werde: Als Tiggy den Prinzen besprüht, blickt sie hinüber zur fassungslosen Prinzessin im anderen Raum, als wollte sie sagen: »Sieh mal, *wer* jetzt die besondere Beziehung zu ihm hat!« Die Prinzessin ist fuchsteufelswild. Tiggy hält ihrem Blick stand und lächelt spöttisch.

Erst hat die Prinzessin mit einem Überraschungsangriff den Krieg erklärt. Dann hat Feldmarschall Tiggy sich gefasst und aus allen Rohren zurückgefeuert. Ich schwöre, wenn die Chefin jetzt aufsteht und herüberkommt, dann wird es eine Schlammschlacht ohne Gnade geben. Dann stehen die Leibwächter dumm da. Denn diese beiden Frauen verbindet wahrer Hass.

Ich sehe, dass die Prinzessin sich bereit macht aufzustehen. Da wirbelt Tiggy herum und kehrt an ihren Tisch zurück. Die Chefin ist immer noch wütend, aber die Gelegenheit zum Kampf ist nun verstrichen, also schaltet sie wieder in den Konversationsgang herunter und nimmt erneut das Gespräch mit ihrem Nachbarn zur Linken auf. Puh!

Dann empfangen wir alle unser Weihnachtsgeschenk: Zwei Gläser mit den Federn des Prinzen von Wales. Und weil der St. James' Palace so nah ist, gehen wir anschließend zu Fuß zurück. Vor dem Hotel schießen die Fotografen tausend Schnappschüsse von uns. Im Moment scheinen der Chef und die Chefin die wichtigsten Nachrichtenlieferanten der Welt zu sein. Ja, diese Weihnachtsfeier werde ich wohl so schnell nicht vergessen!

Februar 1996

Ich bin für eine ganze Woche auf Balmoral. Ist das nicht aufregend? Das Problem ist nur, ich habe meine Kleider schon so oft getragen, dass ich neue Garderobe brauche. Aber ich kann mir nur Second-Hand-Sachen leisten. Doch die kann ich wohl kaum in einem Palast tragen, oder? Mein Dispokredit ist am Limit, und von Daddy kann ich mir auch nichts mehr leihen, vor allem, weil wir beide wissen, dass ich es nie zurückzahlen werde.

Da kann ich nur sagen: Gott sei Dank gibt es Freundinnen! Wirklich, wenn es Karin Humphries nicht gäbe, eine frischgebackene Debütantin und großartige Freundin von mir, wäre ich mittlerweile die Palastpennerin. Sie ist nicht nur das hübscheste Mädchen, das ich kenne, sondern auch das netteste. Stellen Sie sich vor, Sie hätten eine wunderschöne gute Fee, die ihnen erlaubte, *alles* aus ihrem Kleiderschrank zu leihen! So ist Karin. Jedes Mädchen sollte eine solche gute Fee haben, vor allem, wenn es im Palast arbeitet und kaum was verdient.

Jedenfalls wohne ich dieses Mal in Birkhall und nicht im Cottage. Ich sitze gerade im Büro und tippe etwas, als Bernie der Butler hereinkommt und mir mitteilt, ich sei heute Abend zum Essen mit HRH und seinen Freunden eingeladen. Oh ja! Wie aufregend! Kaum hat Bernie den Raum verlassen und ich bin allein, stehe ich auf und drehe vor Freude eine Pirouette. Gerade setze ich mich wieder vor den Computer, da ertönt eine Stimme: »Saaraah!«

Wer ist das? Es klingt wie HRH, aber der kann's ja wohl nicht sein. Schließlich ruft ein Prinz nicht. Er zitiert leise herbei. Es muss jemand vom Personal sein.

»Jaaah?«, rufe ich mit gedehnter, leicht alberner Stimme zurück.

»Oh, könnten Sie bitte in mein Büro kommen?«

Oh mein Gott, es ist wirklich HRH! Ich stürze den Flur hinunter in sein Büro. Mir hämmert das Herz. Ich wollte ihn nicht veralbern, wirklich nicht! Aber er wirkt ziemlich unbeeindruckt. Puh. Ich nehme einen Brief auf. Als ich gerade zurück in mein Büro gehen will, sagt er:

»Sagen Sie, Sarah, mögen Sie Kaviar?«

Was für eine komische Frage! Natürlich habe ich schon Kaviar gegessen. Ich reiche immer Seehasenrogen auf Kanapees mit Räucherlachs. Manchmal kann auch ich ziemlich kultiviert sein, wissen Sie? Jetzt ist die Gelegenheit, dies Seiner Königlichen Hoheit zu zeigen.

»Ja, Sir, den esse ich oft.«

HRH zieht die Augenbrauen in die Höhe. »Wirklich?«

Das bringt mich aus dem Konzept. »Ja, Sir, vier Pfund das Glas ist nicht so teuer.«

»Sarah, der Kaviar, den ich meine, ist der Rogen vom Stör. Den gibt es in Dosen und eine Dose kostet nicht vier sondern vierhundert Pfund. Ich habe kürzlich ein paar Dosen vom Sultan von Brunei bekommen. Es ist Royal Beluga Kaviar, der Beste. Wir werden ihn heute Abend bekommen. Dazu sind Sie eingeladen. Ich hoffe, es wird Ihnen schmecken«, ergänzt er mit einem Lächeln.

Als ich sein Büro verlasse, denke ich: Das hoffe ich auch.

Offensichtlich ist sein Kaviar ein anderer als der, den ich normalerweise esse. Für Fischeier kommt er mir ziemlich teuer vor. Manche Leute haben einfach mehr Geld als Verstand. Ich frage mich, ob der wirklich so anders schmeckt als der, den ich bei Tesco kaufe. Wenn ich je diesem Sultan begegnen sollte, werde ich ihm vielleicht diesen Spartipp geben. Geh zum Supermarkt, Sultan. Spar ein paar Dinare! Eier vom Stör können sich doch nicht so sehr von Seehasenrogen unterscheiden, oder?

Später denke ich darüber nach, wie glücklich sich HRH doch schätzen kann, solch großzügige Freunde wie den Sultan zu haben, auch wenn der ein bisschen unvernünftig mit seinem

Geld umgeht. Ich nehme an, dass der Sultan jetzt zu Gast ist und er deshalb HRH diese Fischeier geschenkt hat. Meine Güte, zweifellos werde ich diesen exotischen Menschen beim Abendessen treffen. Wie aufregend! Was wird er anhaben? Ein wallendes Gewand? Einen Turban mit Juwelen? Und wer *ist* er eigentlich, frage ich mich, als ich all die schönen Röcke und Oberteile anprobiere, die mir Karin – gesegnet sei sie – hat zukommen lassen.

Ist der Sultan verheiratet oder noch Single? Wenn er verheiratet ist, ist seine Frau dann eine Sultanin? Hat er mehrere Sultaninen? Ich frage mich, ob er noch eine will. Und stopfen sich seine Sultaninen alle mit diesem teuren Kaviar voll? Und wo um alles in der Welt ist Brunei, dessen Sultan er ist? Weit weg? Würde es mir gefallen, dort zu leben? Nun, das alles werde ich bald herausfinden.

Nervös gehe ich in die Küche, genehmige mir einen von Mervyns steifen Gin Tonics und frage ihn, ob ich so gehen kann. Bernie erklärt, ich sähe gut aus. Aber ich bin immer noch nervös.

»Aber Sie finden nicht, es sei zu nuttig oder overdressed, oder?«

Bernie versichert mir, dem sei nicht so. Ich kann mir gerade noch die Frage verkneifen, ob mein Busen in diesem Kleid nicht zu groß aussieht, denn das wäre nicht angemessen, trotzdem will die Nervosität nicht weichen. Ich trinke einen letzten kräftigen Schluck, und breche dann auf zum Salon.

Hier bin ich, an meinem ersten Abend in Balmoral, und weiß nicht, wer HRHs Gäste eigentlich sind. Aber ich bin bereit. Oh ja, ich bin bereit, mit Prinzen zu plaudern und mit Sultanen zu schwatzen. Also wer wird heute Abend noch mit uns essen?

Ich betrete den Salon und sehe mich um. Ist Sexy Holzkopf, der Duke of Westminster hier? Nein. Ist Seine Massigkeit anwesend, der großartige Minister der Konservativen, Nicholas Soames? Nein. Was, noch nicht mal ein Sultan oder eine Sultanin? Nein. Vielleicht kommen sie ja noch? Minuten später werde ich einer Duchess und einem Earl vorgestellt. So viel ich mitbekomme, sind sie benachbarte Großgrundbesitzer.

HRH ruft mich zu sich und fragt, was ich trinken möchte.

Nein danke, Chef, Sie sind mir ein bisschen zu großzügig mit dem Gin. Ich werde mich selbst bedienen. Natürlich sage ich das nicht. Das würde ich nicht wagen! Ich bin ganz bescheiden und weiß, wo mein Platz ist.

Wir setzen uns zum Essen, und mir wird rasch klar, dass die anderen Gäste größtenteils hiesige Hoheiten mit nahegelegenen Anwesen sind, die zweifellos so groß sind wie Balmoral. Wir sind nur neun. Ich sitze neben einer Frau, deren Gesicht mir sehr bekannt vorkommt. Wer ist das nur, denke ich, und strenge mein Hirn an. Dann fällt es mir ein. *Sie* ist es! Ja. Es ist Camilla Parker-Bowles.

Oh mein Gott. Als ich sie das letzte Mal sah, war das bei jenem denkwürdigen Gottesdienst auf Sandringham. Aber natürlich stand sie seitdem in den Zeitungen. Hier bin ich nun, mir gegenüber sitzt Seine Königliche Hoheit und neben mir seine königliche Mätresse. Wer hätte das gedacht?

Jetzt kommt Bernie mit dem Kaviar. Gott sei Dank wird mir nicht als Erste serviert. Ich habe nicht die geringste Ahnung, was ich tun soll. Hier wird der Kaviar entschieden anders gereicht als bei mir.

Ich folge dem Beispiel der anderen, die das eindeutig nicht zum ersten Mal machen, und nehme mir zuerst einen kleinen Pfannkuchen aus Buchweizen. Dann gebe ich etwas Sauerrahm auf meinen Teller; als Nächstes kommen Zwiebeln und hart gekochtes Ei dazu, beide gehackt, und schließlich ein Klacks des klebrigen, schimmernd schwarzen Royal Beluga Kaviar, an den ich etwas Zitronensaft träufle. So, und inwiefern unterscheidet sich dies nun von dem Kaviar, den ich normalerweise kaufe?

Ich beiße ein Stückchen ab.

Erinnern Sie sich noch an den Augenblick, als Sie sich das erste Mal verliebten? Wissen Sie noch, wie Ihr erster leidenschaftlicher Sex war? Und Ihr erster Orgasmus? Nun, ich jedenfalls werde nie meine erste Kostprobe Royal Beluga Kaviar vergessen. Es ist wie die Bruchlandung vom Paradies auf meinen Geschmacksknospen. 400 Pfund die Dose ist für die meisten von uns zwar unerschwinglich, aber, lieber Leser, wenn Sie je im Lotto gewinnen sollten und sich dann verwöhnen wollen, hören Sie auf einen Tipp vom Sultan. Probieren Sie mal Royal Beluga. Nur einmal. Aber aufgepasst! Sollten Sie süchtig werden, heißt es ›Bye, bye, ihr Lottomillionen‹.

Hier sitze ich also und stopfe diesen köstlichen Leckerbissen aus der Vorratskammer des Paradieses in mich hinein, als Camilla Parker-Bowles sich mir zuwendet. Und wer sind Sie? Eine Lady Clerk. Wie lange arbeiten Sie schon im Palast? Ungefähr acht Jahre. Und stelle ich ihr ebenfalls Fragen, zum Beispiel: ›Und wer sind *Sie*‹ oder ›woher kennen Sie den Prince of Wales‹? Wohl kaum. Das wäre doch taktlos, nicht wahr? Und wenn ich *diese* Fragen nicht beantworten könnte, müsste ich die letzten vier Jahre ja auf einem anderen Planeten verbracht haben.

Dann geht Bernie mit einer neuen Runde dieses unglaublichen Royal Beluga Kaviars herum. Ich sage zu mir, dass jetzt der rechte Zeitpunkt gekommen ist, damenhafte Zurückhaltung zu üben, so wie meine Freundin Victoria Mendham. Aber ehrlich gesagt ist dies eine Versuchung, ähnlich wie gewisse Männerpopos, der ich nicht widerstehen kann. Ich schaufele ein großes Häufchen auf meinen Teller.

Irgendwann während des Gesprächs lasse ich fallen, dass Mummy gerade gegen den Krebs kämpft. Plötzlich wird Camilla, wie ich sie nun nennen soll, ausgesprochen mitfühlend. Sie erzählt mir, dass ihre eigene Mutter an Osteoporose gestorben ist. Ganz schnell sind wir in ein intensives Gespräch vertieft.

Meine Güte, Camilla ist so süß! Ich glaube, all die hässlichen Dinge sind nur aus Gemeinheit über sie verbreitet worden; reine Giftspritzerei. Und von jetzt betrachte ich jeden, der sie angreift, als meinen Feind! Im Ernst! Wie glücklich kann HRH sich schätzen, so eine wunderbare und einfühlsame Frau als Mätresse, Vertraute, Geliebte zu haben. Keine Frau kann liebenswerter sein, denke ich, als ich in eine weitere Portion von des Sultans großzügigem und köstlichem Geschenk beiße.

Als ich später zu Bett gehe, denke ich noch über das Dinner nach. Es war wohl schlicht und einfach einer der wundervollsten Abende in meinem Leben. Man stelle sich vor, ich habe Royal Beluga Kaviar gegessen, und zwar bergeweise! Und nicht nur das, ich hatte auch ein inniges Gespräch mit Camilla Parker-Bowles, der offensichtlich nettesten Frau, die man sich nur vorstellen kann. *Und*, man glaubt es kaum, sie ist jetzt meine Freundin! Wenn man so darüber nachdenkt, scheint es einfach unglaublich. Dann schlafe ich ein.

Drei Tage später kommt ein Schwung von HRHs Freunden aus England angereist. Ich habe die Aufgabe, bei einem königlichen Picknick auszuhelfen. Wie wunderbar! Wir treffen uns an der Swiss Lodge, die sich mitten in einem der Wälder bei einem kleinen Bergsee befindet. Ich erfahre, dass die Swiss Lodge ein echtes Schweizer Chalet ist, das Ihrer Majestät geschenkt wurde. Meine Güte, hat die Königsfamilie nicht großzügige Freunde? Man stelle sich vor: erst all diese Dosen Royal Beluga Kaviar und jetzt auch noch ein ganzes Schweizer Chalet!

Bei einem weiteren Dinner mit HRH habe ich mir zusammengereimt, wer diese neuen Freunde sind. Es sind Freunde des Chefs aus der Kunstszene, ideale Gefährten also nun, da die Jagdsaison vorbei ist. Aber daher sind auch weder Mr. Sexy Holzkopf noch Seine Massigkeit dabei.

Um zur Swiss Lodge zu gelangen, müssen wir mit dem Geländewagen in die königlichen Ländereien fahren, vorsichtig holprige Pfade zwischen Kiefern hindurch hoch, weiter und immer weiter, fast bis zur Baumgrenze, wie ich feststelle.

Wir treffen alle in unseren jeweiligen Discovery Land Rovers ein. Ich begleite Bernie den Butler. Wir sind eigens deshalb vorgefahren, um das Picknick vorzubereiten. Es ist das Übliche: in der Schale gebackene Kartoffeln, Salat und Quiche. Ich frage mich ob ›echte‹ Prinzen auch Quiche essen. Natürlich tun sie das.

Außerdem ist mein Prinz nicht nur ein echter, sondern auch ein Renaissance-Prinz, der für alles offen ist. Ich schiebe die Kartoffeln und die Quiche zum Aufwärmen in den Ofen.

Dann treffen plötzlich die anderen ein. Aber meine neue beste Freundin Camilla Parker-Bowles ist nicht dabei. Zu schade. HRH und seine Freunde drängen sich in die Lodge. Die Atmosphäre ist entspannt. *Ich* jedenfalls bin ganz entspannt, weil ich mich von dem Rumpunsch mit Orange bedient habe, der, man glaubt es kaum, in kleinen Trinkhörnchen gereicht wird. Das wärmt einen auf, danke schön. Ich schenke mir gerade zum dritten Mal nach, als ich eine vertraute Stimme höre.

»Oh, Sarah, könnten Sie wohl die Suppe verteilen?«

Gefahr der Trunksucht gebannt durch königlichen Befehl! Als ich die ›Gastgeberin‹ spiele, fröne ich ganz kurz der Fantasie, HRH und ich würden unsere Freunde bewirten. Natürlich schätze ich mich mehr als glücklich, die Teller mit der dampfenden Bouillon zu verteilen. Alle setzen sich an den großen alten Tisch aus Kiefernholz. Ich sehe einen freien Platz und setze mich ebenfalls. Dann merke ich plötzlich, wie HRH sich neben mir niederlässt.

Schon wieder, Königliche Hoheit? Das wird für Gerüchte sorgen. Man wird mit vorgehaltener Hand sagen, ich hätte den Platz meiner Freundin Camilla Parker-Bowles als königliche Mätresse eingenommen.

Sei nicht albern, schaltet sich meine innere Nanny ein. Du schmeichelst dir nur selbst. Wahrscheinlich, oder? Aber dann erklär mir mal, warum er in letzter Zeit so oft neben mir sitzt. Meine innere Nanny schießt zurück: HRH sitzt nur deshalb neben dir, weil er als guter Gastgeber zuletzt Platz nimmt. Und du als Bedienung setzt dich als vorletzte. Deshalb. Meine innere Nanny hat Recht, verdammt soll sie sein. Tja dann. Ein Mädchen wird ja wohl noch träumen dürfen.

Ich blicke mich um und nehme alles in mich auf. Die Sonne scheint wärmend durch das große Panoramafenster, das auf den dunkelgrünen Bergsee hinausgeht. Ein schöner Holzofen wärmt uns ebenfalls tüchtig. Das Gespräch ist amüsant, gebildet und, wenn ich ehrlich bin, zu hoch für mich. Aber diese Künstlertypen haben so was Sensibles und Freundliches an sich, dass ich mich vollkommen wohl fühle. Ich könnte den ganzen Tag hier bleiben.

Am Ende des Picknicks wird beschlossen, noch einen kleinen Spaziergang zu machen. Wir treten aus dem Chalet und blicken auf den wunderschönen Bergsee. Ich erfahre, dass Tiggy Legge-Bourke mit den beiden jungen Prinzen in diesem August hier war. Einer der beiden Prinzen nahm ein Bad im See, aber ob er selbst hineinsprang oder gestoßen wurde, weiß ich nicht!

Stolz und zufrieden steht HRH da und begutachtet die Schönheit des Waldes. Genau in diesem Augenblick kommen ein paar Wanderer an uns vorbei und überqueren die kleine Brücke über den See. Sie blicken nicht zu uns herüber. Ich glaube, sonst bekämen sie den Schock ihres Lebens. In Schottland dürfen die Bürger hier ganz nach Belieben wandern, offenbar gibt es kein Gesetz gegen unbefugtes Betreten. Trotzdem kann man nicht damit rechnen, bei einer Wanderung dem Prince of Wales und seinen Freunden zu begegnen.

Wir spazieren weiter durch den Kiefernwald, immer weiter hinauf zu der strahlend hellen Höhe vor uns, bis wir die Baumgrenze und eine Art Hochebene erreichen. Es ist einfach zauberhaft, und ich fühle mich ausgesprochen privilegiert. Mir wird gesagt, dass wir nicht weiter gehen, weil es ab hier ein bisschen unwegsam wird. HRH führt uns nach unten zurück, und während wir so gehen, frage ich ihn, was eine Art orangefarbenes Netz auf dem Boden zu bedeuten hat.

»Ach, das ist für die *Capercaillies*«, erklärt HRH. Ich nicke. Was um alles in der Welt sind ›Capercaillies‹? Seltene Pflanzen, vielleicht Heilkräuter? Und warum müssen die Netze orange sein, frage ich mich. Vielleicht weil die orangefarbenen am billigsten sind?

»Die Capercaillies werden den Berg hinunter getrieben, und wenn sie die Netze erreicht haben, fliegen sie in die Höhe, und wir können auf sie schießen.«

Oh, wie clever, HRH.

»Wissen Sie denn, was ›Capercaillie‹ bedeutet?«, fragt er.

Nein, lieber HRH, ich weiß noch nicht mal, was ein ›Capercaillie‹ ist.

»Es ist gälisch und bedeutet ›Pferd des Waldes‹.«

Jetzt bin ich noch verwirrter. Fliegende Pferde, die im Wald leben? Das kann doch nicht stimmen. Andererseits existieren Zentauren vielleicht doch. Aber eigentlich ist es dann eine Schande, sie abzuschießen.

»Ja«, fährt HRH fort, »früher fand man sie in ganz Nordeuropa. Sie sind wie schottische Moorhühner, nur viel, viel größer.«

Ah, Moorhühner! Also sind es große Vögel.

HRH scheint alles zu wissen, was es über das Landleben zu wissen gibt. Und er ist sogar ein guter Jagdführer! Wie viele Royals oder adlige Großgrundbesitzer können *das* von sich behaupten?

Während der Jagdsaison führt er persönlich seine Freunde an das Wild heran. Ich sehe ihn förmlich vor mir, wie er in seinem Tweedanzug auf dem Bauch durch das Heidekraut robbt, um in erreichbare Nähe seiner Beute zu kommen. Und wenn es zum Abschuss kommt, bricht er den Hirsch selbst auf, das heißt, er schlitzt ihn von der Kehle abwärts auf und entleert ihm den Magen- und Darminhalt, der später von Raben und anderem Getier gefressen werden kann.

Ist das nicht männlich? Er ist kein feiger Schlappschwanz. Sollten wir je in die Steinzeit zurückkatapultiert werden, wäre HRH definitiv ein Mann, auf den man zählen könnte. Ich jedenfalls würde für immer in seiner Höhle leben wollen. Oh ja, es gibt einfach keinen, der sich besser mit dem Landleben auskennt als Seine Königliche Hoheit.

Oktober 1996
In Folge der Scheidung meiner Arbeitgeber hat es in letzter Zeit große Veränderungen im Büro gegeben. Das versetzt selbst eine Lady Clerk in Unsicherheit!

Commander Richard Aylard wurde in seiner Stellung als HRHs Private Secretary gekündigt, was ich schrecklich traurig finde. Wahrscheinlich hat das mit dem Buch von Jonathan Dimbleby zu tun, für das ihm immer noch alle die Verantwortung geben. Der arme Richard, er hat so hart für den Chef gearbeitet, dass seine Ehe in die Brüche ging. Jetzt ist er geschieden *und* ohne Arbeit. Kann das Leben nicht grausam sein? Stephen Lamport wurde zum Private Secretary befördert, und Mark Bolland ist der neue Deputy Private Secretary.

Nun ist es ziemlich außergewöhnlich, dass Mark Bolland dazu ernannt wurde, weil er gar nicht der Typ ist, den man hier im Palast erwarten würde. Normalerweise kommen die Kandidaten für die verschiedenen Privatsekretärsposten aus dem Foreign Office oder von den Streitkräften. Es sind Männer aus der Upper Middle-Class mit Abschluss in Oxford oder Cambridge oder zumindest einer guten Privatschule. Mark, wie ich ihn unbedingt nennen soll, stammt hingegen aus bescheidenen Verhältnissen und ist erst auf eine Gesamtschule in Middlesbrough und dann zur Universität von York gegangen. Er ist etwa zwei Jahre älter als ich, smart, kultiviert und schwul, und sein Freund Guy Black ist der Secretary für den Leiter der Press Complaints Commission, die sich, wie der Name schon sagt, um missliche Presseangelegenheiten kümmert. Mark ist *ungeheuer* amüsant.

Er hat mich zum Lunch ins Le Caprice ausgeführt. Dort scheinen ihn alle zu kennen, und er ist ein derartiger Trendsetter, dass sogar der Club, in den er mit mir gegangen ist, nach ihm benannt worden ist. Wahrscheinlich gehört er ihm auch. Ja, Mark's Club in Mayfair unterscheidet sich sehr von den verschiedenen Clubs in St. James'. Er ist kein bisschen spießig. Die Hälfte der Mitglieder ist berühmt. Mark und ich verstehen uns prächtig. Es macht solchen Spaß, für ihn zu arbeiten!

8.

Leb wohl, Rose Englands

April 1997

In diesem Jahr war es bislang ruhig. Im Januar habe ich mit Eddie Schluss gemacht. Die Leidenschaft war verpufft, aber jetzt sind wir ›gute Freunde‹. Irgendeine neue Romanze in Sicht? Ich kann Ihnen verraten, dass ich eine Schwäche für einen von HRHs Kammerdiener entwickelt habe. Der Diskretion wegen will ich ihn Sam nennen. Sam ist unglaublich süß. Aber es gibt ein Problem: Er hat eine Freundin. Allerdings ist er nicht verheiratet, genau genommen also ein freier Mann. Zumindest meiner Ansicht nach. Ich begegnete ihm in den letzten zwölf Monaten ab und zu im Korridor und fing an, in Mußestunden gewisse Fantasien in Hinblick auf ihn zu entwickeln, die ich aber für mich behalten werde. Die Fantasien wurden mit der Zeit so sensationell, dass ich mich beim letzten Weihnachtsball der Angestellten nur mit Mühe zurückhalten konnte, sonst hätte ich mich ihm an den Hals geworfen.

Diesen Monat dann wurde ich nach Balmoral abbeordert. Wo war ich untergebracht? Diesmal nicht auf Birkhall, sondern in Tom-na-Gaidh. Da der Geist des wahnsinnigen Holzfällers mir bis jetzt noch nicht erschienen ist, stört mich das gar nicht. Außerdem bin ich nicht allein hier, Stephen Lamport, HRHs Privatsekretär, schläft im Zimmer über mir. Gestern fragte HRH seine Gäste, ob sie nicht Lust hätten, von ihm eine persönliche Führung durch das Schloss zu bekommen. Und er fragte mich, ob ich nicht auch mitmachen wolle. Aber natürlich. Schließlich habe ich das Schloss noch nie gesehen.

Wir treffen mit unserem Discovery Land Rover am Schloss ein. Wie düster und schmuddelig es wirkt, es passte eher zur Addams-Family als zur Royal Family. Wir gehen hinein. Das Innere ist mit Tartan-Tapisserien geschmückt – auf den Böden und an allen Wänden. Es ist zugig und kalt. Selbst wenn der Whisky in Strömen flösse, würde ich hier keinen einzigen Arbeitstag durchstehen.

HRH beginnt mit seiner Führung. Er zeigt uns die für die Öffentlichkeit zugänglichen Räume und dann die privaten, die eindeutig interessanter sind. Wir betreten das Schreibzimmer seiner Kindheit, und er weist auf kleine Kritzeleien auf dem Tisch hin. Aha, also sind selbst Königskinder nicht gegen den Vandalismusimpuls gefeit.

Als nächstes führt er uns in das Zimmer, wo er als kleines Kind schlief. Dann neigt er sein Ohr zum Abfluss im Waschbecken. »Wenn ich mich langweilte, hab ich immer auf die Geräusche gelauscht. Ich konnte alles aus dem Zimmer nebenan hören«, sagt er.

Hmm. Das ist interessant. Ich bin einmal von einer Wirtschafterin der Royals gewarnt worden, sollte ich je auf Balmoral sein und Wert auf Privatsphäre legen, müsste ich nachts den Abfluss zustöpseln. Offenbar ist das Lauschen an Rohren eine altehrwürdige Freizeitbeschäftigung etlicher Mitglieder der königlichen Familie.

Wir beschließen die Führung unten, wo die große Statue eines Schotten im Kilt steht. »Ich möchte Sie alle bitten zu raten, ob er etwas unter seinem Kilt hat«, scherzt HRH.

Und als dann die Gruppe wieder hinausgeht, kann ich es mir nicht verkneifen, rasch einen Blick darauf zu werfen. Ich neige den Kopf und spähe unter den Kilt. Plötzlich werde ich rot. Aus dem Augenwinkel erblicke ich den grinsenden HRH. Er hat noch einmal seinen Kopf durch die Tür gesteckt.

»Oh, das hatte ich mir schon gedacht, Sarah«, sagt er.

Ich will ihm antworten, wenn er uns schon aufforderte, unsere Einschätzung über die Ausstattung unter dem Kilt abzugeben, müsse er auch damit rechnen, dass man der Sache auf den Grund gehen wolle. Aber dann scheint mir das kaum die angemessene Antwort einer Lady Clerk an den künftigen König zu sein. Und es ist ja auch nicht so, als wäre da irgendwas gewesen! Immer noch hochrot gehe ich mit dem Chef hinaus zu den anderen. HRH muss mich für eine absolute Schlampe halten.

Dann fahren wir zu unseren jeweiligen Unterkünften zurück. In Tom-na-Gaidh sind wir beim Abendessen zu dritt: Stephen Lamport, ich und, wie aufregend, Sam! Ich bin ziemlich aufgelöst, da er das letzte halbe Jahr mein beständiger Favorit im Palast geblieben ist.

Am Ende des Abendessens behauptet Stephen, er sei müde und würde nun zu Bett gehen. Ja, geh nur, Stephen, *geh!* Mein Herz pocht heftig. Fünf Minuten später bin ich endlich mit Sam, diesem Bild von einem Mann, allein. Aber, verdammt, jetzt sagt er, er müsse nach Birkhall zurückfahren. Oh nein, mein schöner Kammerdiener, nicht, wenn ich es verhindern kann!

»Ach, fahr doch noch nicht«, bettle ich. »Leiste mir doch noch etwas Gesellschaft!«

»Na gut«, murmelt Sam, »dann bleibe ich noch ein bisschen.«

Wir begeben uns in den Salon. Das Feuer prasselt, das Licht ist gedämpft, und meine Körpersprache signalisiert, dass alles in mir danach schreit, von ihm berührt zu werden.

Wir lassen uns nebeneinander aufs Sofa sinken und stoßen an. Dann blicken wir uns tief in die Augen und wissen nicht mehr, was wir sagen sollen. Seine Lippen nähern sich meinen.

Dann küsst er mich. Habe ich was dagegen? Jetzt hält er mich fest umklammert. Langsam rollen wir vom Sofa, auf den Teppich vor dem Kamin. Das Feuer prasselt neben uns wie eine archaische Ermunterung, unserer Leidenschaft nachzugeben. Sams Hände sind überall auf meinem Körper. Was für erfahrene Hände du hast, Sam. Normalerweise kleidest du den künftigen Monarch an, doch jetzt entkleidest du seine Lady Clerk. Mach weiter, bitte. Das ist so frivol und doch so wundervoll.

Plötzlich fällt es mir wieder ein! Stephen Lamports Schlafzimmer ist direkt über uns! Oh mein Gott, er kann alles hören! Wird er das Geheimnis für sich behalten? Vielleicht, vielleicht aber auch nicht. Was ist, wenn HRH der Quickie seines Kammerdieners mit der Lady Clerk zu Ohren kommt? Das wäre zu schrecklich! Es ist eine Sache, wenn HRH den Verdacht hegt, ich sei eine Schlampe, aber es ist eine andere, wenn er es definitiv weiß.

Abrupt setze ich mich auf und fange an, meine Bluse wieder zuzuknöpfen. Sam wirkt verstört.

»Nein, Sam, nicht jetzt! Wir müssen warten! Ja, ich fürchte, du musst jetzt gehen. Wir dürfen nicht die Beherrschung verlieren!«

Der arme Sam. Jetzt haben wir auch die letzten Gliedmaßen voneinander gelöst. Er wirkt so ernüchtert und frustriert. Er muss mich für eine schreckliche Scharfmacherin halten.

»Und werde ich dich wieder sehen?«, fragte er mit klagender Stimme an der Tür.

Da trete ich auf ihn zu und küsse ihn heftig.

»Das ist meine Antwort«, sage ich.

Daraufhin begibt sich eine erhitzte und aufgelöste Lady Clerk zu Bett.

Juni 1997

Die Neuigkeiten seit April: Ich habe mit Polo, HRH's Lieblingssport angefangen. Was ihm recht ist, kann doch mir auch nur billig sein, oder? Seitdem habe ich jedes Wochenende in Ascot auf dem Rücken der Poloponys verbracht, die mir die hübschen und beliebten Grace-Schwestern zur Verfügung gestellt haben. Ich habe sogar bei ein paar Spielen mitgemacht. Danach gab es eine große Party, und wir bekamen südamerikanischen Lammbraten vom Grill. Und damit meine ich nicht eine Keule oder ein Schulterstück, sondern ein ganzes Lamm. Es wird als Ganzes überm offenen Feuer gegrillt und heißt *Asada*. Ich bin noch nicht gut genug, um im Team des Chefs zu spielen, aber wer weiß, eines Tages?

Polo ist nicht billig, daher werden Sie sich fragen, wie ich mir das leisten kann. Gute Frage. Wissen Sie, mein Daddy hat mir etwas Geld für die Anzahlung einer Wohnung geschickt. Ja, ja ich weiß! Aber ich brauche es ja nicht nur fürs Polo: Da waren noch ein paar Schulden, die ich anscheinend vergessen hatte, und außerdem *musste* ich mir einfach ein paar neue Kleider kaufen. Wie will ein Mädchen sich schließlich einen Ehemann angeln, wenn es nicht auf sein Erscheinungsbild achtet?

Also habe ich die Anzahlung für die Wohnung jetzt ausgegeben, aber ich glaube nicht, dass sie verschwendet ist. Wer weiß, vielleicht lerne ich auf dem Polofeld, in einem meiner neuen Outfits, meinen Zukünftigen kennen? Dann könnten sich die Polostunden als ausgezeichnete Investition erweisen. Hat nicht die witzige Jilly Cooper ein ganzes Buch dem Polo und seinen Spielern gewidmet? Und steht Rupert, der Held, nicht für Andrew Parker-Bowles persönlich? Also: Wenn ich auf dem Polofeld keinen passenden Ehekandidaten finden kann, wo dann?

Trotzdem sind meine Gefühle für Sam unverändert stark.

Im Mai sind wir uns drei Mal im Palast begegnet. Beim letzten Mal befahl ich ihm, mir in die Küche zu folgen. Nachdem wir sichergestellt hatten, dass niemand da war, knutschten wir heftig herum.

»Kann ich dich wieder sehen?«, fragte er atemlos. »Allein?«

Wir machten ein Treffen aus, aber der Bastard sagte in letzter Minute ab! Dann verabredeten wir uns noch mal, was er wieder absagte! Was ist los mit diesem Mann, frage ich Sie!

Vielleicht liegt es daran, dass er mit einer Freundin zusammenwohnt, antwortet meine innere Nanny. Ja, gebe ich zu, das mag wohl stimmen.

Dann stoße ich erneut mit Sam zusammen. Ich möchte ihm sagen, dass er abhauen soll, dass es offenbar keine Zukunft für uns gibt und dass er mit seiner Freundin Schluss machen soll, wenn er so starke Gefühle für mich hegt. Aber dann überlege ich's mir anders: Wenn er wirklich so für mich empfindet und es etwas Ernstes werden sollte, würde ich die offizielle Freundin des Kammerdieners von HRH. Hat dies das Schicksal für mich vorgesehen – Freundin eines Kammerdieners? Ich glaube nicht. Also ist es doch besser, wenn ich nicht so hart ihm gegenüber bin, oder? Wir vereinbaren, uns in der nächsten Woche nach der Arbeit zu treffen, wenn seine Freundin zu ihrer Mutter aufs Land fährt.

Am darauf folgenden Dienstag fahre ich mit Sam am späten Nachmittag über den Fluss. Er bringt mich zu seinem bescheidenen Heim, was Gott weiß wo steht, aber meine innere Nanny befiehlt mir, kein solcher Snob zu sein. Schließlich ist Sam vernünftig genug, ein Eigenheim zu besitzen. Kaum sind wir bei ihm zu Haus, stürzt er sich schon auf mich. Im Ernst! Darf ein Mädchen zur Entspannung nicht erst etwas trinken? Er bemüht sich um Selbstbeherrschung und schenkt mir einen steifen Wodka ein. Kurz darauf verliere ich *meine* Selbstbeherrschung und lasse Sam seinen sündigen Willen.

Komisch ist es nur, als ich am frühen Morgen aufwache und im Schlafzimmer all ihre Sachen sehe. Ich bin ein Eindringling und fühle mich furchtbar schuldig. So etwas habe ich noch nie getan, und ich bin mir auch nicht sicher, ob ich es noch einmal tun möchte, zumindest hier in ihrem Schlafzimmer.

Wir fahren früh zurück und sagen kaum etwas. Dies ist ganz entschieden eine der Beziehungen, die unter dem Stichwort ›Nur Sex‹ laufen. Sam ist großartig. Er ist sexy. Aber zumindest für mich ist er jemand nur für die Lenden, nicht fürs Herz.

August 1997

Über das lange Augustwochenende bin ich bei Mummy und Daddy in Shropshire. Ich fürchte, im Kampf zwischen Mummy und dem Krebs wird dieser siegen. Aber sie verhält sich in dieser Angelegenheit sehr englisch und meint, ich solle bloß kein Aufheben davon machen. Aber ich mache Aufheben davon, und die Vorstellung, dass Mummy leidet und ich sie verlieren werde, ist einfach zu schrecklich. Ich versuche, das Gefühl wachsender Verzweiflung in eine entlegene Gehirnkammer zu verbannen. Mir fällt auf, dass ich mehr trinke als sonst. Wenn ich nicht meine Stelle bei der königlichen Familie hätte und die Stabilität und Routine, die damit verbunden ist, könnte mich das alles leicht aus der Bahn werfen.

Was gibt's Neues von meinen Arbeitgebern, dem Chef und der Chefin? Während HRH nach seiner Scheidung glücklicher wirkt, scheint Prinzessin Diana, wie wir sie jetzt nennen müssen, langsam außer Kontrolle zu geraten. Nach meiner kleinen Affäre mit Sam darf ich wohl kaum mit Steinen werfen; dennoch habe ich den Eindruck, die Prinzessin wüsste schon, was sie braucht, und besorgte es sich auch.

Sagen wir es doch mal so: Für eine Frau, die sich darüber beklagt, dass eine andere Frau (Camilla Parker-Bowles) das Sakrament der Ehe gebrochen hätte, was übrigens nicht wahr ist, hat die Chefin nur wenig Hemmungen, das Sakrament von anderer Leute Ehen zu brechen oder es zumindest zu versuchen. Ich nenne nur zwei Beispiele:

Das erste betrifft die Ehe des weltmännischen Kunsthändlers Oliver Hoare, dessen Frau die Tochter von HRHs Freundin Baronesse Louise de Waldner ist. Offenbar hatte die Chefin eine Affäre mit Oliver Hoare. So was kann vorkommen. Dann verfährt man diskret. Aber es ist doch unfair, oder etwa nicht, wenn man versucht, das seelische Gleichgewicht der Frau seines Geliebten zu stören, indem man dort mysteriöse Anrufe tätigt und dann einfach auflegt! Weil Mrs. Hoare sich beschwert hat, sind die Anrufe von der Polizei zurückverfolgt worden, und zwar direkt bis zum Kensington Palace, also ist die Verantwortlichkeit der Prinzessin dafür nicht zu leugnen.

Wenn Sie mich fragen, erinnert das ein bisschen an das destruktive Verhalten von Glenn Close in *Eine verhängnisvolle Affäre*.

Und dann ist da natürlich noch Englands Rugbyidol Will Carling, mit dem sie ein paarmal in einem Fitness Club in Fulham herumtollte. Auch hier gilt: Wenn die nötige Diskretion gewahrt worden wäre, hätte Will Carlings Ehe mit seiner liebenswürdigen, frisch angetrauten Julia vielleicht fortgedauert. Aber die Prinzessin sorgte dafür, dass die ganze Welt von ihrer neuesten Eroberung erfuhr. Publicity auf den Titelseiten aller überregionalen Zeitungen ist eine schreckliche Methode, die Frau des Geliebten zu demütigen. Ergebnis: Scheidung.

Langsam bekomme ich den Eindruck, die Prinzessin sei versessen auf Macht – besonders über Männer. Wenn sie es auf jemanden abgesehen hat, kostet sie die nicht ausbleibende Eroberung aus. Mindy meint – obwohl ich sicher bin, dass das nicht stimmen kann – dass die Chefin sich nicht zu schade dafür ist, die Verführungsnummer abzuziehen, die Sharon Stone in *Basic Instinct* so berühmt gemacht hat. Ehrlich, manche Leute denken sich was aus! Oder nicht?

Mindys Gerüchten zufolge gibt es nur einen einzigen Mann, der dem tödlichen Charme der Prinzessin nicht erlegen ist, und zwar die attraktive Fußball-Legende Gary Lineker. Unser Gary lernte die Prinzessin auf die gleiche Weise kennen wie Will Carling. Sie lud die Stars des ›Eis‹ und des ›Balls‹ in den Kensington Palace ein. Aber wie ich höre, merkte der scharfsinnige Gary Lineker recht bald, welches Spiel die Chefin trieb. Und das war kein schönes Spiel! Mr. Lineker hat seinen unbefleckten, makellosen Ruf zu Recht.

Aber es ist nicht die Tatsache, dass die Prinzessin mit zweierlei Maß misst, die mich stört; mich bringt auf, wie sie mit anderen umspringt, vor allem mit meiner Freundin Victoria. Wie Sie wissen, ist Victoria der Prinzessin treu ergeben. Sie hat jetzt acht Jahre als Lady Clerk für sie gearbeitet. In den letzten zwei Jahren hat die Chefin sie mit in den Urlaub genommen. Das war auch sehr schön. Und plötzlich, aus heiterem Himmel, präsentiert sie Victoria im Januar eine Rechnung über mehr als 6000 Pfund!

»Das ist Ihr Anteil an den Flug- und Hotelkosten«, erklärte sie.

Ja, 6000 Pfund. Stellen Sie sich das vor! Victoria war am Boden zerstört. Wenn man ihr gesagt hätte, dass sie dafür aufkommen muss, wäre sie doch nie mitgefahren! Weil sie es sich einfach nicht hätte leisten können. Die Prinzessin wohnt in einem Palast und hat eine Scheidungsabfindung von 17 Millionen Pfund. Victoria hingegen wohnt bei ihren Eltern in einem bescheidenen Haus in Essex und verdient fast nichts.

In ihrer Verzweiflung präsentierte Victoria die Rechnung Tony Burrows im St. James' Palace und erklärte ihm die Lage. Dann wurde die Rechnung zum Kensington Palace zurückgeschickt, damit die Chefin sie begliche. Die Prinzessin bekam einen Tobsuchtsanfall. Sie putzte Victoria herunter und feuerte sie dann. Als HRH hörte, was passiert war, beglich er persönlich für Victoria die horrende Summe. Wie nett von ihm!

Victoria hat jetzt vielleicht ein gebrochenes Herz, keine Stelle mehr und fühlt sich betrogen, aber dank HRH muss sie wenigstens keinen Offenbarungseid leisten. Die Prinzessin mag für viele ›die Königin der Herzen‹ sein, aber wie sie Victoria behandelt hat, zeigt mir nur, dass sie die ›Königin der Schmerzen‹ ist.

Jetzt turtelt die Prinzessin in Frankreich öffentlich mit einem reichen Playboy, dem Araber Dodi Al Fayed, Sohn des Tycoons Mohamed Al Fayed, dem das Kaufhaus Harrods gehört. Selbst die *Daily Mail*, die Diana normalerweise so wohlgesinnt ist, hat sie wegen mangelnden Anstands getadelt. Ich frage mich, ob der Stern der weltgrößten Modeikone jetzt im Sinken begriffen ist.

Am nächsten Morgen, ich liege noch im Bett, klopft es an der Tür und Mummy kommt herein. Das ist merkwürdig, weil ich sie normalerweise unten beim Frühstück sehe.

»Ich habe schlimme Neuigkeiten für dich, mein Schatz. Mach dich auf was gefasst.«

Was in aller Welt ist denn los?

»Prinzessin Diana ist gerade bei einem Autounfall in Paris umgekommen.«

Ich bin vollkommen fassungslos. Ich vergewissere mich, dass ich wach bin. Das ist doch kein schlechter Traum, oder? Dann stehe ich auf und sehe mir unten die Schreckensnachrichten im Fernsehen an. Den ganzen Tag sehe ich Interviews mit trauernden Bürgern. Es scheint, als stünde die gesamte Nation unter Schock.

Und meine Reaktion? Wie tragisch, und welche Verschwendung eines guten, aber ziemlich fehlbaren Menschen. Ich nippe an meinem Kaffee. Die Vorstellung, dass die Prinzessin wirklich tot ist, kommt mir ziemlich seltsam vor. Es ist mir kaum möglich, das zu akzeptieren. Arme Prinzessin, armer Dodi, armer Chauffeur und armer Leibwächter. Zumindest er könnte vielleicht überleben. Nun, da alle negative Kritik gebannt ist, erinnere ich mich wieder an ihr Lächeln, ihr faszinierendes Lachen und ihre großzügigen Aktivitäten.

Ich denke daran zurück, wie sie im Kensington Palace Pudding aus dem Kühlschrank in sich hineinschaufelte oder wie sie bei einem Cartrennen in Clapham wie ein triumphierender Wagenlenker an mir vorbeiraste. Und dann gleiten meine Gedanken zu den beiden schutzlosen jungen Prinzen, die erst vor ein paar Stunden erfahren haben, dass ihre Mutter tot ist. Ich sehe die beiden Rabauken noch vor mir, wie sie uns in Highgrove schadenfroh aus einem Hinterhalt auflauerten. Wie tragisch, dass sie sie nun verloren haben. Ich bemerke, dass mir die Tränen die Wangen hinunter laufen, und ich schniefe.

Am Ende des Tages allerdings konzentriere ich mich wieder auf Praktisches. Weil Eddie und ich nach unserer Trennung gute Freunde geblieben sind, haben wir zusammen eine einwöchige Urlaubsreise nach Portugal gebucht, die am nächsten Freitag beginnen soll. Aber ist es nicht respektlos, zu fliegen, wenn eine derartige Tragödie meinen Arbeitsplatz überschattet? Wird man mich nicht brauchen? Sollte ich die Reise absagen?

Am Dienstagmorgen fahre ich zum Büro und höre im Autoradio, dass der Leichnam der Prinzessin von Paris überstellt wurde und nun in einer Privatkapelle mitten in London ruht. Wo könnte das sein, frage ich mich, als ich in die Mall einbiege. Meine Güte, vor dem Buckingham Palace und dem St. James' Palace befinden Tausende von Menschen! Mein Wagen dringt kaum durch die Menge.

Manche der Trauernden weinen, manche blicken nur düster, viele tragen Blumen. Das ist mehr als nur respektvolle Trauer; das grenzt an emotionale Hysterie. Es kommt mir extrem und auch ziemlich Furcht erregend vor. Ich schaffe es, den Wagen zu parken, und als ich aussteige, wird mir plötzlich klar, dass sich die Privatkapelle hier befindet. Ja, in diesem Moment liegt die Prinzessin in der Chapel Royal mitten auf dem Gelände des St. James' Palace.

Als ich auf den Eingang zugehe, fühle ich mich wirklich bedroht. Alle scheinen aufgewühlt und aggressiv. Ich habe das Gefühl, wenn ich nicht vollkommen am Boden zerstört wirke, wird man denken, ich zeigte nicht genügend Respekt, und angesichts dieser Menge könnte ein solcher Eindruck fatale Reaktionen hervorrufen. Ich überlege, ob ich sicherheitshalber auch losheulen sollte, aber meine trübsinnige Miene scheint auszureichen.

Im Büro ist der Teufel los. Wir werden mit Anrufen und Blumensträußen überschwemmt, und handgeschriebene Briefe kommen zu Tausenden. Also gründen wir auf der Stelle eine Sonderkommission, die sich nur um die Trauerbezeugungen der Öffentlichkeit kümmert. Die Mitarbeiter dafür rekrutieren wir in der Mittagspause. Diese Aufgabe wird Monate in Anspruch nehmen.

Nach dem Mittagessen spreche ich mit David Baldwin, dem Sergeant of the Vestry, was bedeutet, er ist der zweite Küster der Chapel Royal. Der Arme ist ganz erschöpft. Er war die ganze Nacht auf, um die Überstellung von Dianas Leichnam vom Flughafen zur Kapelle zu organisieren. Im Vertrauen gesteht er mir, dass auch ihm diese massiven Trauerbekundungen vor dem Palast unheimlich sind.

David sagt, dass der St. James' Palace seit der Glorious Revolution von 1688 nicht mehr Schauplatz derart unverhüllter Gefühlsäußerungen war. Aber damals war es Jubel; heute ist es etwas anderes, mit düsteren Untertönen.

Wir beide sind der Meinung, dass die Königsfamilie äußerst behutsam mit Dianas Tod umgehen muss, sonst könnte wer weiß was passieren. Preußisch-sture Haltung mag zwar im Privatleben angehen, aber die Öffentlichkeit will Gefühle sehen, mit denen sie sich identifizieren kann.

Mittlerweile haben wir das erste Kondolenzbuch ausgelegt, und zwar in einem der Palastanbauten, der von einem Eingang auf der Marlborough Street aus zugänglich ist. Als nächstes sorgen wir dafür, dass die Polizei eine halbkreisförmige Absperrung vor dem Fenster der Kapelle errichtet. Dies hat zwei Gründe. Zunächst einmal kann sie als Gerüst für die vielen Blumensträuße dienen. Zweitens wird durch diesen Blumenschrein vor dem Kapellenfenster ein Sichtschutz geschaffen, der den Blick auf den Sarg der Prinzessin versperrt. Das Letzte, was wir jetzt brauchen können, sind Trauernde, die den Sarg sehen und dann das Fenster aufbrechen und in die Kapelle eindringen. Angesichts der Stimmung der Trauernden liegt so etwas gewiß im Bereich der Möglichkeiten.

Am nächsten Tag ist es auf der Mall noch voller und die Stimmung noch übler. Warum um Himmels willen ist die Fahne nicht auf halbmast? Ist Ihrer Majestät nicht einmal diese simple Geste möglich, um ihren Respekt, wenn nicht gar ihre Trauer zu zeigen? Und wo in Gottes Namen ist die königliche Familie? Warum sind sie nicht hier? Warum sind sie immer noch in Schottland? Bekommen sie nicht mit, was die Presse über sie schreibt? Sind sie sich im Klaren darüber, dass ihre Untätigkeit eine republikanische Revolte auslösen könnte?

In der Zwischenzeit kümmern wir uns weiter um die Anrufe. Mittlerweile haben wir noch mehr Mitarbeiter. Der ehemalige Privatsekretär der Prinzessin, Patrick Jephson, und ihre ehemalige

Hofdame, Anne Beckwick-Smith, haben sich bereit erklärt, bei der Zusammenstellung der Gästeliste für die Beerdigung zu helfen. Wie wunderbar, dass in diesen Zeiten der Not alles zusammenrückt. Das Problem ist nur, dass die Prinzessin im letzten Jahr die meisten ihrer alten und wahren Freunde fallen gelassen hat. Wen soll man also einladen?

Um vier Uhr nachmittags fragt David Baldwin, ob jemand von uns der Prinzessin die letzte Ehre erweisen will, daher suchen wir nacheinander die Kapelle auf. Ich gehe mit meinen Kolleginnen vom Büro zur vordersten Bank, knie mich nieder und bete. Die Prinzessin liegt nur gut einen halben Meter von mir entfernt. Wenn ich wollte, könnte ich ihren Sarg berühren. Aber ich halte die Hände an meiner Stirn gefaltet.

Leb wohl, du seltsam widersprüchliches Wesen, du weltgrößte Modeikone, erstarrt nun auf dem Höhepunkt von Schönheit und Ruhm, um noch im Tode die Legende zu bleiben, die du schon zu Lebzeiten warst.

Ich bekreuzige mich und gehe.

Gott sei Dank kommt Ihre Majestät am nächsten Tag nach London, um ihre Ansprache zu halten. Puh. Die Nation ist besänftigt, und die Stimmung der Öffentlichkeit wandelt sich in reine Trauer. Mittlerweile läuft im Büro alles effizient und reibungslos ab, so dass mir ein Privatsekretär mitteilt, ich könne in Urlaub fahren, da alles jetzt ›unter Kontrolle‹ sei.

Zwei Tage später sitze ich mit Eddie in meinem Ferienhaus in Portugal. Wir schalten das Satellitenfernsehen ein. Ich erfahre, dass Millionen Menschen auf der ganzen Welt der Trauerfeier folgen. Das Schauspiel beginnt.

Wir sehen, wie der Trauerzug sich vom Kensington Palace zur Westminster Abbey bewegt. Die Menschenmenge wird von Gefühlen überwältigt. Auch Eddie und mich überwältigt es. Dann schwenken die Kameras auf die Trauergemeinde in der Abbey. Ich muss schlucken. Zwischen all den Prominenten, Staatsministern und Mitgliedern der königlichen Familie entdecke ich auch Victoria, Patrick Jephson, Ken Wharfe, Geoff Crawford und viele andere, die entweder gekündigt haben oder gefeuert wurden.

Wie unglaublich rührend. Einen geeigneteren Zeitpunkt zur Versöhnung als eine Trauerfeier gibt es wohl nicht. Liebe Chefin, wir hatten gute und wir hatten schlechte Zeiten. So viel kann ich dir versprechen: Niemand wird dich je vergessen, weder die, die dich persönlich kannten, noch die, die nur über dich lasen. Du hast uns alle angerührt.

Dann spielt Elton John die Bearbeitung seines berühmten Songs ›Candle in the Wind‹. Ich erhebe mein Glas und wische mir eine Träne ab.

Leb wohl, du Rose Englands.

9.

Neue Horizonte

November 1997
Vor dem St. James' Palace steht eine Reihe Metallkoffer, die aufmerksam vom Travelling Yeoman Ron Lewis bewacht werden. Drei von ihnen weisen ein Schildchen mit meinem Namen auf. Ja, ich mache mich wieder mit HRH und seinen Begleitern auf zu einer königlichen Reise. Wohin? Nach Swasiland, Lesotho und Südafrika.

Wir werden von einem Minibus abgeholt und fahren nach Heathrow. HRH fährt getrennt von uns, daher gibt es weder Wagenkolonne noch Motorradeskort. Das ist schade, da ich das denkwürdige Erhabenheitsgefühl so genossen habe, als ich ihn als Lady Clerk nach Sevilla begleitete. Kaum angekommen, führt man uns unverzüglich in die VIP-Lounge. Ein Glas rosa Champagner, Madam? Ja, das wäre nett.

Meine Güte, HRH ist mit Prinz Harry eingetroffen. Will der junge Prinz nur seinen Vater verabschieden? Nein, es scheint, er würde uns begleiten. Nun, das ist aber wirklich geheim gehalten worden.

Dann geht's ins Flugzeug. Wir reisen erster Klasse, und ich sitze nur zwei Sitzreihen hinter HRH und Prinz Harry. Der Sitz vor mir ist vom Kammerdiener des Chefs belegt, meinem lieben Sam. Doch leider muss ich berichten, dass Sam nicht gerade gut auf mich zu sprechen ist, weil ich mich gegenüber einem anderen Mitglied des königlichen Haushalts wegen unserer Liebesnacht verplappert habe. Ja, ja, ich weiß, er hat eine Freundin, und ich weiß, ich hätte diskret sein müssen, aber Sie wissen doch, wie es ist: Wenn man eine neue Affäre hat, muss man die ganze Aufregung doch mit *irgendjemandem* teilen, oder? Nun, jedenfalls wenn man eine Frau ist.

Wie auch immer, die Freundin bekam Wind davon und hat ihm eine Mordsszene gemacht, wie er sagt, und ich bin schuld. Wir haben es nur dieses eine Mal gemacht, aber ich erhoffte mir eigentlich schon noch ein bisschen mehr Taramtamtam mit Sexy-Sam unter afrikanischem Sternenhimmel. Die Aussicht scheint nicht mehr zu bestehen. Aber wer weiß, vielleicht lässt sich Sam ja erweichen? Es besteht noch Hoffnung.

Das Flugzeug landet zwar in Johannesburg, aber wir fliegen sofort mit einer kleinen Maschine der South African Airways nach Swasiland. Dort erwartet uns eine farbenprächtige Parade mit viel überschwänglichem Gejubel. Einfach wundervoll! Unsere Gruppe ist im Royal Guest Palace von Swasiland untergebracht. Genau wie in Sevilla kommen wir nicht wirklich aus dem Hotel hinaus und sehen HRH auch den Tag über nicht. Was machen wir also? Wir sind vernünftig und tanken Energie, indem wir uns am Pool ausruhen, wo Ron uns zwingt, eine Reihe seiner Cocktails zu kosten – Bloody Marys und ein paar Mixgetränke mit Rum: Light and Stormys und Dark and Stormys.

Am nächsten Tag werden wir wieder zum Flughafen gebracht. Erneut fliegen wir mit South African Airways. Unser Ziel ist Lesotho, ein weiteres kleines Königreich innerhalb von Südafrika, wo HRH der Krönung des Königs beiwohnen soll. Offenbar ist dies ein sehr verdienter Mann mit vielen Frauen.

Auf unserem Rückweg nach Südafrika wird das britische Pressecorps im hinteren Teil des Flugzeugs untergebracht. HRH macht sich einen Spaß daraus, die Vorhänge zurückzuziehen und die ›Meute Wölfe‹, wie er sie nennt, zu grüßen.

Unsere Gruppe verbringt den Tag in der Residenz des britischen Hochkommissars, während HRH seinen Pflichten nachkommt. Auf dem Flug nach Johannesburg scheint alles reibungslos zu laufen.

Meine Güte, ist das alles wunderbar. Wir haben noch zwanzig Minuten bis zur Landung. Plötzlich fällt mir Juliet, meine Kollegin auf. Irgendwas stimmt nicht. Sie wirkt verzweifelt. Was ist los? Sie bemerkt meinen Blick und winkt mich hektisch zu sich hinüber. Ich stehe auf und hocke mich neben sie.

»Was ist los?«

»HRH braucht seine Kurzinformationen über den ersten Termin!«

»Und?«

»Die sind im Handgepäck.«

»Stimmt.«

»Ich kann den Schlüssel nicht finden!«

»Oh mein Gott.«

Wir suchen die Sitze ab. Der Schlüssel ist verschwunden. Da gibt es nur eines. Im Flüsterton unterbreiten wir HRHs Equerry, Commander John Lavery, das Problem. Der Marineoffizier in seiner wunderschönen weißen Kluft überdenkt die Lage. Dann nimmt er einen Brieföffner, zieht sich einen Schuh aus und schlägt mit dem Absatz heftig auf den Brieföffner, der nun auf das Schloss des Koffers gerichtet ist. Ohne Ergebnis. Der Commander versucht es mit einem zweiten präzisen Schlag. Peng! Das Schloss bricht. Puh! Mit diesem Einfallsreichtum haben wir ein Empire errichtet und verwaltet, nicht wahr?

Nur zwei Reihen weiter sitzt HRH und ahnt nichts von der Aufregung. Juliet reicht ihm seine Informationen.

Wir landen. HRH wird zu seinem ersten Termin gefahren, während man uns zum Presidential Guest House in Pretoria bringt, wo wir unsere Zelte aufschlagen können. Jacarandabäume mit wunderschönen, malvenfarbenen Blüten und farnähnlichen Blättern säumen die Straßen. Wir treffen am Gästepalast ein, einem großen, weißen Gebäude. Dort heißen uns Dutzende von Afrikanerinnen mit Turban willkommen. Ich fühle mich um hundert Jahre zurückversetzt, in die Regierungszeit von Königin Victoria.

Bald haben wir in einem großen Raum im Erdgeschoss unser Büro eingerichtet. Was kommt als Nächstes? HRH wird erst spät abends zurückkehren. Also testen wir natürlich den Swimmingpool! Kurz darauf sind Juliet und ich im Badeanzug und turnen unten am Pool herum, schlagen Räder auf dem Rasen, machen Handstand und üben Turmspringen vom Sprungbrett. Zur großen Freude von Ron, der seine Cocktailbar eröffnet hat. Den ganzen Tag verbringen wir dort. Es ist eine anstrengende und verantwortungsvolle Aufgabe, als Lady Clerk den Prince of Wales zu begleiten, aber irgendjemand muss es ja tun.

Am nächsten Abend müssen wir im Rahmen unserer offiziellen Pflichten zusammen mit HRH, Prinz Harry und Nelson Mandela ein Konzert der Spice Girls besuchen, das im großen Stadion von Johannesburg stattfindet. Vor der Reise bekamen Juliet und ich je 300 Pfund, um uns passende Garderobe zuzulegen. Was soll ich jetzt anziehen? Von meinem Kleiderzuschuss habe ich mir zwei Jacken, einen Rock und ein Kleid gekauft.

Ja, ich nehme das Kleid – ein schwarzes mit Pailletten, von Monsoon. Das wird passen.

Wir kommen zum Konzert, und die Spice Girls legen los. Das Gejubel der Menge ist so laut, dass man von da an kaum mitbekommt, was die Botschafterinnen der britischen Popmusik überhaupt spielen. Aber was soll's? *Do you want, do you want, do you really, really want?* Yes girls, we want! Die Atmosphäre ist fantastisch.

Danach sind wir zu einer Backstage-Promiparty geladen. Ich kann den Stars des Abends persönlich die Hand geben, stehe nur einen Meter von Präsident Mandela entfernt und sonne mich in seiner großartigen Aura. Vor lauter Hochgefühl ist mir ganz schwindlig. Das war ein langer Weg von Shropshire.

Plötzlich steht HRH mit Prinz Harry neben mir. Ginger und Scary jubeln laut und küssen HRH, der hocherfreut wirkt. Wäre nicht jeder Mann mittleren Alters oder eigentlich *jeder* Mann da begeistert? Was ist mit seinem Sohn, dem zweiten Thronerben? Ich blicke zu Prinz Harry. Er ist eine Karikatur der Lust. Er macht Stielaugen, und ihm klappt der Unterkiefer runter, als er Gingers wackelnden Busen nur fünfzig Zentimeter von sich entfernt sieht. Dann sehe ich, dass sein Blick auf ihre Union Jack-Hotpants fällt. Reiß dich zusammen, junger Mann!

Darauf schweift sein Blick zu Scary, Posh, Baby und Sporty. Er ist wie ein unterprivilegiertes Kind, das jetzt den Schlüssel zu Willy Wonkas Schokoladenfabrik bekommen hat. An Harrys sexueller Ausrichtung besteht nicht der leiseste Zweifel. Den jungen Prinzen durchströmt reinstes heterosexuelles Testosteron und zwar nicht zu knapp. Von diesem jungen Mann werden wir noch einiges zu hören bekommen. Denkt an meine Worte!

Plötzlich kommt Seine Gottgefälligkeit Präsident Mandela herüber, das schreit nach Gruppenfoto. Kaum habe ich diesen Gedanken zu Ende gedacht, leuchten schon die Blitzlichter um mich herum. Man stelle sich vor: der natürliche König von Afrika, der künftige König von England, sein zweiter Sohn, Prinz Harry, und fünf Königinnen des britischen Rock unsterblich für die Ewigkeit. Herrlich!

Später bin ich wieder im Gästepalast und tippe ein paar Dankesbriefe für die Gastfreundschaft und die netten Geschenke, in deren Genuss HRH kam. Natürlich blieben die Geschenke nicht unerwidert. Wir revanchieren uns immer mit einem gerahmten und unterschriebenen Foto und einer Lederbrieftasche mit den Federn des Prinzen von Wales. Ron hat ganze Stapel davon auf Lager.

Es ist kurz nach Mitternacht, und wir sind mit den Briefen und der Liste der Geschenke fertig, die morgen von der britischen Botschaft verteilt werden. Ron bietet an, uns vor dem Schlafengehen noch einen Schlummertrunk zu mixen. Gute Idee, Ron. Was soll es denn sein? Einen Dark and Stormy? Sehr schön.

Juliet und ich trinken also langsam unseren Killercocktail,

während Ron uns einen Witz erzählt. Der ist so komisch, dass mir vor Lachen die Hände zittern und, oh mein Gott, die Hälfte des Dark and Stormy auf dem Laptop landet. Nein, ich glaub's einfach nicht! Der Laptop macht ein eigentümliches Geräusch, und plötzlich gibt es einen bedrohlichen Knall. Verzweifelt drücke ich Knöpfe und ruckle an Kabeln … aber ohne Erfolg. Der Computer ist kaputt. Er hat das Zeitliche gesegnet.

Das glaube ich einfach nicht! Dasselbe ist mir schon auf meiner ersten königlichen Reise passiert, aber zumindest war es da nicht *meine* Schuld. Wie soll ich erklären, dass mein Computer von einem Dark and Stormy sabotiert wurde? Was sollen wir morgen machen? Als Erstes fliegen wir nach Durban. Dort gibt es haufenweise Briefe zu schreiben. Und jetzt ist mein Computer kaputt, weil ich ihn mit einem Cocktail ertränkt habe. Ich könnte heulen oder schreien, oder beides.

Juliet und Ron trösten mich. Keine Sorge, sagen sie. Ich verharre wie gelähmt im Schockzustand, während Juliet herumtelefoniert und den britischen Konsul in Durban weckt, um ihm zu erklären, dass wir direkt nach unserer Ankunft einen EDV-Spezialisten brauchen, weil ›einer unserer Computer aus unerfindlichen Gründen abgestürzt ist‹.

Am nächsten Morgen steigen wir ins Flugzeug und fliegen südwärts. Auf meinem Schoß halte ich den Laptop, der jedes Mal, wenn er gestoßen oder gerüttelt wird, merkwürdige, gurgelnde Geräusche von sich gibt. Ich habe einen betrunkenen Computer! Als wir im Hotel eintreffen, erwartet der EDV-Zauberer uns schon einsatzbereit. Gut gemacht, Foreign Office! Innerhalb kürzester Zeit hat er sich an die gewiss undurchführbare Aufgabe gemacht, meinen Laptop zu reparieren. Juliet, Ron und ich sehen mit lebhaftem Interesse zu, wie er anfängt, ihn auseinander zu nehmen.

»Ich glaube, ich weiß, wo das Problem liegt«, sagt er mit starkem südafrikanischen Akzent und späht in die Tiefen des Laptopinneren. »Wie kommt *daaas* denn da rein?« Er zeigt auf eine

Pfütze Dark and Stormy auf dem Boden des Laptops und schaut uns drei fragend an. Wir alle tun ganz unschuldig. Ja wie nur? Wie seltsam! Verwirrt runzeln wir die Stirn und zucken die Achseln.

Daraufhin geht der EDV-Experte zu einem Waschbecken und schüttet Rons Dark and Stormy aus dem Gehäuse. Welch eine Verschwendung. Als kleine Nervenstärkung könnte ich jetzt sehr gut einen von Rons Spezialdrinks brauchen. Mr. EDV holt nun eine spezielle Reinigungsflüssigkeit und ein Tuch heraus. Zehn Minuten später blitzen die Lämpchen, und der Computer fängt an zu surren. Mein Gott, ich bin überglücklich! Der Mann ist kein Experte, sondern ein Zauberer! Ich glaube, ich werde ihm jetzt einen Kuß geben. Doch plötzlich muss ich an Manuel in Sevilla denken und kann mich gerade noch so zurückhalten.

Der Rest der Reise verläuft ohne Zwischenfälle. Sam mißachtet mich weiterhin, aber ein Mädchen kann nun mal nicht immer alles haben. Diese Erfahrung musste selbst Prinzessin Diana bei Mr. Lineker machen.

Aus den Zeitungen erfahre ich, dass die Reise nach Südafrika einen Wendepunkt für HRH bedeutete. Plötzlich ist die britische Presse nicht mehr so gehässig ihm gegenüber. HRH hat sogar ein paar *positive* Artikel bekommen. Lag es an dem geglückten Foto von HRH mit den Spice Girls und Nelson Mandela? Oder ist ihnen endlich klar geworden, dass der Prinz ein angenehmer Mann ist, der einen schwierigen Job geerbt hat und sein Bestes gibt, um ihn zu bewältigen? Oder liegt es vielleicht daran, dass alles über die Chefin jetzt Schnee von gestern ist und es keinen Sinn mehr ergibt, ihn ihretwegen zu attackieren?

Ich hege ja den Verdacht, dass es Letzteres ist. Irre ich mich, oder ist unsere Welt nicht nur seltsam, sondern manchmal auch ein bisschen krankhaft?

Januar 1998

Im Moment fühle ich mich sehr angreifbar. Ich bin in Birkhall und helfe HRH, während Mummy im Krankenhaus liegt. Ich befürchte, sie wird nicht mehr lange unter uns weilen. Hoffentlich komme ich noch rechtzeitig zurück. Zumindest einen Trost gibt es für mich in dieser schwierigen Zeit, und der liegt darin, dass ich wohl wieder einmal in der Achtung meines Chefs gestiegen bin. Bernie der Butler teilte mir mit, ich sei nun, wenn HRH nicht ausdrücklich etwas anderes sage, zu jedem Mittag- und Abendessen bei ihm eingeladen. Es ist schön, zur Familie zu gehören, wenn man seine Mutter zu verlieren droht.

Gestern half ich bei der Organisation eines Picknicks und plauderte dabei fast ausschließlich mit Daniel Chatto, einem angeheirateten Cousin von HRH. Der Chef ist mit seiner Frau Sarah verwandt. Außer den Chattos waren noch der pensionierte Ghillie der Königinmutter dabei – der Jagdaufseher – und außerdem Willie Potts und Sarah Keswick, deren nahe gelegene Ländereien 70 000 Hektar umfassen, wogegen selbst Balmoral klein erscheint.

Ich kümmere mich gerade um die Korrespondenz, als Bernie in mein Büro kommt.

»Ihr Bruder hat angerufen«, sagt er. »Er möchte, dass Sie zurückrufen.«

Ich rufe Toby an. Er teilt mir das mit, wovor ich mich gefürchtet habe. Ich lege den Hörer auf. Obwohl ich weiß, dass Mummys Tod unvermeidlich ist, bin ich zutiefst erschüttert, dass er nun in solche Nähe gerückt ist.

Ich gehe zu HRHs Büro, um ihm Bescheid zu sagen, dass ich sofort aufbrechen muss, und mich für die sich daraus ergebenden Ungelegenheiten zu entschuldigen. HRH wirkt zutiefst bestürzt. Er steht auf, umarmt mich und sagt dann: »Aber warum hat man Sie denn überhaupt hier herauf geschickt? Wenn man vom Zustand Ihrer armen Mutter wusste, musste man doch wissen, dass dies passieren kann.«

Ich gestehe ihm nicht, dass ich im Büro nie erzählt habe, wie krank Mummy ist, und die Schuld daher ganz bei mir liegt. Eine Woche zuvor noch erklärte ich Mummy, ich würde bis zum Ende bei ihr bleiben. Da tat sie so, als fände sie diese Aussicht schrecklich.

»Dich an meinem Bett Trübsal blasen zu sehen, ist wirklich das Letzte, was ich will. Ich werde viel glücklicher sein, wenn ich weiß, du bist auf Balmoral. Ich weiß, du bist gern dort oben. Es würde niemandem etwas nützen, wenn du hier herumhängen würdest.«

Das waren ihre letzten Worte an mich.

Sieben Stunden später sitze ich an ihrem Bett und halte ihre Hand. Früh am Morgen verlor sie das Bewusstsein. Zwei Stunden später starb sie. Jetzt lassen sich meine Tränen nicht mehr aufhalten.

Tage später

Meine Familie ist ziemlich tapfer und hält zusammen. Wir wussten alle, dass das Ende nahe war, aber wie sehr man sich auch darauf vorbereitet, wenn es wirklich eintrifft, ist es doch ein Schock. Mein lieber neuer Freund, Alastair Stuart, ist mir eine wunderbare Stütze. Ich glaube, dass ich außerdem wegen meines Jobs ganz gut mit allem zurechtkomme. Einen Chef zu haben, den ich so sehr mag, hilft ungeheuer. Unter den Blumensträußen, die uns geschickt wurden, war der größte von HRH. Eigentlich war es eher ein riesiger Blumenkorb. Unserem Floristen fehlten angesichts dieser Bestellung die Worte.

Heute Morgen habe ich außerdem einen persönlichen, handgeschriebenen Brief auf seinem blauen Privatbriefpapier von ihm bekommen. Ich zitiere aus einer ganz besonderen Passage:

> Meine größte Sorge ist, dass Sie nicht rechtzeitig zurück waren. Ich hoffe sehr, dass Sie es noch geschafft haben. Außerdem möchte ich Ihnen sagen, dass wir alle hier in Birkhall zutiefst

mit Ihnen fühlen und Sie sehr vermissen, weil Sie so plötzlich aufbrechen mussten.

Der Brief rührt mich derart, dass ich, wenn Sie nichts dagegen haben, jetzt den Stift niederlege und nach oben gehe, um mich ein wenig zu sammeln. Ich habe Mummy so sehr geliebt, und es ist einfach wundervoll, dass ich nicht nur eine starke Familie habe, in der sich alle gegenseitig stützen, sondern auch einen Chef, der mir mit seiner Einfühlsamkeit gleichermaßen hilft.

Juni 1998

Wieder einmal bin ich völlig pleite. Wie schaffe ich es nur, so viel Geld auszugeben? Wo geht das alles hin? Denn es ist ja nicht so, dass ich etwas dafür vorzuweisen hätte. Also krieche ich mal wieder bei meinem Vater zu Kreuze – ein mittlerweile alljährliches Ritual.

»In Ordnung«, seufzt er und schreibt mir einen Scheck über 2000 Pfund aus.

Puh! Das Problem ist nur, dass das Geld aus einem Hochzeitsfonds stammt, den er für mich angelegt hat. Ursprünglich war der mal ziemlich beachtlich. Vor acht Jahren hätte ich für dieses Geld eine Messe in der St. Paul's Cathedral, einen Champagnerempfang im Ritz und ein Dinner mit anschließendem Tanz im Annabel's haben können. Wenn ich jetzt hingegen nicht bald unter die Haube komme, wird meine Hochzeit nur noch eine schlichte Familienfeier im Standesamt sein, gefolgt von Bier, Sandwiches und Schwof im hiesigen Pub.

Die ganze Zeit höre ich von Yuppies, die in der City oder mit Immobilien einen Haufen Geld machen. In früheren Zeiten nannte man solche Leute neureich. *Ich* bin neuarm.

Aber ich habe beschlossen, etwas wegen meiner finanziellen Situation zu unternehmen. Um mein Palastgehalt aufzustocken, das nach und nach auf 287 Pfund brutto pro Woche gestiegen ist, habe ich bei einem Unternehmen namens Azur angeheuert.

Azur wird von einer geschäftstüchtigen Frau namens Fiona Aitken geleitet, für die ich eine Kollektion hochwertiger Kleider an meine Freunde verkaufe. In letzter Zeit ist das so genannte ›Network Marketing‹ ganz groß im Kommen. Daran ist überhaupt nichts Peinliches. Oh ja, mittlerweile gibt es echte Lords und Ladys, die alles Mögliche verkaufen, von Wasserfiltersystemen bis zu Kosmetikartikeln. Man stelle sich vor, sie veranstalten Partys in ihrem Salon, um Zahncreme und Shampoo zu verkaufen, und werben dich an, dasselbe zu tun! Ich finde den Verkauf von Kleidern schon etwas exklusiver und muss mich deswegen wirklich nicht schämen. Trotzdem möchte ich nicht, dass dies HRH oder meinen Kolleginnen zu Ohren kommt.

Am heutigen Tag bin ich über die M4 hinunter nach Somerset gefahren, um mich mit meiner Nenntante Lynette zu treffen, die bei der Organisation einer Wohltätigkeitsrallye für ein dortiges Hospiz auf dem Gelände des schönen Hotels Binden House geholfen hat. Auf dem Rücksitz liegen Kleider von Azur für meinen Stand. Zehn Prozent von allem, was ich verkaufe, geht ans Hospiz. Zwanzig Prozent gehen an mich. Außerdem bringe ich ein Buch über die Gartenanlagen von Highgrove mit, das HRH signiert und gestiftet hat. Dies wird der erste Preis bei der Tombola.

Lynette hat mir mitgeteilt, dass ich wegen meiner Anstellung im Palast die Lose ziehen darf. *Quelle honneur!*

Ich komme im Hotel an und werde von Lynette begrüßt. Wir trinken einen Kaffee zusammen und bringen uns in Sachen Tratsch auf den neuesten Stand, dann stelle ich meinen Stand auf. Dabei bemerke ich, dass ein paar andere, die ebenfalls ihren Stand aufstellen, ständig zu mir herüber blicken und miteinander flüstern. Ein oder zwei zeigen sogar auf mich. Was ist los? Ich bekomme langsam Verfolgungswahn. Ist was mit meiner Frisur nicht in Ordnung? Passen meine Schuhe nicht zum Kleid? Ich gehe zurück zu Lynette und frage sie, ob irgendwas an meinem Aussehen stört.

»Natürlich nicht«, sagt sie.

»Warum zeigen die Leute dann auf mich und flüstern?«, frage ich.

»Das liegt an deiner Verbindung zum Königshaus, meine Liebe.«

Meine Güte, wenn ein echter Royal nicht zu kriegen ist, begnügen sich die Leute offenbar mit einer Lady Clerk aus dem Palast.

Mit rotem Kopf und dem Gefühl von Wichtigkeit kehre ich zu meinem Stand zurück und bedenke die Leute um mich herum mit einem majestätischen Lächeln. Ja, daran könnte ich mich schon gewöhnen. Verflogen ist meine erbärmliche, neurotische Angst vor sozialem Abstieg. Ja, zum Palast zu gehören, ist dem Selbstwertgefühl entschieden förderlich.

Ich denke an die letzten zehn Jahre zurück und erinnere mich daran, wie gewisse Leute nur wegen meines Jobs im Palast Respekt vor mir zu haben schienen. Natürlich war es nicht nur Respekt. Sie wussten auch, dass ich Einfluss hatte. Ich erinnere mich noch, dass ich von einem entfernten Cousin von HRH zu einem schönen Frühstück in den East India Club eingeladen wurde, weil er mich bitten wollte, den Prinzen dazu zu bringen, ihm ein Exemplar des oben erwähnten Buches über Highgrove zu signieren. Er stand HRH nicht nahe genug, um ihn selbst zu fragen, daher bat er mich, es an seiner Stelle zu tun. Man stelle sich das vor!

Hatte dies irgendwelche Auswirkungen auf mich? Wahrscheinlich schon. Aber ich bin nur eine Lady Clerk. Wie um alles in der Welt muss es dann erst für einen echten Royal sein? Wie eigentümlich, wenn ständig alles um einen herum sich verbeugt oder Knickse macht. Wer wird einem je sagen, dass man sich wie ein Trottel benimmt? Wir alle benehmen uns manchmal wie Trottel, auch wenn wir es, so wie ich, nicht zugeben wollen. Wer sagt es dann einem Royal?

Wie schwierig muss es für HRH sein, weil alle in seiner näheren Umgebung tun, was er will, und manche ihm sogar unverhohlen die Füße küssen. Ich gehöre gewiss dazu. Also muss ihn das doch erschüttern, wenn Journalisten ihn in den Zeitungen respektlos attackieren oder verspotten. Kein Wunder, dass er die Medien hasst.

Die Psychologen behaupten ja, unsere Kindheit sei der Schlüssel zu allen Problemen als Erwachsene. Man muss nicht besonders schlau sein, um die Ursache für HRHs jetzige Ängste auszumachen. Seine extreme Empfindlichkeit gegenüber persönlichen Angriffen ist ohne jeden Zweifel in seinem schottischen Internat entstanden, in Gordonstoun, wo zufällig auch Prinz Philip zur Schule ging.

Zu HRHs Zeit war Gordonstoun nicht nur abgeschieden; es war auch hart. Zumindest erzählte mir das ein Freund. Die einzige Kultur dort war der Körperkult. Schwäche wurde verdammt. Schließlich wurde die Schule von einem Mann gegründet, der ursprünglich offenbar faschistischen Vorstellungen nachhing.

Während es für alle anderen Jungen ein Ort war, wo sie ihre Kräfte messen konnten, war es für den Chef ausgesprochen brutal. Wegen seiner Stellung als Thronerbe war er sozial isoliert. Jeder Junge, der sich mit ihm anfreunden wollte, wurde von den anderen zurückgepfiffen, also konnte man es schon als mutig bezeichnen, wenn ein Mitschüler es auch nur wagte, nett zu ihm zu sein. Man stelle sich nur einmal vor, man werde die ganze Zeit von der Gesellschaft boykottiert.

Und dann waren da natürlich die Mannschaftsspiele. Welch bösartiges Vergnügen die Schüler dabei entwickelten, königliche Gliedmaßen besonders hart anzugehen. Welch ein Triumph, wenn man den Thronerben ›pulverisiert‹ hatte. Das ist natürlich etwas, was Prinz William und Prinz Harry ebenfalls durchmachen müssen. Aber die sind in Eton. Eton ist für die jungen Prinzen besser geeignet. Auf einer Schule mit so vielen Aristokraten ist auch ohne weiteres Platz für zwei Prinzen. Und natürlich ist HRH, wie ich mit eigenen Augen gesehen habe, ein liebevoller Vater, was seinen Söhnen ein großer Trost sein muss.

Glauben Sie, HRH hätte in seiner Jugend viel emotionale

Unterstützung bekommen? Für den Ton, in dem die Briefe seiner Eltern an ihn gehalten sind, wäre der Begriff ›Wärme‹ nicht gerade angebracht. Allerdings glaube ich nicht, dass man Ihrer Majestät oder Prinz Philip dafür persönlich die Schuld geben kann. Sie sind einfach selber so erzogen worden. Liebkosungen gehören nicht zu ihrer Lebensart. Sie wissen es nicht besser. Stellen Sie sich vor, Sie hätten einen Vater, der sagt, er wolle als ›tödlicher Virus‹ wiedergeboren werden, um das Überbevölkerungsproblem zu lösen.

Prinz Philip mag viele gute Eigenschaften haben, aber ich wette, nicht einmal seine loyalsten Anhänger würden behaupten, dass Einfühlungsvermögen dazu gehört. Emotional gesehen hätte HRH also seine prägenden Jugendjahre ebenso gut in einer Besserungsanstalt zubringen können. Und er war ein Junge, der Cello spielte und gerne malte. Es heißt, eine harte und scheußliche Kindheit würde den Charakter formen. Ich glaube eher, sie kann den Charakter brechen.

Dann wurde HRH mit Anfang dreißig dazu gedrängt, eine respektable ›Jungfrau‹ zu heiraten, mit der er in einer wahrhaft höllischen Ehe landete. Kein Wunder, dass er so oft deprimiert war.

Ah, ich habe einen Interessenten an meinem Stand. Es muss Ware verkauft und ein bisschen Geld verdient werden.

Dann, vier Stunden später, fahre ich über die Autobahn zurück. Welch ein großartiger Tag. Wir haben insgesamt 800 Pfund für das Hospiz eingenommen, und für mich selbst erzielte ich 92 Pfund. Außerdem gab es sogar Applaus, als ich zum Ziehen der Tombolalose aufgefordert wurde. Ich kann Ihnen sagen, dass ich mir wirklich ziemlich großartig vorkam.

Natürlich würde mir das nie passieren, aber ich kann doch verstehen, das diese uneingeschränkte Bewunderung einem zu Kopf steigen kann.

10.

Red-Carpet-Fieber

Oktober 1998
Ich bin wieder in Schottland, diesmal mit Phyllida in Tom-na-Gaidh. Phyllida ist fantastisch und war mir in meiner Trauer über den Tod meiner Mutter wirklich eine große Stütze. Neben unseren Sekretariatspflichten hat man uns auch noch das Amt des Hüters der königlichen Haustiere übertragen. Wir wissen beide, welche Bedeutung Haustiere für die königliche Familie haben. Eingeweihte im Palast behaupten, HRH hätte seinen Labrador Harvey, den er abgöttisch liebte, nur deshalb weggegeben, weil die Chefin darauf bestand. Offenbar hat dies ebenso seine Gefühle für sie erkalten lassen wie ihre Wutanfälle.

Ich bin damit betraut, mich um Tigger zu kümmern, während Phyllida für Widgeon zuständig ist, einen wunderschönen, ziemlich leicht erregbaren schwarzen Labrador, den Prinz William liebt. Tigger ist kugelrund und ganz leicht zu handhaben, Widgeon hingegen ist ein Albtraum. Als Phyllida gestern mit ihm spazieren ging, rannte er plötzlich davon, und die arme Phyllida verbrachte Stunden damit, ihn zu suchen, bevor sie vollkommen aufgelöst zum Cottage zurückkam.

»Ich habe ein Steinmännchen dort errichtet, wo ich ihn zuletzt sah«, sagte sie.

Ich war mir nicht sicher, wie so ein Steinhaufen helfen sollte, Widgeon zu uns zurückzubringen, aber ich nehme an, es war nur eine Geste. Wir saßen in der Küche und wurden zusehends deprimierter angesichts der Vorstellung, den vermissten Labrador nie wieder zu sehen. Als dann der Abend hereinbrach, ging Phyllida hinaus auf die Straße, um ein letztes Mal nach ihm zu rufen. Und da, Wunder über Wunder, näherten sich zwei Wanderer dem Cottage und führten Widgeon mit sich.

»Er ist uns nachgelaufen«, erklärten sie. »Und es ist zwar ein schöner Hund, aber wir wollten ihn doch lieber seinem rechtmäßigen Besitzer zurückgeben. Da Ihr Haus das einzige im Umkreis ist, dachten wir, er gehörte Ihnen.«

Wir verrieten den beiden nicht den Namen des wahren Besitzers. Eigentlich ist es eine Schande. Irgendeine Belohnung hätten sie schon bekommen sollen. Sie ersparten Phyllida einen Nervenzusammenbruch und verhinderten, dass einem jungen Prinzen das Herz brach.

Seit Kurzem befindet sich die Königinmutter in Birkhall. Das alte Mädchen – sie ist achtundneunzig – ist immer noch ganz versessen auf Partys. Und die Partys von Birkhall sind legendär. Die Königinmutter hat stets einen ›Equerry‹ an ihrer Seite. Und der wechselt alle anderthalb Jahre.

Traditionell ist ihr Equerry stets jung und sehr, sehr knackig. Warum auch nicht? Wenn ich Königin wäre, würde ich dasselbe tun. Wenn ich es mir leisten könnte, hätte ich gleich zwei Equerrys und würde sie nach Lust und Laune wechseln. Die Königinmutter ist außerdem ganz versessen auf Partyspiele nach dem Dinner. Neben ›Scharade‹ ist ihr Lieblingsspiel ›Twister‹. Ist das zu glauben?

Normalerweise werden wir, die wir ja in Tom-na-Gaidh wohnen, nie zu diesen Partys eingeladen. Aus den Augen, aus dem Sinn, nehme ich an. Aber heute Abend dürfen wir am Ghillies Ball teilnehmen. Die Königinmutter wird da sein, und außerdem HRH und seine Freunde. Phyllida und ich sind so aufgeregt. Das ist wieder wie bei Aschenputtel.

Wir kommen im Gemeindehaus auf dem Grundstück von Birkhall an. Sind Freunde von HRH da, die ich kenne? Oh ja, da ist Charlie Palmer-Tomkinson, der Vater der beiden gefeierten Schönheiten und Partyköniginnen Santa und Tara. Außerdem sind dort viele sportliche junge Männer, die während dieser Jagdsaison über die Hügel von Balmoral gepirscht sind. Wie sexy diese athletischen Exemplare der schottischen Männerwelt mit ihren Kilts und Sporrans aussehen!

Die Band fängt an zu spielen, und der Ball beginnt. Zwar lasse ich mich von schottischen Tänzen nicht im geringsten einschüchtern, aber jetzt wird ein neuer vorgestellt, der mir noch nie begegnet ist. Vielleicht ist er nur bei Bewohnern von Königspalästen bekannt? Wir stehen alle im Kreis und halten uns an den Händen, dann tanzen wir wie bei einem Ringelreihen zu einer Seite. Was kommt als Nächstes? Der hübsche junge Ghillie zu meiner Rechten dreht sich zu mir und tanzt Walzer mit mir, wobei wir uns unablässig drehen. Dann stellt er mich zwischen die beiden Männer zu meiner Linken. Sehr spaßig. Plötzlich bemerke ich aus dem Augenwinkel Charlie Palmer-Tomkinson. Er hat beschlossen, aus der Reihe zu tanzen und ein Solo hinzulegen. Jetzt tanzt er Walzer mit einer imaginären Partnerin. Da bemerkt auch HRH ihn.

»Ach, Charlie, du verdammter Idiot!«, ruft er.

Der so geschmähte Charlie schließt ganz wörtlich wieder die Reihen und der Tanz geht weiter. Ich sehe, wie die Königinmutter herumgewirbelt wird. Mein Gott, sie ist ein echter Superstar. Achtundneunzig Jahre alt! Man stelle sich das vor. Dann schwingt mich ein anderer hübscher und muskulöser Ghillie herum, bis in die Arme eines Tänzers, der mir sehr vertraut ist.

Mein Gott, auf diesen Augenblick warte ich jetzt seit über zehn Jahren! Ja, plötzlich tanze ich mit Seiner Herrlichkeit höchstpersönlich, mit dem lieben HRH! Ich blicke ihn sittsam an. Er sieht so außerordentlich schneidig aus mit seinem grünsamtenen Jagdjackett und dem Kilt in den Farben des Lord of the Isles, der seine Männlichkeit mit dem keltischen Feigenblatt in Form seines großen, weißen Pelzsporrans akzentuiert.

»Oh, Sie sind's«, sagt er fröhlich. »Und immer noch nicht verheiratet?«

Nein, mein Herr des Lächelns! Könnte ich Euch nicht dasselbe fragen? Aber ich habe einen ziemlich umwerfenden Freund. Rund herum tanzen wir Walzer. Ich will diesen Augenblick auskosten. Nachwelt, bitte nimm zur Kenntnis, dass jetzt, in diesem Moment, der künftige König unseres Reichs mich in seinen starken, königlichen Händen hält. Um anatomisch präzise zu sein, liegen sie auf meiner Taille und meiner Schulter. HRH und ich walzen herum, und dann vollführt er eine Drehung, und ich erhasche einen Hauch seines exotischen Aftershaves.

Das ist einfach wundervoll. Der Thronerbe und ich, für ein paar kurze Sekunden verbunden in einem uralten Balzritual, das natürlich die Grundlage für alle schottischen Tänze bildet. Jetzt tritt er mich an den nächsten Partner ab. Leb wohl, HRH, bis zu unserem nächsten Tanz. Sollte der je stattfinden? Seufz.

Ich setze mich und koste den Augenblick aus. Ja, endlich kann ich mit Fug und Recht behaupten, ich hätte mit dem Prince of Wales getanzt! Und wenn man es genau bedenkt, können all meine Freunde sagen: Ich habe mit einem Mädchen getanzt, das mit dem Prince of Wales getanzt hat!

November 1998

Ich stehe hier auf dem roten Teppich kurz hinter dem Eingang des Buckingham Palace. Der Anlass ist die offizielle Feier zum fünfzigsten Geburtstag von HRH. Meine Aufgabe ist es, Programme der Festivität an die dreihundert Gäste zu verteilen. Ich trage meinen ›ungefährlichen‹ langen, schwarzen Rock und eine schwarze Spitzenbluse, dazu eine Halskette von meiner Patentante mit wunderschönen, grünen Steinen.

»Trag sie zu Weiß, meine Liebe«, sagte sie, als sie sie mir schenkte.

Leider habe ich nichts Weißes. Ich frage mich, ob es so unpassend ist, sie zu schwarz zu tragen. Bei dem fünfzigsten Geburtstag des Prince of Wales sind solche ästhetischen Bedenken sicher unangebracht.

Da meiner Freundin Camilla gegenüber offiziell immer noch eine gewisse *Froideur* herrscht – wegen der Rolle, die die königliche Mätresse bei einigen königlichen Verstimmungen in letzter Zeit spielte – wird sie heute nicht erscheinen. Statt dessen arrangieren sie und HRH einflussreicher Kammerdiener Michael Fawcett eine andere Party auf Highgrove für ihn.

Meiner Meinung nach ist die Gästeliste für HRHs Party im Buckingham Palace schon ziemlich bizarr. Der Chef hat die Order ausgegeben, all die Vorsitzenden der wohltätigen Projekte und Organisationen einzuladen, deren Schirmherr er ist, nicht aber ihre Ehepartner oder Lebensgefährten. Diese Order gilt auch für die Gäste aus dem Showbusiness, obwohl ein oder zwei wohl Protest angemeldet und damit Erfolg gehabt haben, denn auf der Liste habe ich zum Beispiel Mr. und Mrs. Ben Elton entdeckt.

Ich kann mir vorstellen, dass diese Einladung für ziemlich viel Streit im ganzen Land gesorgt hat, wenn ein Partner dem anderen sagen musste, er sei nicht eingeladen. Daher kann man ganz unverblümt sagen, dass HRHs Fünfzigster eine Singleparty ist. Nun, als Aushilfe, die sich zweifellos unters Volk mischen wird, ist mir das sehr recht. Schließlich bin ich unverheiratet und hübsch. All diese Männer in festen Bindungen sollten doch eine ungebundene Frau haben, mit der sie sich unterhalten können.

Im Strom der Besucher entdecke ich Grüppchen mit Prominenten, berühmten Stars aus Film und Fernsehen. Es kommt mir vor wie bei einer Oscarverleihung. Und ich bin dabei. Wie aufregend! Rowan Atkinson, Emma Thompson, Ben Elton, Lenny Henry, Stephen Fry, Dawn French und Ben Kingsley defilieren alle in Reichweite an mir vorbei.

Plötzlich entdecke ich diesen urkomischen Imitator, der all die Politiker von heute nachmacht und den ich mir immer im Fernsehen anschaue, wenn ich Zeit habe. Zwar verstehe ich nicht all seine Witze, aber die, die ich verstehe, sind unglaublich lustig.

Das ist *die* Gelegenheit, mit einer bekannteren TV-Größe in Kontakt zu treten. Ich stürze auf ihn zu und halte ihn mit einem strahlenden Lächeln auf.

»Sir, möchten Sie vielleicht ein Programm?«

»Danke«, sagt er.

»Ich *liebe* Ihre Show«, sage ich und blinke leicht kokett mit den Augenlidern.

Etwas verwirrt lächelt er mich an, nickt und geht weiter. So eine Begabung, seufze ich. Und wie bescheiden er ist, denke ich. Plötzlich werde ich rot. Oh mein Gott! Was bin ich doch für eine Idiotin! Ich habe den ehemaligen Premierminister John Major mit Rory Bremner verwechselt!

Der Strom der Gäste wird nun spärlicher, und jetzt höre ich, dass die Party in vollem Gange ist. Also gehe ich auch nach oben. Was soll ich denn sonst machen? Nach Hause gehen? Es muss doch irgendetwas geben, bei dem ich noch helfen kann. Also gehe ich nach oben und tue, was ich kann.

Welch ein herrlicher Anblick bietet sich mir. In jedem der mit Gold und Spiegeln ausgestatteten Prachtzimmer spielen Quartette und Musikensembles klassische Musik. Lakaien in voller Montur – schwarzer Frack mit roten und goldenen Paspeln – versorgen die versammelte Gästeschar mit Champagner. Jongleure und Zauberkünstler zeigen ihre Kunststücke.

Ich blicke mich um und entdecke die hochragende Gestalt des großartigen Boxers und Pantomimen Frank Bruno. Schön für dich, Frank, dass du eingeladen bist, und schön auch für dich, HRH, obwohl ich mir kaum vorstellen kann, dass ihr beide Gemeinsamkeiten habt.

Ein weiterer ungewöhnlicher Gast ist Alex Ferguson, der rotgesichtige Manager von Manchester United, dem momentan erfolgreichsten Fußballclub von England. Jedes Mal, wenn ich ihn im Fernsehen sehe, sieht er aus, als würde er gleich in die Luft gehen. Auch jetzt wirkt er so. Vielleicht kennt er nur diesen einen Gesichtsausdruck? Diese zornige Miene muss allerdings ziemlich nützlich sein, um Fußballer mit Starallüren auf Spur zu bringen. Ich kann mir vorstellen, dass der gut aussehende Mr. Beckham manchmal ziemlich anstrengend ist, vor allem, da sein Selbstbewusstsein jetzt durch die Freundschaft mit der hinreißenden Posh von den berühmten Spice Girls Auftrieb erhält.

Dann erblicke ich eins meiner Idole, die Schauspielerin Joanna Lumley aus *Absolutely Fabulous*. Na, das nenne ich mal wirklich ›posh‹ – also vornehm! Wie alt mag sie sein? Wer weiß? Und wen interessiert es? Welch eine Mischung aus Schönheit und Stil! Und ich habe gelesen, dass sie außerdem noch wirklich klug ist. Ja, ganz eindeutig ist sie eine geborene Prinzessin. Wenn HRH wieder heiraten und damit wirklich populär werden wollte, dann wäre Joanna die Richtige! Oh ja.

Neben ihr steht der Premierminister Tony Blair, zumindest glaube ich das – wenn nicht, muss es Rory Bremner sein. Allmählich bin ich etwas verwirrt. Und nicht weit von ihm steht der Oppositionsführer William Hague.

Ich erinnere mich, dass mir einmal gesagt wurde, Politiker würden normalerweise entweder durch einen Finanz- oder einen Sexskandal gestürzt: Tony Blair hat verkündet, unter seiner Regierung würde das nicht passieren. Das ist ja gut und schön, aber die menschliche Natur ändert sich nicht. *Irgendein* Politiker seines Kabinetts wird bestimmt in Schwierigkeiten geraten.

Oh, und da spricht John Prescott mit David Blunkett, dem blinden, aber höchst fähigen Minister. Er hat seinen berühmten Hund Lucy dabei. Ich habe irgendwo gelesen, dass Mr. Blunkett aus Sheffield stammt, und sein Aufstieg zu nationaler Berühmheit ist, vor allem angesichts seiner Blindheit, höchst beachtlich. Ich denke, bei seiner unglückseligen Behinderung können wir zuversichtlich sein, dass zumindest er nicht in irgendwelche Schwulitäten gerät, nicht wahr?

Nachdem ich die Gästeliste im Programm überflogen habe, weiß ich, dass auf dieser Party auch viele Medienleute anwesend sind, einschließlich einiger Vertreter der so genannten Red-Tops-

Presse, die HRH mit ihrer Berichterstattung über sein Privatleben oft in Aufregung und manchmal sogar in rasende Wut versetzt haben. Es kommt mir schon ziemlich merkwürdig vor, dass HRH solche Leute zu seinem fünfzigsten Geburtstag willkommen heißt. Bei einem Freudenfest sollten doch eigentlich nur Freunde dabei sein, nicht auch noch ausgewiesene Feinde.

Aber ich nehme an, dies verdanken wir dem Einfluss von HRHs raffiniertem Medienberater Mark Bolland, der mit seinem Freund Guy Black hier ist. Mark kennt sich in diesen Dingen aus. Ich glaube, er rechnet sich aus, dass ein oder zwei dieser Leute nach dieser Geburtstagseinladung netter zu HRH sein werden. Trotzdem muss das für den Chef ziemlich schwer hinzunehmen sein.

Plötzlich klopft mir jemand auf die Schulter. Ich drehe mich um. Es ist Mr. P-J, wie wir ihn in Shropshire liebevoll nennen. Er ist hier wegen seiner engen Verbindung zum Ironbridge Gorge Museum Trust. Er stellt mich zweien seiner Freunde aus seiner Zeit an der Cambridge University vor. Angesteckt von der festlichen Atmosphäre lachen wir bald ausgelassen und tauschen Geschichten aus.

Plötzlich steht HRH vor uns. Er sieht mich leicht überrascht an: »Was machen Sie denn hier, Sarah?«

Auf der Stelle bin ich schrecklich verlegen. Hier stehe ich und sollte eigentlich arbeiten, dabei muss es für ihn so aussehen, als amüsierte ich mich mit seinen Partygästen. Kann ich was dafür, wenn ich einen seiner Gäste persönlich kenne? Was soll ich denn tun? Ihm aus dem Weg gehen? Weiß er nicht, dass ich gebeten wurde, hier mitzuhelfen? Sollte ich wirklich nach Aushändigung der Programme nach Hause gehen? Warum hat mir das niemand gesagt? Ist mein Status hier im Buckingham Palace ein anderer als auf Balmoral, wo ich praktisch zur Familie gehöre?

HRH geht weiter.

Ich bin am Boden zerstört. Alle Freude ist verflogen. Vielleicht sollte ich mich jetzt wirklich verabschieden. Doch dann gehe ich in Gedanken noch einmal durch, was HRH gesagt hat. Sein Ton war weder unfreundlich noch kritisch. Einfach neutral. Vielleicht bin ich so empfindlich, dass es schon an Paranoia grenzt; dennoch fühle ich mich seltsam verletzt. Ich nehme an, ich werde für immer in einer Grauzone bleiben, im Niemandsland zwischen Angestellter und Freundin.

Mr. P-J und seine Freunde spüren, dass etwas nicht stimmt. Einer legt seinen Arm um mich. Es scheint, sie sind fest entschlossen, mich aufzuheitern. Jetzt nimmt Mr. P-J's Freund seinen goldrot gestreiften Schlips ab, reicht ihn mir und erklärt mich zum Ehrenmitglied des Hawk Club aus seiner Cambridger Zeit.

Ach zum Teufel, jetzt muss ich auch das Beste daraus machen! Also feiere ich, mit dem Schlips um den Hals, weiter bis halb zwölf. Mr. P-J, stets unfehlbarer Gentleman, lässt uns in seiner Limousine zu mir nach Hause zur Moylan Road chauffieren. Ich jedenfalls habe HRH ein bescheidenes, aber, wie ich hoffe, wohlüberlegtes Geschenk zum Geburtstag gemacht: mein Lieblingsbuch *Zum Nachtisch Krieg* von William Boyd.

Drei Tage später trifft ein wunderschöner, mit Hand geschriebener Brief bei mir ein. Er ist von HRH! Er schreibt mir, mein Geschenk habe ihn sehr gerührt, und ich hätte sehr geholfen, ihm den Tag zu verschönern. Das finde ich ganz wunderbar. Und dann streift mich ein anderer Gedanke. Der arme Kerl muss Hunderte solcher Briefe geschrieben haben. Ich bin zutiefst bewegt, dass er sich die Mühe gemacht hat, meinen bevorzugt zu behandeln. Ich lese ihn drei-, viermal, tupfe mir die Augen und lege ihn dann behutsam in meine Schublade.

März 1999

Es ist halb elf Uhr morgens, und ich stehe wieder auf dem roten Teppich im Buckingham Palace, diesmal in einer Schlange vor dem Thronsaal. Drinnen sitzen fünfhundert Gäste und warten darauf, bei der Ehrung eines Freundes oder Verwandten zuzusehen. Eine Militärkapelle spielt von der Galerie aus auf. Nein, dieses Mal helfe ich nicht aus!

Ich will zehn Wochen zurück gehen, in die Weihnachtsferien. Da befinde ich mich in Cornwall, im Ferienhaus meiner Familie, als plötzlich mein Bruder Toby mit der *Daily Telegraph* ankommt. Er kann es nicht glauben, und ich offen gestanden auch nicht. Seine Schwester (ich!) steht auf der Liste der New Year's Honours!

Ist das zu glauben? Ich werde den MVO bekommen! »Was ist ein MVO?«, werden Sie fragen. MVO steht für Member of the Victorian Order und wird traditionellerweise an alle Angestellten verliehen, die länger als zehn Jahre im Dienste des königlichen Haushalts stehen. Dem Rang nach steht ein MVO über einem OBE (Officer of the Order) und einem MBE (Member of the Order, beide letzteren vom Most Excellent Order of the British Empire). Rein rechnerisch gesehen steht es mir zu, den MVO zu bekommen, aber allzu häufig müssen Mitglieder des Personals bis zu fünfzehn Jahren warten. Ich bekomme meinen ganz pünktlich. Eindeutig habe ich höheren Orts Freunde.

Wer wird noch in diesem Jahr mit mir geehrt? Die mir bekannten Persönlichkeiten sind alle aus dem Showbiz: Lenny Henry, Dusty Springfield, Roger Moore, Nigel Hawthorne und Robert Carlyle. Ich weiß, dass Robert Carlyle ein ausgezeichneter Schauspieler ist, trotzdem frage ich mich, ob das Komitee sich vielleicht leicht durch die Tatsache beeinflussen ließ, dass *Ganz oder gar nicht*, in dem er (und das wunderbar) mitgespielt hat, einer von HRHs absoluten Lieblingsfilmen ist.

Kurz nach der Bekanntgabe erhalte ich ein Telegramm und einen Brief von HRH, in dem er mir gratuliert. Trotzdem bin ich mir nicht sicher, ob er irgendwas damit zu tun hat, dass ich so schnell geehrt werde. Ich bekomme noch dreißig weitere Glückwunschbriefe. Von all der Riesenaufregung wird mir ganz schwindelig.

Jedes Jahr gibt es zweiundzwanzig Ordensverleihungen: eine im Palace of Holyroodhouse in Edinburgh, eine auf Cardiff Castle und zwanzig im Buckingham Palace. Bei jeder Ordensverleihung sind es bis zu hundertfünfzig Personen, die geehrt werden.

Ich werde bei einer im BP anwesend sein. Man darf bis zu drei Gäste zu der Zeremonie mitnehmen. Ich nutze das aus und habe Daddy, meinen Bruder Toby und meinen gut aussehenden Freund Alastair eingeladen.

Daddy hat für diesen wichtigen Tag sein Scheckbuch gezückt, daher trage ich ein hellblaues Kostüm von Louis Ferraud und einen passenden Hut von Fortnum und Mason. Ich habe mich an die Instruktionen für die Ehrung gehalten und ein Häkchen am Revers angebracht, damit der Orden angehängt werden kann und Ihre Majestät sich nicht die Mühe machen muss, ihn anzustecken. Aber da es eine Überschneidung zweier Termine gab, wird nicht Ihre Majestät heute ihres Amtes walten; dies übernimmt statt dessen HRH! Ja, es wird Seine Herrlichkeit sein, der mir den Orden überreicht. Hach!

Ich habe die Broschüre gelesen, die man uns allen gegeben hat, daher kann ich Ihnen jetzt schon sagen, wie die Zeremonie vonstatten gehen wird. Folgendermaßen: HRH betritt flankiert von zwei Gurkha Orderly Officers den Ballsaal – diese Tradition wurde 1876 von Königin Victoria begründet. Auf dem Podium, so nennt man die Plattform mit dem Thron, befinden sich fünf Angehörige der Queen's Body Guard of the Yeoman of the Guard. Die Leibgarde der Königin wurde 1485 von König Heinrich VII. nach seinem Sieg bei der Schlacht von Bosworth Field gegründet.

Diese Schlacht ist mir noch von der Schule in Erinnerung geblieben, weil dort eine neue Familie an die Macht kam, die Tudors, die den letzten der Plantagenets ablösten, nämlich Richard III., welchem man nachsagte, er hätte zwei junge Prinzen im Tower ermorden lassen. Seitdem hat es noch ein paar weitere Königsfamilien gegeben. In der Schule habe ich gelernt, dass die Familie der Königin ursprünglich aus Deutschland stammte, worüber sich, wie mein Geschichtslehrer sagte, mehr als nur einige nachdenkliche Untertanen den Kopf zerbrachen, als wir in den letzten beiden Weltkriegen die Deutschen bis aufs Blut bekämpften.

Aber ich schweife ab. Zurück zur Zeremonie. Vier Gentlemen

Ushers sind im Dienst, um sich um die zu Ehrenden und ihre Gäste zu kümmern. Heute sind dies Lord Camoys, Major General Sir Simon Cooper, Lieutenant Commander Lavery und Lieutenant Colonel Anthony Mather.

Alle zu Ehrenden reihen sich vor dem Saal in einem langen Korridor auf, während weit über vierhundert Gäste drinnen der Zeremonie beiwohnen. Die Zeremonie findet in absteigender Reihenfolge statt, beginnt mit dem bedeutendsten Orden, dem Most Honourable Order of the Bath, dessen Empfänger die Ritterwürde erhält und den Bathorden zweiter Klasse bekommt. Wir alle hören die Nationalhymne, die im Saal vom Orchester der Schottischen Garde gespielt wird. So erfahren wir, dass die Ordensverleihung gleich beginnt.

Wir nehmen während der Nationalhymne Haltung an. Und ich glaube, stolzer und patriotischer haben wir nie dagestanden. Schließlich stehen wir kurz davor, zu ›Members of the Establishment‹ ernannt zu werden.

Das Orchester spielt jetzt sein Repertoire durch. Im Moment ist es zu ›El Capitan‹ übergegangen, einem Marsch von Sousa. Dann tritt der erste Ordensempfänger ein: Vize-Admiral Ian Garnett. Er sieht, dass HRH auf dem Podium neben dem Lord Chamberlain (dem Vorsteher des königlichen Haushalts, in diesem Fall Lord Camoys) steht. Dann höre ich, wie der Lord Chamberlain seinen Namen und seine Verdienste ausruft.

Daraufhin kniet der Admiral auf dem Samthocker nieder, der eigens für die Ordensverleihung gedacht ist. Und dann tippt HRH mit dem Schwert seines Großvaters George VI., das jener als Duke of York und Colonel der Schottischen Garde benutzt, dem Admiral leicht auf seine linke Schulter. Es erhebt sich Vize-Admiral *Sir* Ian Garnett, der nun einen Orden an der Schärpe und einen Stern erhält, welche HRH von einem Samtkissen nimmt, den ihm der Master of the Household, Sir Simon Cooper hinhält. Ich versuche mir vorzustellen, was der Admiral wohl fühlt. Freudige Erregung und Stolz. Werde ich dasselbe empfinden?

Dann folgen zwei Ritter vom Foreign Office. Als Nächstes kommt Diana Collins, kurz darauf Dame Diana Collins, die, wie ich lese, in Südafrika großartige Arbeit für die Menschenrechte geleistet hat. Danach werden drei weitere Ehrengäste zum Ritter geschlagen: ein Musiker, ein Pharmakologe und ein Molekularbiologe.

Als Nächstes kommen die Gäste, die den Titel Companion beziehungsweise Commander of the British Empire verliehen bekommen. Meine Güte, bald bin ich schon dran! Auf dem Programm sehe ich meinen Namen neben dem charismatischen Emmanuel Amadi, eine Leuchte des Prince's Trust, der hinter mir steht. Ab heute gehören er und ich zum Royal Victorian Order! Ich kann es immer noch nicht glauben: ein einfaches Mädchen aus Shropshire, das durch einen glücklichen Zufall und mit Hilfe von Bernadette von der Bond Street in diesem Job als Lady Clerk für HRH landete. Ich muss mich kneifen, um mir bewusst zu machen, dass dies kein Traum ist.

Während die Schlange immer kürzer wird, lese ich weiter im Programm von den Verdiensten und der hingebungsvollen Arbeit der anderen Ehrengäste. Ehrfurcht und leichte Ernüchterung beschleichen mich. Vor und hinter mir stehen ein paar der würdigsten Bürger des Vereinigten Königreichs. Besonders klein komme ich mir im Vergleich mit denjenigen vor, die ihr Leben der Hilfe für die Benachteiligten in unserer Gesellschaft gewidmet haben: den körperlich und geistig Behinderten und den Kranken, denjenigen also, denen die Götter ein mieses Blatt im Pokerspiel des Lebens gegeben haben. Während ich darüber nachdenke, überkommt mich Demut. Als das Orchester der Schottischen Garde Purcells *Abdelazar* anstimmt, unterziehe ich mich einer inneren Prüfung.

Hier, zwischen den ›Großen und Guten‹ komme ich mir unwillkürlich ein bisschen wie eine Hochstaplerin vor. Schließlich bin ich nichts Großartiges, und kann man mich wirklich als ›gut‹ bezeichnen? Meine Arbeit ist anspruchslos, ich werde wegen meines Status im Palast überallhin eingeladen und erlege mir keine Opfer auf. Auch wenn ich meine Arbeit erledige, halte ich die Arbeitszeiten doch nicht immer genau ein. In sexueller Hinsicht könnte man mich als ausschweifend bezeichnen, und meine Schlauheit grenzt schon ans Betrügerische.

Ein Beispiel: Ich habe es mit einer Freundin im Büro so gedeichselt, dass ich an dieser Zeremonie teilnehme und nicht an einer anderen, für die ich ursprünglich vorgesehen war und wo Ihre Majestät die Orden verleihen sollte. Ihre Majestät ist eine ehrwürdige und wirklich bemerkenswerte Frau. Sie ist der Souverän unseres Landes, aber nicht ›der Chef‹, zumindest nicht meiner. Ja, ich war unartig und habe ein paar Beziehungen spielen lassen, um an einer der wenigen Ehrungen teilzunehmen, wo HRH die ›Dekorierung‹ vornimmt, wie man die Ordensverleihung in der Palastsprache nennt.

Bei längerem Nachdenken allerdings ist es vielleicht ein bisschen zu hart, wenn ich sage, ich sei nicht ›gut‹. Ja, ich schludere mit den Arbeitszeiten, aber ich erledige immer tadellos meine Aufgaben. Was meinen Spaß am Sex betrifft, so ist das weder gut noch schlecht. Das hat nichts mit Moral zu tun. Eher mit Glück oder Pech. Wegen der Bürointrigen kann man mich auch nicht als böse bezeichnen, obwohl ich in den vergangenen zehn Jahren sicherlich viel von meiner anfänglichen Unschuld verloren habe. Ja, ich bin nicht durch und durch gut, aber gut genug.

Jetzt bin ich an der Reihe und betrete mit heftig klopfendem Herzen den Thronsaal. Das Menuett, das ich Mozart zuordne, ist beendet. Jetzt beginnt das Orchester das nächste Stück. Ich fass es einfach nicht. Es ist die Filmmusik von *Gigi*, einem meiner absoluten Lieblingsfilme, wo Maurice Chevalier singt: *Ssänk Äwen for liiitl girls.* In diesem Film geht es, falls Sie das nicht wissen sollten, um ein bezauberndes und unschuldiges Schulmädchen in Paris, das sich wegen Geldmangels und der intriganten Pläne ihrer Tanten gezwungen sieht, eine Edelprostituierte zu werden. Glücklicherweise heiratet Gigi am Ende ihren Prinzen, einen Mann der guten Gesellschaft. Trotzdem bin ich leicht entnervt, dass die Titelmelodie von *Gigi* ausgerechnet dann gespielt wird, als mir der Kronprinz den Orden verleihen soll. Ich hoffe, das ist keiner von HRHs kleinen Scherzen.

Als ich langsam zum Podium schreite, überblicke ich kurz die Schar der Gäste. Aber bei so vielen Gesichtern kann ich unmöglich meinen kleinen Unterstützungstrupp ausmachen. Verflixt. Egal. Ich trete zu HRH. Verdammt, meine Gefühle überwältigen mich. Ich fürchte, ich könnte in Tränen ausbrechen. Reiß dich zusammen, Sarah, knurrt meine innere Nanny.

Ich hole tief Luft. Jetzt steht Seine Großartigkeit vor mir. Er trägt seine Paradeuniform, dunkelblau mit goldenen Litzen und Schnüren. Lieber HRH, wie wunderbar du als Colonel der Waliser Garde aussiehst. Ich sehe ihm in die Augen, beuge das Knie und mache einen Knicks.

Jetzt spricht der Lord Chamberlain einen Wortlaut, der seit Jahrhunderten überliefert wird. Der Inhaber dieses altehrwürdigen Postens ruft mit dröhnender Stimme in den Thronsaal des Buckingham Palace: »Miss Sarah Goodall wird wegen ihrer Verdienste um den Haushalt Seiner Königlichen Hoheit des Prince of Wales Mitglied des Royal Victorian Order.«

Alles im Saal applaudiert. Ich habe einen Kloß im Hals. Aber meine innere Nanny meldet sich. Sie sagt mir, ich solle Haltung bewahren.

Dann nimmt HRH, mein künftiger König, von dem burgunderroten Samtkissen, das ihm Sir Simon Cooper hinhält, das etwa zehn Zentimeter große Messingkreuz am blauen, weißen und roten Band. Er befestigt das Kreuz sorgfältig am Häkchen meines Revers', nur zwei Zentimeter von meinem klopfenden Herzen entfernt. In diesem Augenblick kommen mir die Tränen. Ich blicke in seine wunderschönen blauen Augen, und sehe, wie immer, ein Zwinkern. Er öffnet den Mund und spricht.

»Oh, Sarah, ich kann's gar nicht glauben! Jetzt sind Sie schon zehn Jahre bei mir!«

Unwillkürlich muss ich kichern. »*Vielen, vielen* Dank, Königliche Hoheit. Nur bei jemandem, der so großartig ist wie Sie, kann ich es so lange aushalten.«

Am liebsten würde ich noch weiterplappern, dass ich ihm treu ergeben bin und für immer in seinen Diensten bleiben möchte. Aber meine innere Nanny bremst mich, Gott sei Dank. Eine derartig emotionsgeladene Erklärung würde zweifellos für Peinlichkeit sorgen.

Also bemühe ich all meine Selbstbeherrschung, lächle bescheiden und gehe weiter. Dann denke ich über HRHs Lächeln nach. Manchmal ist es schwierig zu deuten. Wenn ich meiner Paranoia freien Lauf ließe, könnte ich mir einbilden, es hätte leicht gereizte Resignation widergespiegelt. Schließlich bleiben nur wenige Lady Clerks *zehn* Jahre! Lag ein Hauch Sarkasmus in seiner Bemerkung über die Anzahl meiner Dienstjahre?

Meine innere Nanny schaltet sich ein. Hör jetzt mit diesem neurotischen Unsinn auf! Dies ist der Augenblick deines Triumphs! Den willst du dir doch nicht mit kritischer Selbstbetrachtung verderben. Genieße den Augenblick, Mädchen. Heute bist du eine Königin!

Dann ist der Weg frei für den nächsten Ehrengast, Emmanuel Amadi. Emmanuel, alter Kumpel, jetzt kommt *dein* Augenblick, und den hast du dir wirklich verdient! Genieße ihn!

Ich finde meine Truppe und geselle mich für die restlichen anderthalb Stunden der Zeremonie zu ihnen. Wir alle lauschen ›Born Free‹, zwei Stücken aus Tschaikowskys *Sechster Symphonie*, dem *Fiddler on the Roof* und *O Sole Mio*. Es ist wundervolle Musik und verstärkt meine Freude.

Wie soll ich sie beschreiben? Hochgefühl ist eigentlich das Wort, das ich verwenden sollte, doch die Empfindung, die mich durchströmt, geht über Hochgefühl hinaus. Hochgefühle hat man, wenn man beim Hockey punktet, oder bei einem Mann, für den man schwärmt. Aber ich habe, wie mir jetzt klar wird, für's Leben gepunktet. Ich schwebe nicht im siebten Himmel, sondern in der Stratosphäre. Ich bin nicht *bei* den Sternen, sondern jetzt selbst ein Stern – ein Star.

Die Zeremonie endet, als das Orchester mit einem ›Highland Fling‹ schließt, der nicht nur der frivolen Erinnerungen wegen zu meinen Lieblingsstücken gehört: ›Swing o' the Kilt‹.

Nun strömen alle dekorierten Ehrengäste mit ihren Freunden und Verwandten hinaus. Die Goodall-Truppe springt in ein Taxi und fährt zum Cavalry and Guards-Club am Piccadilly. Daddy hat den Balaclava Room für uns reserviert. Dort warten dreißig weitere Gäste mit dem Lunch auf uns, und ich sitze am Kopfende des Tisches. Karin ist da, Eddie der Unternehmer, meine Freunde Tony und Pam aus dem Palast und natürlich Alastair und Toby.

Obwohl ich noch kurz zuvor in einer feierlichen Zeremonie geehrt wurde, muss ich leider berichten, dass ich und noch ein, zwei weitere meiner Gäste mit einem ungehemmten Überschwang feierten, der nicht ganz meiner neuen erhabenen Stellung als Sarah Lucy Georgina Goodall MVO entspricht. Ich persönlich glaube, es lag am Portwein.

Stunden später torkeln wir aus dem Club. Alastair ist so sternhagelvoll, dass er die Taxifahrt nach Hause in der Horizontale auf dem Boden vor dem Rücksitz hinter sich bringt, bestreut mit dem Blumenschmuck der Festtafel. Toby und ich sind in einem ähnlich erbärmlichen Zustand. Wir müssen Alastair die Treppe hinauf ins Bett schleifen.

Ja, ich weiß. Unser Benehmen ist schändlich, aber fairerweise muss berücksichtigt werden, dass man nicht jeden Tag einen Orden von seinem künftigen König verliehen bekommt.

Mai 1999

Dilemma in Liebesangelegenheiten: Die letzten sechs Wochen läuft es mit Alastair nicht mehr so. Ich schätze seine Qualitäten, aber irgendwie passen wir nicht mehr zusammen. Außerdem habe ich einen anderen kennen gelernt, der mich fasziniert. Er heißt Carlo und ist Italiener. Im Gegensatz zu Alastair ist Carlo klein.

Seltsam: Ich kann nie Maß halten. Mir gefallen entweder Gorillas oder Frettchen. In letzter Zeit tendiere ich eher zum Frettchen.

Das Problem ist nur, dass ich momentan mit meinem Gorilla zusammen bin. Ich glaube, Alastair hat in den letzten Wochen gespürt, dass er mich zu verlieren droht, daher hat er alles nur Erdenkliche getan, um mich mit einer außergewöhnlichen Geste für sich zu gewinnen. In diesem Moment befinden wir uns in einer fantastischen Suite im Pariser Ritz und trinken Champagner. Ist das nicht großzügig von Alastair? Und er scheut weder Kosten noch Mühen. Vor mir steht eine Vase mit roten Rosen in voller Blüte. Das Bett ist ein Himmelbett, und die Möbel sind erlesen und feminin. Doch nicht nur das, wir befinden uns genau in der Suite, die für Dodi Al Fayed und Prinzessin Diana in der Nacht ihres schrecklichen Todes reserviert war – zumindest hat uns dies einer der Portiers erzählt. Es ist so romantisch, diese Suite zu bewohnen. Aber etwas in mir findet das auch ziemlich gruselig. Es ist doch unheimlich, wenn man bedenkt, dass die Chefin hier ihren letzten Tag verbrachte!

Ich schicke diesen morbiden Gedanken zum Mond und versuche, den Augenblick zu genießen. Aber es will mir nicht recht gelingen. Komm schon, Sarah, tue so als ob, dann kommt der Rest schon von selbst. Bedenke doch, du befindest dich in einer exklusiven Suite in einem der besten Hotels in einer der romantischsten Städte der Welt. Dein Partner liebt dich ganz offensichtlich und sagt dir gerade, du seiest die schönste Frau der Welt.

Ich trinke noch einen Schluck vom Champagner. Vielleicht hilft ja ein wenig Alkohol. Jetzt kommt Alastair zu mir zum Bett und legt mir die Hand auf den Schoß. Oh je. Vor einem Monat, ja vor einer Woche noch wäre ich entzückt gewesen und hätte ihm mit mehr Körpereinsatz belohnt als eine Can-Can-Tänzerin auf Aphrodisiakum.

Was ist los? Es hat sich was geändert. Meine Liebe zu Alastair scheint sich in Luft aufgelöst zu haben wie Frühlingsnebel. Ist es die Lockung des italienischen Frettchens? Ist es die gespenstische

Erinnerung an Dodi und Di? Oder ist mir klar geworden, dass meine Zeit mit Alastair zu Ende ist? Was soll ich jetzt tun? Alastair versucht mich zu küssen. Unwillkürlich stoße ich ihn zurück.

»Später, Schatz, später.«

Ich komme mir so verlogen vor. Also trinke ich einen weiteren Schluck Champagner. Der arme Alastair. Er denkt, ich machte das absichtlich, um den entscheidenden Moment noch explosiver werden zu lassen. Aber ich habe jetzt das Gefühl, einen solchen Moment werde es nicht mehr geben. Ich bin das Mädchen, das nicht hält, was es verspricht. Wie bin ich nur in diese Situation geraten? Und wie zum Teufel komme ich da wieder raus?

Alastair versucht mich erneut zu küssen. Und wieder drehe ich meinen Kopf weg. Er schenkt mir neuen Champagner ein. Ich stehe auf und trete ans Fenster.

»Was für eine fantastische Aussicht«, sage ich dramatisch und starre konzentriert aus dem Fenster.

»Ja«, bestätigt er und tritt zu mir. »Fantastisch.«

Wir sind wie zwei traurige Poseure, die eine abgedroschene Filmszene nachspielen. Fantastische Aussichten sind wohl das Letzte, was uns im Moment interessiert. In Wahrheit fahndet Alastair nach einer Strategie, mich aus den Kleidern und ins Bett zu kriegen, während ich mir einen Trick überlege, in meinen Kleidern und außerhalb des Bettes zu bleiben.

Gestern Abend, nach unserer Ankunft, war das noch leicht.

»Schatz, ich bin so müde, wir haben ja morgen noch den ganzen Tag.«

Das reichte, um ihn fernzuhalten. Am Morgen ging es auch noch. Bevor er auch nur die Augen aufgeschlagen hatte, war ich schon angezogen. Nach dem Frühstück dann machten wir einen Spaziergang durch die schönen Straßen dieser romantischen Stadt. Dann setzten wir uns in eine hübsche Brasserie und aßen zu Mittag. Aber wie den Nachmittag totschlagen? Am Besten mit einem Besuch des Faubourg Saint-Honoré, der Pariser Bond Street.

Wir riskieren einen Blick in die prächtigen Tempel der Haute Couture. Ich kann einfach nicht widerstehen. Ich muss zu Gucci hinein, um die neuesten Angebote zu bestaunen. Plötzlich sehe ich sie! Das ist die Handtasche, von der ich schon seit Monaten träume – die klassische und neuerdings wieder höchst gefragte Guccitasche: schwarzes Leder mit Ziernähten und einer Goldkette. Ich starre sie sehnsüchtig an. Sei nicht albern, Sarah. Sie kostet 700 Pfund und du hast nur dein Gehalt vom Palast. Plötzlich sehe ich, wie Alastair seine Kreditkarte zückt.

»Ach nein, Alastair, das sollst du nicht! Bitte nicht. Das ist zu großzügig.«

Aber nichts hält ihn auf. Es scheint ihm eine solche Freude zu bereiten. Und sollte ich ihm diese Freude verderben? Da stehe ich nun und umklammere die Tasche meiner Träume. Sie ist mein!

Doch jetzt sind wir wieder in unserer Suite, und Alastair will verständlicherweise auch auf seine Kosten kommen. Er umschlingt mich mit seinen Gorillaarmen. Komm schon, Mädchen, tu' so als ob! Bring's hinter dich. Er ist jetzt seit über einem Jahr dein Geliebter. Was ist schon eine Nummer mehr oder weniger? Ich drehe mich um, um ihn zu küssen, meide aber instinktiv seinen Mund und vergrabe stattdessen mein Gesicht in seiner Halsbeuge und liebkose ihn. Verdammt, das ist wirklich, wirklich schwer!

Ich löse mich aus seiner Umklammerung und gehe dann zielstrebig auf den Fernseher zu. Tja, die Aussicht habe ich schon bemüht, nicht wahr? Was bleibt mir dann sonst noch? Ich schalte den Fernseher ein. Plötzlich umarmt er mich von hinten.

Oh nein! Er versucht mich auszuziehen. Ich merke, dass ich mich sträube. Komm schon, Sarah. Er hat dir eine Guccitasche gekauft, Herrgott noch mal! Jetzt kannst du als ›Dankeschön‹ auch ein kleines Opfer bringen. Was ist denn los mit dir?

An diesen Punkt ist Alastair jetzt auch gekommen.

»Sarah, was ist los mit dir?«

Ich drehe mich um. Er wirkt verwirrt und wütend. Es tut mir so leid für ihn. Aber ich kann's einfach nicht.

»Tut mir leid, Alastair, aber ich kann nicht.«

»Was zum Teufel meinst du mit ›Ich kann nicht!?«

»Ich kann nicht. Das ist alles.«

Danach herrscht fünf Sekunden Schweigen. Alastair steht nur da und wirkt schockiert. Das ertrage ich nicht.

»Ich pack jetzt zusammen und verschwinde.«

»Was?«

»Bitte versuch nicht, mich aufzuhalten, Alastair. Ich möchte keine Szene.«

»Keine Szene?«

Während ich meine Kleider aus dem Schrank hole, steht Alastair zitternd da.

»Nun, dann kannst du mir wenigstens meinen Siegelring zurückgeben«, sagt er.

Ich blicke auf sein reizendes Geschenk, den wunderschönen Siegelring mit seinem Familienwappen. Er ist aus purem Gold, und näher bin ich einem Verlobungsring wahrscheinlich noch nicht gekommen. Ich löse ihn mir vom Finger und reiche ihn Alastair. Schweigend nimmt er ihn, dann geht er zum offenen Fenster und schleudert ihn hinaus in die Nacht. Was für eine dumme Geste! Welch eine Verschwendung!

»Die Tasche bitte.«

Da hat er wohl Recht. Ich kam mir ohnehin wie eine Betrügerin vor, als ich sie annahm. Ich leere den Inhalt auf dem Bett aus. Gott sei Dank habe ich meine alte Handtasche nicht gleich weggeworfen. Ohne ein Wort gebe ich ihm die göttliche Guccitasche. Er stellt sie behutsam in den Schrank und blickt dann zu Boden. Puh. Wenigstens hat er die nicht auch noch aus dem Fenster geschmissen.

Innerhalb einer Stunde habe ich einen neuen Flug gebucht. Der Morgen naht. Die prächtigen Straßen von Paris sind menschenleer, und ich fahre allein mit dem Taxi zum Flughafen Charles de Gaulle und lasse den todunglücklichen Alastair im Ritz zurück, in der Suite von Diana und Dodi, wo er darüber nachdenken kann, was eigentlich passiert ist.

In meinem gebrochenen Französisch weise ich den Taxifahrer an, ganz, ganz langsam durch die Tunnel zu fahren.

Juni 1999

Welch ein Leben! Im Augenblick stehe ich auf einem Boot, das die Themse hinab fährt. Es ist ein warmer, sonniger Tag. Wir sind gerade unter der Putney Bridge hindurch gefahren, und jetzt sehe ich zu meiner Rechten die schöne Mall of Chiswick. HRH steht direkt neben mir. Außer uns befinden sich noch alle Exzentriker der Architectural and Planning Group an Bord. Ich zeige HRH den berühmten Dove Pub.

Interessant, denke ich. Wahrscheinlich hat er seit seiner Studentenzeit in Cambridge nicht mehr mit Freunden im Pub gesessen. Und eigentlich geht das ja auch nicht, oder? Wegen seiner Stellung kann er einfach nicht all die normalen Dinge tun, die für uns so selbstverständlich sind. Man stelle sich vor, er muss nur irgendetwas Ungewöhnliches sagen oder tun, dann bekommt er dafür am nächsten Tag mit einer reißerischen Schlagzeile oder einem unfreundlichen Kommentar die Quittung. Diese Erfahrung musste er schon im zarten Alter von vierzehn Jahren machen. Damals ging sein Leibwächter mit ihm heimlich in einen Pub in den schottischen Highlands, wo sich sein Internat Gordonstoun befand.

»Was wollen Sie trinken?«, fragte ihn der Barkeeper.

»Einen Cherry Brandy«, antwortete unser künftiger König und genoss diese kurze Auszeit vom Internatsdrill.

Am nächsten Tag stand es in allen Zeitungen. Der Brandy-Skandal! Der Thronerbe bei illegalem Alkoholkonsum erwischt! Der Protection Officer übernahm dafür die Verantwortung und wurde gefeuert. Aber dieser Protection Officer war für HRH mehr als nur ein Leibwächter. Er war dem jungen Prinzen ein Freund

und ein Trost in dieser unerfreulichen Lebensphase. Es heißt, der Chef hätte denjenigen, die für seine Kündigung verantwortlich waren, niemals verziehen.

Aber dies hier sind glücklichere Zeiten. Ich beobachte, wie er die Aussicht auf den Fluss genießt. Dann sehe ich, wie er ein Gespräch mit der liebenswürdigen Candida Lycett-Green anfängt, die ihm mit dem überaus erfolgreichen Buch über den Garten von Highgrove geholfen hat. HRH genießt ihre kultivierte Gesellschaft.

Ich denke kurz über meine eigenen Aktivitäten nach. Als kultiviert kann man mich nicht wirklich bezeichnen. Ich liebe Partys und treibe gern Sport. Weil ich im Palast arbeite, werde ich zu allen möglichen Eröffnungen und Events eingeladen. Natürlich besuche ich alles, was mit dem Prince's Trust zu tun hat, zum Beispiel Filmpremieren oder Konzerte. Eine meiner liebsten Erinnerungen ist ein Konzert, wo HRH in der königlichen Loge im Odeon auf dem Leicester Square saß. Er versuchte, cool zu wirken, und klopfte sich unbeholfen mit der Hand aufs Knie, während Robbie Williams auf der Bühne umherwirbelte, sich in den Schritt fasste und sein Becken vorstieß. Es funktionierte nicht. Rock und Royals passen nicht zusammen. Aber zumindest hat HRH es versucht, schön von ihm.

Doch meine Lieblingsevents sind immer noch die aufwändigen Geschäftseröffnungen. Ich lebe praktisch von den tollen Sachen, mit denen man die wichtigsten Gäste so großzügig versieht. Oh ja, es wird denen gegeben, die viel haben. Irgendwie finde ich das nicht richtig. Steht nicht in der Bibel, es müsste umgekehrt sein? Aber so läuft es jetzt eben in der Welt. Und obwohl es so aussieht, als hätte ich Geld, sieht die Wahrheit, wie wir wissen, ganz anders aus.

Neulich stellte ich ein paar Berechnungen an. Äußerst deprimierend. Es scheint, ich müsste das Jagen aufgeben, was in den Wintermonaten für so viel Spaß sorgt. Die Tatsache, dass ich noch nie auf einer Jagd war, wo ein Fuchs auch gefangen wurde, zählt jetzt nicht. Die Hatz ist so aufregend. Aber die Fuchsjagd kostet am Tag, alles zusammengenommen, etwa 315 Pfund, und das ist noch billig. Außerdem werde ich, um Geld zu sparen, in Zukunft wohl eher bei Polospielen zusehen, als selbst spielen.

Glücklicherweise sind mir noch Tennis, Segeln und Skifahren geblieben. Für Ersteres habe ich den liebenswürdigen CC, der Tennisturniere im Queen's Club organisiert, und für die beiden Letzteren habe ich meinen Gönner Fred Vonck, der an der Südküste eine Yacht hat und in Verbier eine Wohnung.

Aber dies sind nicht die einzigen Sportarten, die ich ausprobiert habe. Neulich wurde ich in Balmoral von einem Freund, der bei Ullapool lebt, eingeladen, auf seinen Ländereien mit ihm auf die Pirsch zu gehen. Ob ich Lust hätte, zu versuchen, einen Hirsch zu erlegen? Herrje! Wie alle anderen Mädchen meines Alters wuchs ich in der Kinowelt von Walt Disney auf, in der süße Tiere wohnen, mit menschlichen Gefühlen und Sprachvermögen. Jetzt ist der Moment der Wahrheit gekommen. Würde ich Bambi töten können? Da erklärt mir einer aus der Gruppe, es gäbe im Augenblick einfach zu viele Hirsche, und ein paar *müssten* geschossen werden. Warum also nicht von dir, sagt er. Es ist genau wie das Töten einer Kuh, fügt er hinzu. Das Fleisch wird ja gegessen.

Also begleite ich ihn auf die Pirsch, allerdings mit Beklommenheit. Wir klettern die Hügel hinauf. Die Aussicht ist atemberaubend. Dann entdecken wir ein Rudel Rotwild, woraufhin wir uns auf den Bauch fallen lassen und uns durch die Heide robben. Und dann sehe ich den Hirsch, den der Wildhüter für mich ausgesucht hat. Er hat ein großes Geweih, sehr gefährlich, wie man mir sagt. Ich bekomme das Gewehr gereicht. Ich ziele sorgfältig auf sein Herz und drücke ab. Peng! Seine Beine geben nach, und er geht zu Boden.

Kurz darauf beugen sich mein Freund, der Wildhüter und ich über den toten Hirschen. Mir wird herzlich zu dem sauberen Schuss gratuliert. Das Ausweiden erfolgt, während ich mich noch im Schockzustand befinde und auf die Kreatur starre, der ich gerade das Leben genommen habe. Denk an das Fleisch, befehle ich mir selbst. Denk an die Mahlzeiten, für die dieses Tier sorgt.

Plötzlich kommt der Wildhüter auf mich zu und fasst mit seinen blutbeschmierten Händen in mein Gesicht. Ich springe zurück. Was zum Teufel macht er da?

»Das ist ein Ritual für das erste erlegte Wild«, sagt mein Freund.

Nun, dann darf ich nicht unhöflich sein. Es handelt sich um eine Highland-Tradition, die ich respektieren muss. Trotzdem erwartet ein Mädchen meiner Herkunft eher, dass eine Creme von Estée Lauder ihr Gesicht benetzt und nicht Hirschblut.

Später am Nachmittag fahre ich nach Birkhall zurück. Das Problem ist nur, dass HRH und Willy Potts zwar echte Landmenschen sind, etliche vom Personal jedoch, ein paar Lady Clerks eingeschlossen, ziemlich bornierte Ansichten über Pirsch und Jagd haben. Wieso um alles in der Welt stellt HRH Leute mit derartigen Empfindlichkeiten eigentlich ein, frage ich mich. Daher bin ich zwar aufgeregt wegen meines ersten Abschusses, nehme mir aber vor, darüber Stillschweigen zu bewahren. Nicht nur bescheiden, sondern stumm wie ein Grab zu sein.

Ich parke den Wagen und betrete das Haus. Bei meinem Anblick bleiben ein Butler und eine der Lady Clerks wie angewurzelt stehen.

»Mein Gott, ist alles in Ordnung mit Ihnen?«

Was haben sie denn, um Himmels willen?

»Mir geht's gut. Was ist denn?«

»Es sieht so aus, als wären Sie blutverschmiert.«

Oh nein! Ich habe vergessen, es abzuwaschen. Wie manövriere ich mich jetzt wieder da raus?

»Ach, Sie wissen doch, wie das ist«, sage ich strahlend. »Das ist eine dieser Highland-Traditionen.« Als den beiden der Mund aufklappt, lasse ich sie stehen, um im Badezimmer die letzten Spuren meines gemeuchelten Hirschen abzuschrubben.

Jemand ruft etwas, und ich werde aus meinem Tagtraum gerissen. Wir haben mittlerweile Twickenham erreicht. Unser Boot legt an, und HRH, seine exzentrischen Begleiter und ich steigen aus und werden von einem Ratsmitglied begrüßt. Wir wollen hier eine Führung durch Strawberry Hill machen, einer Fantasieburg im gotischen Stil, die von Horace Walpole entworfen wurde, dem jüngsten Sohn des früheren Premierministers Robert Walpole. Das Gebäude wurde 1792 fertiggestellt und gilt als architektonisches Schmuckstück.

Der Ratsherr beginnt mit seiner Führung. Allerdings muss er manchmal innehalten, weil einige Mitglieder der APG besonderes Interesse an einigen Räumen zeigen und sich zurückfallen lassen. Ich muss sie suchen und mitbringen. Ehrlich, die Truppe ist schlimmer als eine undisziplinierte Schulklasse.

Fondant Fancy hat die Idee, am Ende der Führung durch Strawberry Hill Erdbeeren mit Schlag zu essen. Und Erdbeeren mit Schlag sind ohne Champagner doch gar nicht denkbar, oder? So leeren wir eine halbe Kiste – mindestens. Die APG ist dem Alkohol ganz und gar nicht abgeneigt.

Also stopfen wir am Ende dieses schönen Nachmittags fleißig Erdbeeren in uns hinein und kippen Champagner. HRH füllt mein Glas, und das nicht zum ersten Mal. Ich sehe, dass er zwinkert. Jetzt begreife ich. Meine Gedanken schweifen zurück zu meiner Anfangszeit in Sandringham, wo er mir tödliche Gin Tonics einschenkte. Eine der kleinen Freuden des Prinzen besteht darin, andere betrunken zu machen.

Nun gut, HRH, dann will ich dich nicht enttäuschen; aber wenn ich mit einem ernsten Alkoholproblem ende, werde ich verraten, dass du mich auf diesen Weg gebracht hast.

Jetzt sind die Wagen vorgefahren, die uns zurückbringen sollen. Der Tag ist zu Ende. Der Kronprinz hat seinen Spaß gehabt. Und wie es aussieht, die APG auch. Ich jedenfalls ganz gewiss.

Hick.

August 1999
Ich bin gerade aus Balmoral zurückgekehrt und sitze an meinem Schreibtisch im St. James Palace. Meine liebe Freundin Camilla war auch da, aber dieses Mal sah ich sie nur bei verschiedenen Picknicks, wo wir uns leider nicht unterhalten konnten. Sie wissen ja, wie das ist: Als gute Gastgeberin kümmert sie sich um die Gäste, während ich aushelfe und nur etwas sage, wenn ich angesprochen werde. Auf dem Rückweg wollte HRH unbedingt über Architektur sprechen, daher marschierten wir Richtung Balmoral voraus, während HRH mit großem Ernst über Poundbury sprach. Ich bedachte seine begeisterten Ausführungen mit heftigem Nicken, obwohl ich in Wahrheit nur wenig verstand, weil ich davon keine Ahnung habe. Irgendwann blickte ich mich mal um und entdeckte Camilla, die allerdings leicht verärgert wirkte. Das kann ich ihr überhaupt nicht verdenken. HRH sollte seiner Vertrauten mehr Zeit widmen. Das Herz seiner Angebeteten sollte doch Vorrang haben vor den Bauwerken Britanniens.

Es ist wirklich ärgerlich, dass man mich aus der Abgeschiedenheit des Souterrains wieder zu den anderen Lady Clerks versetzt hat, von denen einige echte Harpyien sind, obwohl es auch Neuzugänge gibt. Die wunderschöne, stets in schwarz gekleidete Belinda Harley gehörte dazu, obwohl sie vor Kurzem wieder ging, was eine Schande ist, denn sie war lustig, theatralisch und eine großartige Kollegin.

Als eine von zwei Lady Clerks mit einem MVO habe ich entschieden das Gefühl, eine der Ranghöchsten hier zu sein, und wenn ein oder zwei Mädchen hier meinen, ich trüge die Nase ein wenig hoch, dann müssen sie sich wohl damit abfinden. Ich habe meine zehn Jahre in königlichen Diensten auf dem Buckel und kann es, Teufel noch mal, auch mit einem Orden beweisen!

Bevor Geraldine ging, warnte sie mich davor, mich mit dem Red-Carpet-Fieber anzustecken. Das Red-Carpet-Fieber wird dadurch verursacht, dass man so lange im Palast arbeitet, dass man glaubt, man sei selbst schon ein bisschen wie ein Royal. Ich halte mich ganz gewiss nicht für eine Royal, denke aber doch, dass ein, zwei Leute hier angesichts meines Dienstalters und meines MVOs etwas mehr Respekt zeigen könnten.

Momentan helfe ich gerade dabei, unseren Neuzugang Elaine Day einzuarbeiten. Wie Mark Bolland sticht sie hier ein wenig aus der Menge hervor. Wir hatten schon Mädchen aus Essex hier wie Victoria, und wir hatten auch eine Cockney-Empfangsdame, aber Elaine ist erst das zweite farbige Mädchen – oder, um den korrekten Ausdruck zu benutzen: das zweite Mädchen mit ethnischem Hintergrund – hier im Büro. Die Liberale in mir ist darüber hocherfreut. Jeder Mensch sollte die Möglichkeit des gesellschaftlichen Aufstiegs haben, je nachdem, wie seine Begabungen es zulassen. Fördert der Prince's Business Trust nicht genau dies und hilft damit Menschen aus unterprivilegierten Schichten?

Elaine geht methodisch vor, wenn auch zuweilen ein bisschen langsam. Manchmal geht es mir schon ein bisschen auf die Nerven, alles bis ins letzte Detail zu erklären, da ich normalerweise superschnell arbeite. Aber der Fairness halber muss ich sagen, dass sie die Gepflogenheiten lernt, und ich viele Aufgaben hier schon selbstverständlich finde. Ich frage mich nur, ob sie je wirklich hierher passen wird. Wir haben ein Büro, in dem der Spaß ganz oben steht, oder zumindest sollte es so sein, und Elaine kommt mir ein bisschen ernst vor – politisch korrekt –, obwohl ich schon ein, zwei Mal etwas mit ihr zu kichern hatte, als wir zum Lunch mit dem scharfzüngigen Mark aus waren. Daher habe ich immer Angst, in ihrer Gegenwart etwas Falsches zu sagen. Das erste farbige Mädchen, das hier arbeitete, war die reizende Lizzy Norris, die später einen Equerry der Königinmutter geheiratet hat. Trotz ihrer gelegentlichen Wutausbrüche fügte sie sich gut ein, weil sie gleichermaßen locker und amüsant war.

Wenn wir vom Lunch mit Mark sprechen, muss ich gestehen, dass ich mir neulich ein bisschen dämlich vorkam, als ich erfuhr, dass der Mark's Club, ein diskretes Restaurant nur für Mitglieder in der Nähe des Berkeley Square, nicht nach meinem Chef Mr. Bolland benannt wurde, sondern nach Mark Birley, einem bekannten Herrn der besseren Gesellschaft, der seinem berühmten Nachtclub Annabel's den Namen seiner früheren Frau gab, der Tochter des achten Marquis von Londonderry. Annabel verließ ihn wegen des unwiderstehlichen Tycoons Sir Jimmy Goldsmith, und wir alle wissen ja, was man in Palastkreisen über ihn erzählt!

Momentan erledige ich etwas Korrespondenz zur sogenannten Elfeneiche, der Elfin Oak. Die Elfin Oak ist ein Baumstumpf in Kensington Gardens, in den jemand vor Urzeiten Bilder von Elfen ritzte, die J.M. Barrie zu seinem *Peter Pan* inspirierten. Kürzlich wurde sie von ein paar respektlosen Rowdys verschandelt, die wahrscheinlich nichts von der Geschichte dieses Fabelbaumstumpfs wussten und wenn doch, so wage ich zu behaupten, dann hätte es sie auch nicht gekümmert.

Vor zwei Jahren, als ich bei der APG Protokoll führte, stand ›Verschiedenes‹ auf der Tagesordnung, und einer aus dem Komitee holte einen Brief des großartigen Komikers und Autors Spike Milligan hervor, der sich über den Zustand des verschandelten magischen Baumstumpfs beklagte. HRH verehrt Spike. Dieser wurde berühmt, weil er die irische Staatsbürgerschaft annahm, um nicht den Treueeid leisten zu müssen. HRH protestierte, wies ihn zu Recht darauf hin, dass selbst er den Eid hätte leisten müssen, und drängte Spike, es sich noch einmal zu überlegen.

»Ja«, erwiderte Spike, »aber da steckt Ihre Mutter dahinter, nicht wahr? Wenn Sie keinen Eid leisten, bekommen Sie auch nicht freie Kost und Logis im Buckingham Palace.« Einmal antwortete er auf die Frage, welche seine liebste Erinnerung sei: »Wenn ich so zurückdenke, dann ist es nicht wirklich die Zeit mit *The Goons*. Sondern ein Mädchen namens Julia mit riesigen Titten.« Wehmütig frage ich mich, ob meine Brüste je zu solch nostalgischen Gefühlen geführt haben.

Wie auch immer, Spikes Brief wurde aufgegriffen, und HRH schritt zur Tat. Offen gestanden ist es dem Chef hoch anzurechnen, dass er Spike so vorbehaltlos zugetan ist. Fünf Jahre zuvor nämlich bekam Spike vor einem Millionenpublikum eine Auszeichnung, und ein Glückwunschbrief von HRH wurde vorgelesen. Plötzlich sprach Spike laut dazwischen und bezeichnete HRH als ›kleinen, kriecherischen Bastard‹! Alle Zeitungen waren voll davon.

In der Öffentlichkeit tat HRH zwar so, als störte ihn das nicht im geringsten. Aber ich kann Ihnen sagen, dass er im Stillen ziemlich verletzt war. Wer wäre das nicht? Keiner von uns konnte es fassen, als am nächsten Morgen auch noch ein Fax von Spike im Palast eintrudelte, auf dem stand: »Ich nehme an, die Ritterwürde kommt für mich jetzt nicht mehr in Frage?«

Als zwei Jahre danach Spikes Ruf erging, den Baumstumpf vor weiteren Verunstaltungen zu bewahren, war eine Gruppe von uns bei einer kleinen Feier in Kensington Gardens dabei. Es war eine wunderschöne schmiedeeiserne Kuppel, die aussah wie ein Vogelkäfig, über der Elfeneiche errichtet worden, um die kostbaren hineingeritzten Elfen für die Nachwelt zu erhalten.

Wer war bei diesem Anlass dabei? Ein paar von den Architekturexzentrikern, dann Mark Bolland, Spike, HRH und ich. Plötzlich fuhr eine riesige Limousine vor, und heraus stieg der zurückgezogen lebende, philanthropische Milliardär John Paul Getty. Er humpelte unsicher auf uns zu, gestützt auf einen Spazierstock und von seiner wunderschön frisierten, glamourösen Gattin (glaube ich). Später erfuhr ich, dass Mr. Getty auf HRHs Bitte hin das notwendige Geld zur Verfügung gestellt hatte.

Und da standen sie nun: der reichste Mann von Großbritannien, der lustigste und der vornehmste, und blickten mit feierlich-freudiger Miene auf einen Baumstumpf, den sie mit vereinten Kräften bewahren wollten. Dieses Bild werde ich wohl nie vergessen.

Ebenfalls nie vergessen werde ich die herrlich direkte Antwort, die ich auf eines meiner Memos über den obskuren Baumstumpf von HRH bekam. Seine Herrlichkeit kritzelte an den Rand, was wirklich nötig sei, das sei ein gehöriger Schlag auf den Hintern der Vandalen! Sehr richtig! Ganz eindeutig! Sehr weise!

Und wie schrecklich traurig, dass, sollte er je so etwas öffentlich kund tun, sofort die Brigade der Political Correctness Sturm laufen und ihm vorwerfen würde, für sadistische körperliche Züchtigungen zu plädieren. Die Wahrheit ist doch, dass ich keinen einzigen vernünftigen Menschen kenne, der ihm nicht insgeheim zustimmt. In solchen Zeiten fühle ich mich dem Chef zutiefst verbunden. Mich drängt es, aller Welt zu verkünden, wie wundervoll er ist und welch einen großartigen König wir dereinst haben werden. Aber offen gestanden frage ich mich, wer das schon hören wollte.

Plötzlich werde ich in das Büro meines Vorgesetzten Mark gerufen. Ich nehme Stift und Notizblock mit, weil ich annehme, dass er mir etwas diktieren möchte.

»Setzen Sie sich«, sagt er in neutralem Ton zu mir, ganz wie ein Direktor, der sich einen fehlgeleiteten Schüler vornehmen will.

Das ist seltsam. Mark hat noch nie so mit mir gesprochen. Hat er mir etwas Schreckliches zu sagen? Es muss so sein. Wahrscheinlich weil ich eine so ranghohe Lady Clerk bin, will er es mir zuerst sagen. Ich hoffe nur, dass niemand aus der königlichen Familie gestorben ist oder so. Ich mache mich aufs Schlimmste gefasst.

»Es tut mir leid, Ihnen sagen zu müssen, Sarah, dass ich eine Mitteilung aus Balmoral bekam. Dort ist man der Meinung, Ihr Benehmen beim letzten Besuch dort sei zu vertraulich gewesen. Das ist alles. Sie können jetzt gehen.«

Ich verlasse das Büro. Wenn ich sagte, ich sei geschockt, wäre das eine Untertreibung. Ich fühle mich total benommen. Was um Himmels willen meint er mit ›zu vertraulich‹? Inwiefern hat sich mein Benehmen bei meinem letzten Besuch auf Balmoral von all den anderen Besuchen unterschieden?

Welchen schrecklichen Faux pas habe ich begangen? Habe ich mich betrunken und dann etwas Unaussprechliches getan, was mir vollkommen entfallen ist? Habe ich Annäherungsversuche bei HRH oder einem seiner Gäste gestartet? Habe ich gesprochen, als ich nicht gefragt war? Habe ich es irgendwann an Respekt fehlen lassen? Und was bedeutet dies für meine Zukunft? Muss ich das so verstehen, dass ich aus königlicher Gnade in königliche Ungnade gefallen bin? Ist meine Stellung noch sicher? Wird mir mein MVO irgendwelchen Schutz gewähren? Oder habe ich die königliche Gunst für immer verloren?

Ich fühle mich, als wäre meine ganze Welt plötzlich auf den Kopf gestellt. Wenn man im königlichen Haushalt gesagt bekommt, man benehme sich ›zu vertraulich‹, kommt das völliger Ungnade gleich. Ich habe das Gefühl, dass ich gleich anfange zu weinen.

Nimm dich zusammen, Sarah, meldet sich meine innere Nanny. Du bist hier die stellvertretende Büroleiterin, vergiss das nicht. Du hast den MVO! Deine Ehre steht auf dem Spiel. Du wirst nicht weinen, zumindest nicht vor deinen Kollegen.

Also stehe ich auf und eile zum Waschraum. Ich schließe mich in einer Toilettenkabine ein und lasse mich ein paar Minuten lang gehen. Dann reiße ich mich zusammen. Also ehrlich, Sarah, was würde deine Mutter dazu sagen? Ich wische mir die Tränen ab, straffe die Schultern und marschiere, ein Muster an Haltung und Entschlossenheit, ins Büro zurück.

Als alle anderen in der Mittagspause sind, rufe ich Bernie auf Balmoral an.

»Bernie, kann ich Sie eine Minute sprechen?«

»Natürlich, Sarah.«

»Ich habe gerade einen Verweis erhalten.«

»Es tut mir leid, das zu hören, Sarah. Warum?«

»Mir wurde gesagt, mein Benehmen bei meinem letzten Besuch sei zu vertraulich gewesen.«

Die Reaktion ist Schweigen.

»Bernie, sind Sie noch da?«

»Ja.«

»Sie waren doch die ganze Zeit mit HRH und mir zusammen. Bitte sagen Sie mir, inwiefern mein Benehmen sich von meinem üblichen unterschied.«

»Ich habe nachgedacht und muss sagen, ich bin verwirrt. Ihr Benehmen war wie immer.«

»Ich hab mich nicht etwa betrunken und etwas Ungehöriges gesagt, das mir jetzt entfallen ist?«

»Nein, Sarah.«

»Können Sie mir das versichern, Bernie?«

»Ja, ganz ehrlich.«

»Vielen Dank, Bernie. Auf Wiedersehen.«

Einerseits bin ich erleichtert. Andererseits werde ich langsam vollkommen paranoid. Was geht da vor? Ich stehe vor einem Rätsel. Was soll ich tun, wenn ich HRH das nächste Mal begegne? Mich auf die Knie fallen lassen? Mich erniedrigen? Inwiefern soll ich mein Benehmen ändern? Sollte ich es vermeiden, ihn direkt anzublicken? Sollte ich vor ihm kriechen? Was soll ich bloß tun?

Zwei Abende später gehe ich mit einem Arbeitskollegen etwas trinken. In der Palasthierarchie steht er viel höher als ich bescheidene Lady Clerk. Ich erzähle ihm, was passiert ist.

»Ja, ich hab schon davon gehört.«

Ich stöhne auf. Oh nein. Das heißt, andere haben auch schon davon gehört, darunter ganz sicher auch ein paar meiner Gegnerinnen aus dem Büro. Da werden sich ein, zwei Mädchen aber freuen.

»Das Schreckliche ist, dass ich nicht weiß, was ich eigentlich getan habe.«

»Vielleicht hast du ja gar nichts getan«, erwidert er.

»Aber wenn ich nichts gemacht habe, warum bekomme ich dann einen Verweis?«

»Vielleicht solltest du weniger über das *Warum* als über das *Von wem* nachdenken.«

Das ist absurd. Welche Feinde könnte ich in Balmoral oder Birkhall haben? Warum sollte irgendjemand mich kränken wollen? Schließlich gehöre ich dort praktisch zur Familie. Herrgottszeiten, ich bin eine kleine Lady Clerk. Wir sind doch nicht auf Cawdor Castle zu Zeiten von Lady Macbeth, sondern auf Balmoral im 20. Jahrhundert. Ich betrachte meinen Freund genauer.

»Du weißt doch was, oder?«

Er nickt.

»Und?«

»Ich sage nur eines.«

Er macht mich rasend. »Was?«

»Camilla.«

»Camilla?«, rufe ich aus. »Das kann nicht stimmen. Sie ist doch meine Freundin! Wir haben uns endlos über ihre Mutter unterhalten, und sie hätte wegen meiner nicht netter sein können.«

»Camilla«, wiederholt er lakonisch.

Was um alles in der Welt habe ich Camilla denn getan? Ich finde sie wunderbar. Das weiß sie doch wohl, oder? Ich denke angestrengt nach und gehe noch mal den Aufenthalt auf Birkhall in der Woche zuvor durch. Plötzlich erscheint vor meinem inneren Auge Camilla, die hinter mir und HRH hertrottet. Mein Gott, das ist es! Sie ist eifersüchtig. Sie glaubt, ich sei für sie eine Art Rivalin! Das ist ja zu absurd. Es ist lächerlich.

Doch dann denke ich noch mal darüber nach. Vielleicht ist es doch nicht so lächerlich, zumindest von Camillas Warte aus. Schließlich stammen wir beide vom Land. Wir lieben beide die Jagd. Wir sind beide ziemlich munter. Und was das Aussehen betrifft, sind wir so unterschiedlich nicht. Außerdem bin ich fünfzehn Jahre jünger. Ja, und ich nehme an, dazu kam, dass HRH sich neulich dafür entschied, mit mir auf dem Spaziergang nach dem Picknick über Architektur zu sprechen. Aber das lag nur daran, weil ich mit den Vorgängen bei der APG vertraut bin.

Das Ganze ist irrsinnig. HRH hat nie einen Annäherungsversuch gemacht, und ich, obwohl ich ihn anbete, habe nie in diesen Kategorien an ihn gedacht.

»Gibt es da noch etwas, was ich wissen sollte?«, frage ich.

»Schon, aber mach dich auf was gefasst.«

Ich holte tief Luft. »Ich bin bereit.«

»Ihre Worte waren: ›Das Mädchen muss weg.‹«

Ich erstarre. Mein Gott, meine Karriere im Palast ist beendet. Dies alles erinnert mich an eine mittelalterliche Hofintrige. Nun, eigentlich *ist* es ja eine Hofintrige. Und ich stecke mittendrin. Es ist erschreckend.

»Also bin ich hier erledigt«, sage ich schwach und starre in den Abgrund meiner unvermeidlichen Vernichtung.

»Nicht unbedingt. Du hast zehn Jahre Dienst hinter dir, und du hast deinen MVO. Sie können dich nicht unter irgendeinem Vorwand loswerden. Dann würde der Palast schlecht dastehen. Außerdem mag HRH dich, wie jeder weiß. Er würde nicht auf deine Kündigung drängen, selbst wenn Camilla mit angelegter Flinte da stünde. Mein Rat ist, in Deckung zu gehen. Vielleicht schwindet Camillas Missfallen, vielleicht verschwindet auch Camilla.«

»Verschwindet? Du meinst: stirbt?«

Er lacht. »Mit Sicherheit gibt es einige hier im St. James' Palace und noch mehr im BP, die hocherfreut wären, wenn Camilla auf diese Art verschwände. Ob zu Recht oder nicht, sie wird im Augenblick jedenfalls für viele königliche Verstimmungen verantwortlich gemacht. Es würde etliche Leute außerordentlich glücklich machen, wenn sich HRH einer anderen zuwenden würde.«

Puh. Das ist ein bisschen viel auf einmal.

»Also muss ich nur in Deckung gehen?«

»Genau. Zurückhaltung üben.«

Dezember 1999

In schwierigen Zeiten, wenn das Leben es nicht so gut mit einem meint, sind echte Freunde ein wahrer Segen, nicht wahr? Einer meiner großartigsten Freunde ist der treue Christopher Cole. Christophers Familie war einst Tapetenlieferant für die Königspaläste und Residenzen dieser Welt, bevor das Geschäft von Walker Greenbank übernommen wurde, einem Großkonzern, der an der Börse gehandelt wird. Die Belieferung großer Persönlichkeiten mit Tapeten muss auf Christopher abgefärbt haben, denn er ist ein Gentleman der alten Schule.

CC sucht mit jedem, aber wirklich *jedem* das Gespräch. Seine Großherzigkeit und seine ausgezeichneten Manieren gehen weit über normale Höflichkeit hinaus. Ein Zweiminutenspaziergang die Straße hinunter dauert bei CC eine halbe Stunde, weil er jeden grüßt, vom Müllmann bis zur alten Dame, vom Stadtstreicher bis zum Grafen. Jeder Zoll ein Gentleman behandelt CC alle gleichermaßen mit ausgesuchter Höflichkeit. Und selbst wenn die Straße menschenleer ist, treibt ihn seine unbändige Neugier dazu, immer wieder stehenzubleiben und seinem Begleiter etwas über einen Strauch in Nachbars Garten, ein vorbeihuschendes Eichhörnchen oder einen flatternden Schmetterling zu erzählen. Ich nahm Christopher einmal als Begleiter mit auf den Angestelltenball im Buckingham Palace. Da ich gerade solo war, brauchte ich einen ›Walker‹. Nun sind ›Walker‹ ja wohl ziemlich oft schwul; nicht so Christopher, allerdings war er alt genug, um mein Onkel zu sein, daher fühlte ich mich vor jeder ›Anmache‹ sicher.

Stets ganz Gentleman holte CC mich von zu Hause ab und machte mir Komplimente über mein Ballkleid. Er sah ebenfalls absolut umwerfend in seinem Smoking aus. Ich war stolz, einen derart gutaussehenden Burschen an meiner Seite zu haben. Und so trafen das glückliche Aschenputtel und ihr Walker im BP ein. Würde es dort einen Prinz Charming geben, der mich ins Schwärmen geraten ließe?

Schon bald allerdings war Aschenputtel leicht frustriert, weil CC von seiner Umgebung derart hingerissen war, dass er auf dem Weg zum Ballsaal bei jedem Bild stehen blieb, es eingehend studierte und gebildete Kommentare von sich gab.

Eine halbe Stunde später stand ich mit einem Glas des berüchtigten Abbeizers Ihrer Majestät in der Hand inmitten der Menschenmenge. CC befand sich in einem angeregten Gespräch mit einem verwirrten Lakaien, der, wie ich genau sah, für sich zu klären versuchte, ob CC schwul ist. Glücklicherweise würde CC diese Art Aufmerksamkeit noch nicht mal bemerken.

Ich überlasse die beiden sich selbst und plaudere weiter mit ein paar Freundinnen aus dem Büro. Plötzlich geht ein Murmeln durch die Menge. Ja, die königliche Familie ist eingetroffen. Die Menge der Gäste teilt sich vor ihnen. Langsam schreiten sie durch den Saal, in der üblichen Reihenfolge mit Ihrer Majestät ganz vorn, dahinter Prinz Philip und so weiter. Christopher und der Lakai sind nun getrennt und ich sehe, dass CC erneut aufmerksam ein Gemälde betrachtet.

Meine Güte, jetzt sehe ich, wie Christopher mitten in die Gruppe der Royals marschiert und seinen Kopf hin und her reckt, vermutlich, weil er mich und Phylidda sucht. Ganz offensichtlich merkt er nicht, dass er den Einzug der Royals sprengt. Auf der einen Seite von ihm steht Prince Edward, auf der anderen Prince Philip, der völlig verwirrt wirkt. Das umstehende Gefolge unterdessen verbeugt sich und macht Knickse, weil es Christopher offenbar für einen obskuren Verwandten der Royals hält.

Schließlich entdeckt Christopher mich und kommt herüber. Es ist ihm vollkommen unverständlich, dass ich zehn Minuten brauche, bis ich mich von meinen Lachanfällen erhole.

Mit Christopher war ich auch im Buckingham Palace Tennis spielen. Ich erinnere mich noch, dass wir eines Tages mal ein Doppel spielen wollten, dann aber ein Mitspieler nicht auftauchte, so dass wir nur zu dritt waren: Christopher, ich und Christopher Buxton, ein berühmter und genialer Restaurator von großen Landsitzen. Als wir so durch den Park gingen, holte Christopher Buxton plötzlich seinen Fotoapparat hervor. Bevor ich wusste, wie mir geschah, knipste er schon etwas architektonisch Interessantes. Da raschelte es plötzlich laut in einem Rhododendron neben uns. Ein Fuchs? Zu unserer Verblüffung sprang ein aggressiver Polizist mit voller Bewaffnung daraus hervor. »Den Fotoapparat, Sir!« bellte er.

Ich hatte ganz vergessen, unseren beiden Gästen zu sagen, dass Fotografieren strikt verboten war! Ups!

»Hätten Sie Lust, mit uns Tennis zu spielen?«, fragte Christopher ihn prompt. Seine liebenswürdige Einladung entwaffnete diesen angriffslustigen Beamten sofort. Nach einem kurzen Moment der Verwirrung sagte er höflich zu. Durch die liebenswürdige Einladung besänftigt, erlaubte er uns großzügigerweise, den Fotoapparat zu behalten, nachdem der Film herausgezogen worden war. Puh!

Bei einer anderen Gelegenheit waren Christopher und ich ebenfalls auf dem Weg zum Tennisplatz, als wir plötzlich von sieben Corgis umzingelt wurden, die Ihrer Majestät gehörten. Corgis werden oft fälschlicherweise als ›kleine Hunde‹ betrachtet. Dabei sind sie mittelgroß und haben nur kurze Beine. Da sie launisch und oft cholerisch sind, neigen sie dazu zu beißen. Instinktiv wären Christopher und ich am liebsten weggelaufen, aber ich befahl ihm, sich nicht von der Stelle zu rühren.

Ich hatte als Kind nämlich selbst einen Corgi namens Blodwyn, daher weiß ich ein wenig über die Lieblingshunderasse Ihrer Majestät Bescheid. Einem Corgi gegenüber darf man nicht das Feld räumen, daher standen wir einfach nur da, während die Hunde wütend zu unseren Füßen kläfften. Schließlich verloren sie das Interesse und trotteten zu dem aufgelösten Lakaien zurück, der sie ausgeführt hatte.

Heute Abend nehme ich Christopher mit zu einem Staatsbankett im Buckingham Palace, das für den chinesischen Präsidenten, Seine Exzellenz Jiang Zemin gegeben wird. Natürlich werden Christopher und ich nicht wirklich am Bankett teilnehmen, obwohl er sich zweifelsohne als perfekter Gast Ihrer Majestät erweisen würde. Nein, wir werden nur Zuschauer sein. Vor jedem Bankett können Angestellte des Palastes beantragen, bei der Zeremonie zuzusehen. Die Tickets dafür werden ausgelost, und dieses Mal war ich dabei. Ausgezeichnet! Irgendetwas Gutes hatte ich in diesem Jahr doch verdient!

Nach einem leichten Abendessen im Speisesaal der Angestellten werden wir glücklichen Auserwählten, ungefähr zwanzig Personen, in einen Raum geführt, von wo aus man hinunter auf das Bankett blicken kann. Wir nehmen unsere Plätze ein.

Dieses Bankett ist besonders interessant, weil HRH sich rundheraus weigerte, daran teilzunehmen. HRH missbilligt die chinesische Regierung, vor allem wegen der Behandlung des Dalai Lama und seines Volkes, der friedliebenden Tibeter. Ich könnte Ihnen ja *genau* sagen, was er über die Führung Chinas denkt, aber das brächte mich vielleicht in Schwierigkeiten. Ich sage nur so viel, dass Mark seine Kumpel von den Medien darüber informiert hat, dass der Thronerbe Präsident Jiang Zemin und seine Begleiter als ›Stinkers‹ bezeichnet hat.

Offiziell ist es natürlich ganz anders; offiziell kann er nicht am Bankett teilnehmen, weil er schon eine anderweitige Verpflichtung hat. Aber ›offiziell‹, das lerne ich langsam, ist nur ein Euphemismus für ›gelogen‹. Nun, wir Briten sind doch berühmt für unsere Heuchelei, nicht wahr?

Als wir in den Raum über dem Bankettsaal geführt werden, weist uns ein Bediensteter mit feierlicher Miene an, *nicht* zu sprechen. Aber kann man einen Hund anweisen, nicht zu bellen? Christopher, Gott segne ihn, liefert uns während der gesamten Zeremonie einen ununterbrochenen Kommentar: über das Essen, die Tischdekoration, die Royals und ihre illustren Gäste. Und der liebe Christopher flüstert nicht etwa. Bilde ich mir das nur ein, oder starrt Prinz Philip zweimal finster zu unserem vergoldeten Gitterfenster hinauf, hinter dem Christopher uns wohl verborgen seine Ansichten zuteil werden lässt?

Nun, was soll's? Da ich ja jetzt bei meinen königlichen Dienstherren in Ungnade gefallen bin, mag Christopher, mein guter Freund, quatschen, so viel und so lange er will.

Was uns besonders an diesem Spektakel erstaunte, waren die

Dolmetscher, die während des gesamten Banketts zwischen den Stühlen der englischen Gastgeber und der chinesischen Gäste knieten. Ich nehme an, dies ist eine altehrwürdige Methode, mit der ansonsten unüberwindlichen Sprachbarriere umzugehen. Aber zu Beginn des dritten Jahrtausends kommt es einem doch schon ein bisschen erniedrigend vor, dass die Dolmetscher in derart unbequemer Haltung verharren müssen. Im Mittelalter hingegen wäre ihnen zumindest ab und zu etwas vom Festessen zugesteckt worden.

Oktober 2000

Tja, jetzt ist schon ein ganzes Jahr seit meinem Verweis vergangen. Immer noch gibt es keine Anzeichen, dass Camillas Stern verblasst. Er steigt eher noch weiter. Trotz des anscheinend dringenden Wunsches Ihrer Majestät und ihres königlichen Haushalts im Buckingham Palace, dass die Beziehung zwischen ihrem Sohn und Camilla scheitern möge, wird sie eher stärker, nicht schwächer.

Außerdem gibt es hier im St. James' Palace eine Macht in Person von Mark Bolland, die erreicht hat, was bis vor kurzem noch undenkbar war: *positive* Berichterstattung über Camilla. Noch vor acht Jahren war sie die meistgehasste Frau in ganz Großbritannien, der ›Rottweiler‹ für die mittlerweile geheiligte Diana, die angebliche Zerstörerin der königlichen Ehe. Jetzt, bitteschön, ist Mrs. Parker-Bowles eine liebenswürdige und hilfreiche Gefährtin des Prinzen, die Glamour und Wohltätigkeit miteinander zu verbinden weiß.

Wie Mark das macht? Das werde ich Ihnen sagen. Er handelt mit Geschichten und Exklusivberichten, als wären es ganz normale Waren, was wohl, wenn man länger darüber nachdenkt, auch so ist. Das Geturtel von HRH und Camilla und alle möglichen Fototermine sind nun etwas, das gegen Gefälligkeiten von der Presse eingetauscht wird.

Die ›alte Garde‹ im BP ist entsetzt über diese finsteren und raffiniert manipulativen Machenschaften, vor allem da sie stark den

Verdacht hegt, dass einige der so gehandelten Geschichten unmittelbar auf Kosten anderer Mitglieder der königlichen Familie gehen. Passenderweise verlieh der junge Prinz William, aufgehender Stern am königlichen Himmel, Mark den geistreichen Spitznamen ›Lord Blackadder‹. Natürlich ist das hängen geblieben.

Zusätzlich bringt die alte Garde im BP in Rage, dass Camilla mit kontinuierlich positiver PR schließlich doch noch für weite Teile der Öffentlichkeit akzeptabel wird. Und wenn Camilla genug Sympathien gewinnt, wer weiß, dann könnte HRH sie vielleicht sogar *heiraten*! Ein solches Ergebnis scheinen viele im Palast zu fürchten.

Was mich betrifft, so bin ich nicht mehr ein einziges Mal gebeten worden, dem Chef in anderen königlichen Palästen auszuhelfen. Genauer gesagt hatte ich mit ihm überhaupt keinen Kontakt mehr. Das königliche Missfallen hängt an mir wie ein alter, feuchtkalter Mantel. Wie es mir geht? Grauenhaft. Es ist, als wäre man von jemandem abserviert worden, den man liebt und dem man vertraut hat. Der Schmerz vergeht nicht, weil die Liebe bleibt, obwohl das Vertrauen längst verschwunden ist. Ich fühle mich abwechselnd fallen gelassen, traurig, demoralisiert, im Stich gelassen, leer und wütend.

Im Moment bin ich besonders wütend, weil ich mittlerweile schriftliche Verwarnungen bekomme. Einstige Freundinnen im Büro spionieren jetzt hinter mir her und melden, dass ich auf dem Gang mit meinem Handy telefoniere. Ja, ich telefoniere auf dem Gang. Mein Gott, welch ein Verbrechen!

Außerdem wachen meine verräterischen Kolleginnen mit Argusaugen darüber, dass ich auch ja die Arbeitszeiten einhalte. Heute war ich also eine Viertelstunde zu spät von der Mittagspause zurück, wie? Wie schrecklich! Ganz zweifellos wird die gesamte Maschinerie des St. James' Palace zusammenbrechen. Die Tatsache, dass ich zweimal so schnell arbeite, wie fast jede andere Lady Clerk, scheint da nicht ins Gewicht zu fallen, ebenso wenig wie mein Dienstalter oder mein MVO.

Um das Ganze noch schlimmer zu machen, bin ich nun angehalten, Elaine Day, meinem früheren Protégée, über alles Bericht zu erstatten. Natürlich ignoriere ich sie. Wenn sie mich bittet, etwas zu tun, tue ich einfach so, als hätte ich sie nicht gehört. Redest du mit *mir*, Elaine? Nein, das kann nicht sein. Komisch, Elaine, sobald du mit mir redest, wirst du unsichtbar und unhörbar. Seltsam, nicht wahr? Elaine existiert jetzt nur in einer anderen Dimension.

Ich hab immer gern ein, zwei Gläschen zum Lunch getrunken, aber jetzt sind es drei oder vier. Ja, ja, ich weiß. Ich schaufle mir mein eigenes Grab, aber so weit ich sehen kann, ist es ohnehin schon für mich ausgehoben. Ob ich nun früher oder später hineinfalle, ist auch egal. Offen gestanden wird mich tadellose Führung auch nicht mehr vor dem Unvermeidlichen bewahren, oder?

Vor einiger Zeit ging ich zu unserem neuen obersten Vorgesetzten, Sir Michael Peat, der auf der Royal Garden Party in diesem Sommer besonders nett zu mir war.

»Sie können sich jederzeit an mich wenden«, hatte er gesagt.

Das tat ich dann auch.

Unser Treffen war top secret. Vollkommen inoffiziell, wenn Sie verstehen. Ich schüttete diesem großartigen Mann mein Herz aus und kann gar nicht sagen, wie mitfühlend er war. Er saß da, lächelte die ganze Zeit und nickte, während ich ihm von meinen Problemen erzählte. Meine Güte, ich muss mich unmöglich aufgeführt haben.

Und, was war das Ergebnis? Nun, natürlich war ich glücklich, viele von meinen Problemen einfach mal losgeworden zu sein. Aber hatte es Wirkung? Half es? Ich weiß es wirklich nicht. Sir Michael Peat ist wie die Grinsekatze. Er trägt immer dieses wissende Lächeln zur Schau, aber was steckt dahinter? Ich bemerkte Mitgefühl und ungeheures Verständnis, aber war da auch Aufrichtigkeit?

Neulich meinte eine meiner Kolleginnen, er sei eine ›Omniszienz‹, was ich nachschlagen musste. Es bedeutet so was wie ›alles wissend‹. Tja, das ist ja schön, dachte ich. Mit ihm zu sprechen ist ja dann ein bisschen, wie zu Gott zu beten. Aber am Ende, sage ich zu mir, ist er doch nicht Gott. Er ist nur der Vorsteher des Königlichen Haushalts und HRH Rechenschaft schuldig. Und wenn HRH jetzt Camilla Rechenschaft schuldig ist, bin ich erledigt.

November 2000

Es ist so demütigend! Ich befinde mich in Victoria, vierhundert Meter südlich vom Buckingham Palace, bei einer Pfandleihe. Und wenn man bedenkt, dass ich bis gestern noch nicht mal wusste, was eine Pfandleihe wirklich ist! Im Ernst, ich dächte, dort würden Pfänderspiele gemacht, und schmutzige Magazine und Videos verkauft. Schließlich liegt der Gedanke doch nahe, oder? Nun, jetzt weiß ich jedenfalls, dass arme Leute zu einer Pfandleihe gehen, wenn sie ein bisschen Geld brauchen.

Ich und arm? Aber ja doch! Ich bin vollkommen pleite und habe Existenzangst. Und warum besorge ich mir nicht einen Kredit bei der Bank? Dort scheinen sie genug zu haben von dem, was sie als ›exzessives Überziehen‹ bezeichnen. Und in der letzten Schlacht zwischen Gläubigern und Offenbarungseid wendet sich derjenige, der davon weiß, eben an eine Pfandleihe. Gesegnet sei sie, die letzte Verteidigungslinie.

Unglücklicherweise muss man als Gegenleistung etwas Wertvolles mitbringen, als sogenannte ›Sicherheit‹. Mit anderen Worten, wenn man mit dem Geld abhaut und nicht an Rückzahlung denkt, haben sie was zum Verkaufen. Man bekommt seine Wertgegenstände nur wieder, wenn man das Darlehen zurückzahlt, plus Zinsen. Wie: Zinsen, fragte ich meine Freundin, und kam mir ein bisschen dumm vor. Zinsen sind regelmäßige Zahlungen zusätzlich zum Darlehen, erklärte meine geduldige Freundin. Ach, deshalb scheint mein Dispokredit ständig zu wachsen.

Die Zinsen in einer Pfandleihe, so warnte mich meine liebe Karin, die auch schon mal eine aufgesucht hat, sind so happig, dass selbst Shylock rot werden würde. Mann, schon wieder komm ich mir wie eine Idiotin vor. Welcher Shylock, fragte ich. Shylock, so wurde mir mitgeteilt, ist eine umstrittene Figur aus Shakespeares *Kaufmann von Venedig,* die überzogene Forderungen für ein Darlehen stellt. Es ist nicht so wie ein Kredit von einer Bausparkasse, erklärte sie, man muss schon tief in die Tasche greifen. Das ist ja alles gut und schön, aber was soll ein Mädchen denn machen, wenn es in Not ist?

Also stehe ich jetzt mit meinem Schmuck in der Hand in einer Pfandleihe. Meine Hauptsorge gilt der Frage, ob mich jemand hat hier hineingehen sehen. Natürlich meine ich nicht *irgendjemanden*; ich meine Kollegen aus dem Palast. Das würde die Demütigung nur noch schlimmer machen! Es wäre einfach zu grässlich. Es wäre schlimmer, als wenn man mich beim Besuch eines Wettbüros beobachtete, obwohl ich gehört habe, dass sowohl Ihre Majestät als auch die liebe, partyversessene Königinmutter gerne und regelmäßig auf Pferde wetten.

Allerdings platzieren sie ihre Wetten über Dritte oder telefonisch. Ich denke, keine der beiden Majestäten ist je dabei gesehen worden, wie sie bei einem ›Buchmacher‹ eintraten, so die lustige Bezeichnung für Wettbüros. Ich muss zugeben, ich dachte jahrelang, Buchmacher würden Bücher verkaufen.

Also, wofür brauche ich ein Darlehen? Vor allem, um die Gas- und Stromrechnung zu bezahlen! Als ›Sicherheit‹ bin ich jetzt gezwungen, ein paar meiner Schmuckstücke abzugeben. Zunächst einmal die Ohrringe mit den Diamanten und Saphiren. Als Nächstes einen goldenen Siegelring. Und schließlich ist da noch mein geliebter Teddybär aus Gold mit Emaillepfoten und Diamantenaugen, der mir vor zehn Jahren von meinem geliebten Schatz Andy geschenkt wurde. Ach Andy, *bitte* vergib mir, wo auch immer du bist. Die Lage ist, denke ich, noch nicht so verzweifelt, dass ich meinen Orden vom Royal Victorian Order oder die Brosche versetze, die ich auf der Party zu HRHs fünfzigstem Geburtstag getragen habe.

Was ist nur aus allem geworden? Ich hätte gedacht, als hochgestellte Lady Clerk mit immerhin einem MVO wäre ich vor solchen Demütigungen gefeit.

Nun prüft der Pfandleiher meine Schmuckstücke mit etwas, das aussieht wie ein Vergrößerungsglas. Meine Güte, der braucht aber lange dafür! Los, mach schon, denke ich besorgt und blicke durch das Schaufenster nervös in die Welt da draußen. Es ist schon schlimm genug, dass ich überhaupt hier bin. Diese sorgfältige Prüfung ist offen gestanden so, als reibe man Salz in meine Wunden.

Meine innere Nanny meldet sich. Sei nicht albern. Natürlich will er sichergehen, dass du ihm nicht irgendwelchen Tand vom Trödelmarkt anbietest.

Sie hat Recht, wie immer. Ja, Mr. Pfandleiher. Prüfen Sie nur, obwohl ich sicher bin, dass auch Sie diese wunderschönen Schmuckstücke wirklich erstklassig finden werden. Oh ja, ich wette, so etwas sehen Sie nicht alle Tage, nicht wahr? Ich frage mich, was sie wohl wert sind. Bei aller Bescheidenheit würde ich sie auf etwa 2000 Pfund veranschlagen, mindestens.

Er lächelt mich an. »Ich muss sie wiegen«, sagt er. Dann holt er eine Waage hervor.

Ich frage mich, was das soll. Er scheint meine Gedanken zu lesen.

»Wir bestimmen den Wert des Schmucks allein nach dem Goldgehalt, obwohl wir schon einen Zuschlag für die Steine geben«, erklärt er.

Wie interessant. Was werde ich also für den reinen Goldgehalt meiner wunderschönen Stücke erzielen? 1200 Pfund? Das ist vielleicht ein bisschen viel. Was wäre dann mit 800? Ja, das würde schon reichen. Damit könnte ich mir nächste Woche auch noch meine Strähnchen machen lassen.

»50 Pfund, Madam.«

»Wie bitte?«, stottere ich.

»50 Pfund«, wiederholt er.

Langsam verdaue ich das. Dann blinkt bei mir ein Lämpchen auf. Er meint doch bestimmt die Zinsen für's erste Quartal? Ich will es ganz einfach halten. Finanzen waren nie meine Stärke. In dieser Hinsicht besitze ich nur Grundlagenwissen.

»Wie viel geben Sie mir und wie hoch sind meine monatlichen Rückzahlungen?«

Er sieht mich lächelnd an. »Wir geben Ihnen 50 Pfund, und Sie zahlen uns monatlich 20 Pfund Zinsen.«

Erschüttert starre ich ihn an. Wer immer du auch sein magst, Shylock, jetzt verstehe ich, warum selbst du rot werden würdest. Ich kenne mich in diesen Dingen wahrlich nicht aus, aber Wucher erkenne ich ohne weiteres.

»Das ist ja empörend!«

Er zuckt die Achseln. »So sind unsere Konditionen.«

Ich lasse den Kopf sinken. Ohne weiteren Widerstand nehme ich das Geld und verschwinde.

Dezember 2000

Nach einer besonders intensiven Nacht mit Carlo, meinem kleinen italienischen Hengst, komme ich ins Büro. Huch, ein bisschen zu spät!

Oh du meine Güte. Ja, so ist's recht, Mädchen, schreibt es besser auf. Sind unsere Chefs nicht ganz versessen auf so was? Ich gehe in die Küche, mache mir einen Kaffee, schließe die Augen und träume mich in Carlos Arme zurück.

Er war begeistert, als er mich neulich zur Angestelltenparty in Highgrove begleiten durfte. Das Ganze war ziemlich surreal. Es handelte sich um ein Kostümfest mit dem Motto Englischer Adel des 18. Jahrhunderts. Da es sich um eine Party des Personals handelte, war HRH nicht dabei. Gastgeber war stattdessen Michael Fawcett, dessen Position unangreifbar scheint. Seine Arroganz gegenüber den anderen Angestellten bietet inzwischen Anlass für unverhohlenen Klatsch, aber zumindest ist er mir gegenüber ziemlich freundlich.

Ich frage mich, was es mit Michael auf sich hat. Womit hat er den Chef in der Hand? Vor zwei Jahren reichten sechs Mitglieder des königlichen Personals gemeinschaftlich Beschwerde gegen Michaels Schikanen ein. Wurde er gefeuert? Das schon, aber kurz darauf wurde er wieder eingestellt. Und dafür reichten alle die, die sich beschwert hatten, ihre Kündigung ein.

Michael steht dem Prinzen so nahe, dass er ihm persönlich die Zahncreme auf seine königliche Zahnbürste drückt. Er hielt HRH sogar einmal mannhaft den Behälter hin, als dieser eine Urinprobe abgeben musste. Zugegeben: HRH hatte damals einen gebrochenen Arm, daher brauchte er verständlicherweise Hilfe; trotzdem sorgte dieser Zwischenfall schon für viel sagende Blicke, das kann ich Ihnen versichern.

Welch eine steile Karriere! 1981 war er noch einfacher Lakai im Buckingham Palace. Als er zum Kensington Palace versetzt wurde, bekam er den Posten als HRHs Kammerdiener und gewann das Vertrauen des Chefs *und* der Chefin gleichermaßen, was während ihrer Privatfehde schon eine Leistung war. Doch im Gegensatz zu anderen Angestellten vergaß er wohl, wo sein Platz war. Er fing an, Allüren zu entwickeln, und fügte sogar seinem Namen den Zusatz »Buxton« hinzu. »Hallo, ich bin Michael Buxton-Fawcett« Sie können sich vorstellen, wie das bei anderen Mitgliedern des königlichen Hasuhalts aufgenommen wurde, der ja von Hierachien und Snobismus geprägt ist. Daraufhin verpasste ihm jemand hinter seinem Rücken den boshaften Spitznamen 'Sir Michael'. Michael hörte davon und ließ den Zusatz 'Buxton' eilends wieder fallen. Aber vielleicht handelten die Spötter zufällig in weiser Voraussicht. Mittlerweile ist Michael HRHs allmächtiger und unverzichtbarer Major Domus. Kann da noch jemand behaupten, die Ritterwürde käme für ihn nicht in Frage? Ja, ja, den Hof des Zaren leitete Rasputin. Und den Hof des Prince of Wales leitet Michael Fawcett. Erhebt euch, Sir Michael!

Allerdings muss man ihm lassen, dass er weiß, wie man eine Party schmeißt. Alle, ausgenommen ein paar Versager wie Carlo und ich, hatten sich riesige Mühe gegeben und trugen nun Kniebundhosen, Gehröcke und so weiter. Die Party fand im Orchard Room statt, einem Anbau, den HRH zehn Jahre zuvor errichten ließ. Michael führte uns alle zum Büffet und forderte uns dann auf, auf die Bühne zu blicken.

Meine Güte, es wurde für uns eine Pantomime aufgeführt. Welch ein Spaß! Es ist Aschenputtel. Einer der besten Darsteller ist Bernie der Butler, der eine der hässlichen Schwestern spielt. All das ist noch bewegender für mich, da ich ihn, aus Gründen, die Sie nur allzu gut kennen, seit anderthalb Jahren nicht mehr gesehen habe.

Als die Pantomime zu Ende ist, gibt es Disko. Wir schwingen alle eifrig das Tanzbein, als plötzlich dieses Stripteasestück aus HRHs Lieblingsfilm *Ganz oder gar nicht* beginnt. Da sehe ich, dass Michael Fawcett sich davon inspirieren lässt. Und ich meine *wirklich*! Zur allgemeinen Verblüffung fängt er an zu strippen! Und er macht seine Sache gut, das muss man ihm lassen!

Weiter, Michael, weiter! Entblöße deine männliche Brust! Kein schlechter Oberkörper, würde ich mal sagen. Werden Sie auch die Beinkleider fallen lassen, Mr. Fawcett? Ah, Sie üben sich in Zurückhaltung. Eine Schande, dass Sie nicht dieselbe Zurückhaltung bei HRHs Geschenken walten ließen, nicht wahr? Nun gut, dann heißt es eben *Halb oder gar nicht*.

Als Nächstes wird mir bewusst, dass wir alle eine Polonaise um die Tanzfläche tanzen, angeführt vom halb nackten Michael Fawcett. Es ist urkomisch. Dann singen wir den Hokey-Cokey und schütteln dazu die Glieder. Nein, dies ist nicht der Buckingham Palace. Es ist auch nicht Windsor Castle oder Sandringham. Und auch nicht Balmoral. Dies ist ein Vergnügungspark auf Highgrove. Jippieee! Offen gestanden können wir alle ein bisschen Vergnügen in unserem Leben gebrauchen.

Und hier und da eine Pause. Tatsächlich habe ich jetzt direkt vor Weihnachten eine Woche Urlaub angemeldet. Ich weiß, es scheint aberwitzig, dann frei zu nehmen, aber diese ständigen

Verweise deprimieren mich. Natürlich möchte ich, dass Carlo sich um mich kümmert, und dafür habe ich den perfekten Ort gefunden, meilenweit von allem entfernt: Tom-na-Gaidh!

Ja, ich habe es für eine symbolische Summe von nur 15 Pfund gebucht. Ist das nicht großartig? Nicht nur, weil es so billig ist, sondern weil ich Balmoral so liebe und so gerne in diesem Cottage bin. Ich war jetzt über ein Jahr nicht mehr dort. Werde ich Willy Potts sehen? Ich hoffe doch sehr. Und vielleicht, wer weiß, treffe ich sogar HRH und Camilla. Dann werde ich die Gelegenheit haben, mich derart zu erniedrigen, dass sie mich wieder so wohlwollend behandeln wie in den guten alten Zeiten.

Ich gehe zu meinem Schreibtisch und schalte den Computer ein. Nun, was gibt es heute für mich zu tun? Ich beginne damit, mir die Korrespondenz anzusehen. Wird Elaine Day heute wieder zu mir kommen? Ich hoffe nicht. Mittlerweile muss sie doch wissen, dass ich jedes Mal, wenn sie sich an mich wendet, einen akuten Hörschaden habe.

Ich werde in Mark Bollands Büro gebeten. Das ist besser. Ich höre immer auf das, was mein Edler Lord Blackadder zu sagen hat. Was hat er diesmal für mich? Wollen wir wetten, es ist ein Verweis, weil ich heute Morgen sechs Nanosekunden zu spät gekommen bin? Oder ist es doch eine weitere Verwarnung wegen des einminütigen Telefongesprächs, das ich gestern Nachmittag auf dem Gang erledigte? Auf dem Weg zu seinem Büro befehle ich mir, nicht so pessimistisch zu sein; wahrscheinlich geht es nur um ein Diktat oder Anweisungen zu einem neuen Projekt.

Ich setze mich und Lord Blackadder bedenkt mich mit einem traurigen, entschuldigenden Blick. Das sieht ihm gar nicht ähnlich. Hatte er vielleicht Streit mit seinem Freund? Ich setze ein neutrales Lächeln auf. Dann sagt er es mir.

Ich bin gefeuert.

Er zählt mir in allen Einzelheiten meine Verstöße gegen die Arbeitszeiten, meine Privattelefonate und meine Insubordination gegenüber Elaine auf. Blah, blah, blah, und so weiter und so fort. Ich widerspreche nicht. Was soll's? Das war's. Meine zwölf Jahre als Lady Clerk bei Seiner Königlichen Hoheit, dem Prince of Wales, sind vorbei.

Ja, ich wusste, dass das kommen würde, trotzdem überkommt mich eine Benommenheit, die wohl immer mit einem Schock einhergeht. Ich fühle mich, als wäre ich von der Wirklichkeit losgelöst, als wäre dies alles nur ein Traum. Ich werde angewiesen, meinen Sicherheitsausweis zurückzugeben. Meinen Ausweis! Warum wird mir bei dieser Anweisung plötzlich so übel? Ich gehe zu meinem Schreibtisch, wo er liegt, und händige ihn aus. Es fühlt sich an, als würde ich meine Identität abgeben.

Alles kommt mir vor wie ein Traum. Ich fühle mich seltsam losgelöst, als würde ich nur per Autopilot agieren. Was mache ich jetzt? Komm schon, Sarah, meldet sich meine innere Nanny. Kein Theater. Behalte deine Würde. Das ist ziemlich schwierig, antworte ich, wenn man das Gefühl hat, jeden Moment in Tränen ausbrechen zu können. Nein!, befiehlt mir ihre Stimme. Was immer du auch tust, du wirst dich nicht lächerlich machen, indem du jetzt anfängst zu weinen! Du bist Sarah Lucy Georgina Goodall, MVO. Und das wirst du nicht vergessen. Mitglieder des Royal Victorian Order plärren nicht, wenn sie mal einen Rückschlag erleiden.

Still gehe ich zu meinem Schreibtisch und fege all meine persönlichen Sachen in eine Tüte. Keine meiner Kolleginnen sieht zu mir herüber. Mit gesenktem Kopf tun sie so, als wären sie in ihre Arbeit vertieft.

Ich werde nach draußen geleitet. Hält man mich im Ernst für ein Sicherheitsrisiko? Glauben sie, ich würde mir einen Canaletto als Andenken schnappen und damit die Straße hinunterrennen? Ich trete hinaus auf den Colour Court und umfasse mit einem letzten Blick das Palastgelände, das mir so vertraut ist.

Der St. James' Palace war über Jahrhunderte ein Heim für Könige und Königinnen, Prinzen und Prinzessinnen. Hier haben sich große Dinge ereignet. Aber zwölf Jahre lang war dies nicht nur mein Arbeitsplatz, sondern in gewisser Weise auch mein Zuhause. Meine Begleitung führt mich durch die Pforten und weist in einem letzten Akt, der nicht nur taktlos, sondern auch überflüssig ist, den Wachhabenden an, mir keinen Zutritt mehr zu gewähren.

Jetzt ist es also offiziell. Ich bin aus dem Palast verbannt.

Von St. James' gehe ich langsam zum Piccadilly. Dort nehme ich den Bus zu meiner Wohung. Die Benommenheit will nicht schwinden. Nach zehn Minuten gehe ich zu meinem Kühlschrank und schenke mir etwas Wein ein. Ich bemerke, dass ich zittere. Dann strömen mir langsam die Tränen über die Wangen. Ich kann nichts dagegen tun. Lass es los, Mädchen, lass es los! Ich fange an zu weinen.

Fünf Minuten später stehe ich auf, gehe ins Badezimmer, trockne die Tränen und befehle mir, nicht so ein Jammerlappen zu sein. Du brauchst den Palast nicht mehr, Sarah, versichert mir meine innere Nanny. Du bist fertig mit ihm.

Plötzlich fällt mir wieder ein, dass ich eine Woche in Tom-na-Gaidh gebucht habe. Kann ich immer noch dorthin? Werde ich willkommen sein? Zwei Gläser Chardonnay später nehme ich all meinen Mut zusammen und greife zum Telefonhörer. Ich hoffe, ich höre mich nicht betrunken an. Ich wähle die Nummer des Palastes, die ich so gut kenne. Man stellt mich zur Personalabteilung durch. Eine Minute später lege ich den Hörer auf. Mit dem Verlust meines Arbeitsplatzes ist auch die Buchung automatisch erloschen.

EPILOG

Ein Leben nach den Royals

Dezember 2005

Fünf Jahre sind vergangen. HRH ist jetzt mit Camilla verheiratet. Sie ist nun Ihre Königliche Hoheit, die Duchess of Cornwall. Und ich stehe zu dem, was ich zu Beginn meiner Memoiren sagte: Vergeben und vergessen. Zwar kommt niemand vollständig darüber hinweg, eine Stelle zu verlieren, die man nicht nur liebte, sondern die einen auch prägte und ausmachte. Aber mit Hilfe meiner inneren Nanny habe ich mich damit abgefunden. Da ich HRH immer noch verehre, wünsche ich ihm nur das Beste, und Camilla schenkt ihm bedingungslose Liebe und ein Glück, das er meines Erachtens oft im Leben vermissen musste.

Ich sollte Ihnen sagen, dass ich HRH tatsächlich noch mal gesehen habe, und zwar nicht nur rein zufällig. Ich rief seinen Private Secretary an, Stephen Lamport, und er war so freundlich, mir zwei Monate später zwanzig Minuten bei HRH in seiner Privatwohnung im St. James' Palace zu verschaffen. Da HRHs Terminplan dicht war, fühlte ich mich geschmeichelt, dass er so bald schon Zeit für mich hatte.

Ich möchte Ihnen schildern, wie es war.

Es ist ein kalter Februarmorgen. Ich bin zu früh, und der Polizist, der angewiesen wurde, mich nie mehr durchzulassen, nickt, als ich eintrete. Umspielt nicht ein leichtes Lächeln seine Lippen? Ich werde von HRHs anderem Butler Tony in die Wohnung im York House eingelassen, nehme im Korridor Platz und gebe mir

Mühe, die Fassung zu bewahren, während ich so tue, als würde ich in einer Zeitung lesen. Aber ich denke immer nur an die bevorstehende Begegnung mit HRH. So sehr ich mich auch zu konzentrieren versuche, die Geschichten wirbeln wirr durcheinander. Etwa eine Viertelstunde später ruft man mich.

Mein Herz rast, als ich den Salon betrete. Dort steht HRH in einem anthrazitfarbenen Anzug mit cremeweißem Hemd von Turnbull & Asser und indigoblauer Seidenkrawatte. Er sieht so hinreißend aus wie immer. Dann bedenkt er mich mit diesem zurückhaltenden Lächeln, das ich so gut kenne. Ich mache einen Knicks.

»Oh, hallo, Sarah.«

»Guten Morgen, Königliche Hoheit.«

Er weist auf ein großes, grünes Sofa. Ich setze mich. Der Salon ist vollgestopft, und überall sind Bücher. Ich sehe mich um. Nichts erinnert hier an die leichte Hand einer Frau. Es ist so ganz anders als im Kensington Palace zu Zeiten der Chefin. Dort waren überall Blumen, Krimskrams und Familienfotos. Der Kensington Palace war feminin. Diese Wohnung ist der Inbegriff des Maskulinen.

Obwohl wir seit anderthalb Jahren kein Wort miteinander gesprochen haben, überwältigt mich immer noch die Verehrung für ihn wie beim ersten Mal, als ich auf der Weinnachtsfeier fürs Personal neben ihm saß. Eine Verehrung, die seitdem Bestand hat. Ich fühle mich ihm so nahe – ganz wörtlich. Wenn ich den Arm ausstreckte, könnte ich ihn berühren. Möglicherweise tragen die mittelalterlich gedrängten Proportionen des Gebäudes zu diesem Gefühl körperlicher Nähe bei.

Aber meine Rolle ist nicht mehr die gleiche: Nun bin eine Außenseiterin. Doch da HRH mir freundlicherweise diese Audienz gewährte, fühle ich mich nicht länger als eine *in Ungnade gefallene* Außenseiterin. Dann fragt er nach meiner Familie und meinen Plänen für die Zukunft. Meine Familie? Der geht es gut. Meine Pläne für die Zukunft? Äh. Zukunft? Eigentlich sehe ich keine Zukunft vor mir, nur einen verschwommenen Fleck.

Aber ich murmele so etwas wie, ich hoffte, Chefsekretärin bei einer Firma in der City zu werden. Er wünscht mir für das Vorstellungsgespräch ›nur das Allerbeste‹.

Aber ich spüre in mir eine schreckliche Anspannung. Ich bin wie ein Vulkan kurz vor dem Ausbruch. Es ist eine Situation, in der das Gebot ›Kein Wort vom Krieg‹ lautet, das heißt ›Kein Wort von der Kündigung‹. Ich beiße mir auf die Lippen, um mich zurückzuhalten. Ich spüre förmlich den entscheidenden Kampf zweier tektonischer Kräfte in mir. Die eine will ausbrechen, die andere will den Deckel draufhalten. Schaffe ich es, die Kontrolle zu bewahren? Ich glaube, mittlerweile kennen Sie mich gut genug. Natürlich schaffe ich es nicht.

»Sie können sich vorstellen, dass ich ziemlich erschüttert bin, Sir!« platzt es plötzlich aus mir heraus und mir kommen die Tränen.

HRH wirkt so verstört, als hätte ich ihn gerade angesprungen und gebissen, was, konversationstechnisch gesehen, wohl auch stimmt. Dann senkt er den Blick und scheint ein lebhaftes Interesse an dem Teppich zu entwickeln. Ich bemerke, dass er an seinem Siegelring dreht.

»Ja«, sagt er. »Es ist schon ein bisschen traurig.«

Danach tritt Schweigen ein, während dessen wir beide das faszinierende Muster des Wiltonteppichs studieren. Ich hole ein Taschentuch aus meiner Tasche und tupfe die Tränen ab. Meine Güte, ich bin doch eine Närrin! Oh, warum konnte ich mich nicht beherrschen, nur dieses eine Mal? Wo soll das jetzt enden?

Da blickt HRH auf und wendet sich zu mir. Ich starre erneut in seine blauen Augen. Er runzelt die Stirn und schüttelt den Kopf.

»Diese Krankheit! Einfach schrecklich!«

Meine Güte, er rügt mich. Er tadelt mich, weil er mich für krankhaft aufdringlich hält. Ich glaub's einfach nicht. Aber er hat Recht. Es ist wirklich schrecklich. Ich bin am Boden zerstört. Meine Güte, das hab ich wirklich vermasselt, oder? Wieder einmal ist der Moment gekommen, da ich mir wünsche, die Erde möge sich unter mir auftun und mich verschlucken.

»Ja, Sir«, sage ich und betrachte den Teppich, kurz davor, erneut in Tränen auszubrechen.

»Ich meine, sie hat schon das ganze Land erfasst. Überall sind Farmen betroffen!«

Wovon spricht er eigentlich? Plötzlich blinkt ein Lämpchen in meinem Kopf auf. Oh, Sarah, du Idiotin! Er hat dich nicht gerügt. Siehst du denn nicht fern? Liest du keine Zeitungen? Er spricht von der Maul- und Klauenseuche!

Erleichtert blicke ich zu HRH auf, der mir die nächsten zehn Minuten seine Gedanken über diese desaströse Seuche zuteil werden lässt. HRH hat eindeutig leidenschaftliches Interesse an der Maul-und-Klauenseuche, daher sitze ich einfach nur still da und halte Augenkontakt, obwohl ich nicht ein einziges Wort von dem verstehe, was er sagt. Es fühlt sich seltsam an, keinen Notizblock in der Hand zu halten. Ich habe das Gefühl, ich sollte mitschreiben.

Dann gewinnt meine Wut langsam die Überhand. Was soll dieser Vortrag? Meint er vielleicht, weil ich aus Shropshire vom Lande komme, wäre ich besonders an Maul-und-Klauenseuche interessiert? Meint Seine Großartigkeit im Ernst, ich hätte um eine letzte Audienz bei ihm gebeten, um seine Ansichten über die Geißel der Tierfarmer zu hören?

Sei nicht so dumm, sagt meine innere Nanny. Du warst weder seine Frau noch seine Freundin. Da kannst du doch nicht im Ernst von ihm erwarten, dass er mit dir über deine Gefühle spricht! Was erwartest du denn? Eine psychotherapeutische Sitzung unter vier Augen? Du solltest dich geschmeichelt fühlen, dass er dir, einer *ehemaligen* Angestellten, überhaupt etwas von seiner kostbaren Zeit einräumt.

Der künftige König hat einen dichtgedrängten Terminplan und Wichtigeres zu tun, als eine ehemalige Lady Clerk zu trösten. Und auch wenn Camilla vielleicht dafür gesorgt hat, dass du in Ungnade fällst, so hast du mit deiner Arbeitseinstellung und deiner Unpünktlichkeit kräftig zu deinem Fall mit beigetragen. Welcher Arbeitgeber würde sich da solche Mühe geben?

Wie immer hat meine innere Nanny Recht. Es ist dem lieben HRH hoch anzurechnen, dass er mir eine Audienz gewährt hat. Die Zeit, die mir mit meinem künftigen König noch bleibt, ist kurz. Ich sehe mich ein letztes Mal in seiner Wohnung um und wende mich dann zur Tür. Plötzlich hält HRH mich auf.

»Gehen Sie noch nicht«, sagt er.

Oh mein Gott! Hat er seine Meinung geändert? Habe ich seine Gunst wiedererlangt? Wird er mich jetzt wieder einstellen? Da geht er zu seinem Schreibtisch, zieht eine Schublade auf und holt eine Brieftasche aus blauem Leder hervor, die seine Initialen trägt. Er reicht sie mir.

»Oh, vielen Dank, Sir.«

Daraufhin nimmt er eine signierte und gerahmte Fotografie von ihm und reicht sie mir ebenfalls. Ich betrachte sie und werde von Zuneigung zu ihm durchströmt. Das Bild zeigt HRH als jungen Mann, wie er sich gegen das Gartentor von Highgrove lehnt, zu glücklicheren Zeiten, lange bevor die Schwierigkeiten mit der Chefin begannen.

»Vielen, vielen Dank«, stoße ich hervor und wiederhole mich damit.

Erneut steigen mir Tränen in die Augen. Manchmal bin ich so erbärmlich! Warum kann ich mich nicht in vornehmer Zurückhaltung üben? Mich überkommt der verzweifelte Wunsch, ihn zu umarmen und etwas zu sagen wie: »Danke für zwölf fantastische Jahre.« Aber dies bleibt unausgesprochen, was wahrscheinlich auch ganz gut ist. Es wäre so unenglisch. Es hätte uns beide in größte Verlegenheit gebracht.

Ich ergreife seine mir entgegengestreckte Hand und schüttle sie. Ich frage mich, ob er weiß, wie sehr ich ihn verehre. Vielleicht sieht er es an meinem Blick, der tränenfeucht ist.

»Leben Sie wohl, Sir.«

Langsam drehe ich mich um und gehe vier Schritte zur Tür. Als ich am Knauf drehe, werfe ich verstohlen einen letzten Blick zurück auf Seine Herrlichkeit den Kronprinzen. Er nimmt gerade ein paar Unterlagen zur Hand, um sie zu lesen. Seufz.

Leise, aber entschieden ziehe ich ein letztes Mal die Tür hinter mir zu. Tony, der Butler, geleitet mich aus der Wohnung. Langsam und majestätisch wie eine Prinzessin, so hoffe ich zumindest, schreite ich aus dem Palast, HRHs Brieftasche und das signierte Bild fest an die Brust gepresst.

Adieu

Und was hat sich seitdem bei mir ergeben?

Zu Anfang bestand eine der größten Schwierigkeiten für mich darin, mich mit meinem Statusverlust abzufinden. Es schmerzt schon, wenn man nicht mehr zu Premieren und Partys für den Prince's Trust eingeladen wird. Außerdem bemerkte ich langsam eine Verhaltensänderung bei vielen Personen, mit denen ich früher so ungezwungen verkehrte. Einladungen zu etlichen gesellschaftlichen Anlässen, mit denen ich wie selbstverständlich gerechnet hatte, blieben aus. Natürlich haben mich nicht alle fallen gelassen. Zumindest weiß ich jetzt, dass es meinen jetzigen Freunden und Bekannten vollkommen egal ist, ob ich bei den Royals arbeite oder nicht.

In den fünf Jahren seit meinem Weggang hatte ich drei oder vier andere Anstellungen, aber keine davon gab mir das Glück und die Erfüllung wie meine Arbeit im Palast, was nicht weiter erstaunlich ist. Zur Zeit ist mein Lieblingsjob – wenn ich ihn denn eingesetzt werde – der im Sadler's Wells Theatre, da ich dort kostenlos Ballettaufführungen sehen kann. Die hauen mich immer wieder um. Aber ich frage mich, was Königin Victoria, die Gründerin des Royal Victorian Order, wohl dazu sagen würde, wenn sie wüsste, dass eines der Mitglieder pleite ist und Eiscrème in einem Theater im West End verkaufen muss, nur um jemanden tanzen zu sehen und die paar entscheidenden Pfund zur Miete dazu zu verdienen. Ich schätze, sie würde sich im Grab umdrehen.

Ich habe die Schicksale vieler meiner früheren Freunde und Kollegen aus dem Palast verfolgt, ebenso von ein paar Personen, die ich im Zuge meiner Pflichten bei den Royals kennengelernt habe. Trotz seiner Bemerkung, der Prinz, sein Bewunderer, sei ein ›kleiner, kriecherischer Bastard‹, wurde Spike Milligan kurz nach meinem Weggang zum Ritter geschlagen. Gut gemacht, ›Sir‹ Spike. Ich beglückwünsche Euch. Und auch Euch, HRH, für Ihre Großmut.

Sir Robert Fellowes, der frühere Vorstand des königlichen Haushalts im Buckingham Palace und Schwager der Princess of Wales, wurde in den Adelsstand erhoben. Angesichts der Tatsache, dass er in den stürmischsten Zeiten der neueren königlichen Geschichte am Ruder stand, hat Bobby Bellows die Peerswürde mehr als verdient.

Vor ein paar Jahren besuchte ich den unvergleichlichen Sarge – Ron Lewis, den Travelling Yeoman – im Krankenhaus, bevor der Krebs ihn dahinraffte. Wo auch immer du sein mögest, Ron, ich hoffe, du kippst ein paar Dark and Stormies.

Ken Wharfe bekam seinen MVO, nachdem er Protection Officer des Duke of Kent wurde. Er hat seitdem ein Buch über seine Beobachtungen und Erfahrungen während seiner Arbeit für die Chefin und die jungen Prinzen geschrieben. Als es verlegt wurde, war der Palast höchst erzürnt.

Tony Burrows, dem Ron einst beim Weihnachtsessen im Simpson's zutoastete, hat sich von seinem Posten als Buchhalter des St. James' Palace zurückgezogen, und lebt nun in den Norfolk Broads. Seine Kollegin Pam, ebenfalls eine Freundin, hat mittlerweile ihren MVO und arbeitet weiterhin als Herrin der Lohnliste.

Was ist aus den Butlern geworden, die ich kannte? Bernie und Tony sind (glaube ich) immer noch da und verrichten ihre erstklassige Arbeit. Dann waren da noch Paul Burrell und Harold

Brown. Mit Entsetzen beobachtete ich die Vorbereitungen zu ihrem Prozess wegen angeblichen Diebstahls des Eigentums ihrer Chefin. Die Intervention Ihrer Majestät kam zur rechten Zeit. Aber die Aussicht auf Schande, Gefängnis und Bankrott muss für beide zutiefst erschreckend gewesen sein.

Wie ich erfahren habe, lebt Harold nun zurückgezogen in Tunbridge Wells. Was Paul Burrell betrifft, so freut es mich, dass er finanziell wieder auf die Beine gekommen ist, wo er doch kurz vor dem Offenbarungseid stand. Aber seine ach so besondere Beziehung zu der Chefin strapaziert er schon arg über. »Sie bezeichnete mich als ›ihren Felsen‹!« Die Prinzessin hatte mehr Felsen als die weißen Klippen von Dover. Und sein Dekret auf der Lesereise, HRH eigne sich nicht als König? Also wirklich! Es ist unangebracht, billig und geschmacklos, dass er die Vendetta der Chefin fortsetzt!

In Folge der Niederschlagung des Burrell-Prozesses 2002 ordnete HRH eine Untersuchung der Führung seines Haushalts durch seinen Personal Secretary Sir Michael Peat an. Nach der Veröffentlichung des Untersuchungsberichts wurde Michael Fawcett aus den Diensten des Prinzen entlassen, nur um sofort danach als persönlicher Berater auf Honorarbasis wieder angeheuert zu werden.

Alle Angestellten, die sich im Jahre 1998 beklagten, Fawcett würde sie schikanieren, haben seitdem den königlichen Haushalt verlassen. Und Michael Fawcett hat weiterhin die uneingeschränkte Herrschaft. Dies verwirrt und bekümmert viele, die HRH nahestehen. »Ich kann ohne Michael nicht leben«, soll der Prinz angeblich bemerkt haben. Aus zuverlässiger Quelle habe ich erfahren, Ihre Majestät sei gar nicht begeistert über Fawcetts fortdauernde Macht über ihren Sohn. Wie wird diese ganze Angelegenheit um Michael Fawcett ausgehen? Wenn man nicht eine raffinierte und diplomatische Lösung findet, könnte ich mir vorstellen, dass sein endgültiges Ausscheiden aus dem königlichen Haushalt für erheblichen Schaden sorgt. Schließlich kennt er HRHs sämtliche Geheimnisse.

Was ist mit meinen Vorgesetzten? Der traumhafte Dave Wright erhielt die Ritterwürde. Sir David ist jetzt Vizevorsitzender von Barclays Capital und war dreieinhalb Jahre Botschafter in Japan. Außerdem leitet er die Royal Shakespeare Company.

Stephen Lamport, jetzt Sir Stephen Lamport, ist einer der Direktoren der Royal Bank of Scotland.

Peter Westmacott ist momentan ›unser Mann‹ in der Türkei. Er war dabei, als die Al Quaida ein Nebengebäude der Botschaft in die Luft jagte. Anne Beckwith-Smith, die mit uns beiden in Sevilla war, organsierte vor Kurzem mit Peter eine Wohlätigkeitsrallye für die Opfer des Anschlags und ihre Familien. Ganz sicher wartet auf ›Wally-ma-cott‹ noch die Ritterwürde.

Richard Aylard ist nun im Aufsichtsrat von Thames Water. Kommt schon, ihr vom Ehrenkomitee, die Verantwortung für HRHs Biographie von Jonathan Dimbley könnt ihr nicht ihm in die Schuhe schieben! Seine hingebungsvolle Arbeit hat ihn seine Ehe gekostet. Schlagt ihn ebenfalls zum Ritter!

Mein direkter Vorgesetzter Mark Bolland fiel wenige Monate nach meinem Weggang in königliche Ungnade. Er wurde ebenfalls gefeuert. Aber für seine außerordentliche Leistung, Camilla für das Volk akzeptabel gemacht zu haben, verdient er ebenfalls zumindest die Peerswürde. Erhebt Euch, Lord Blackadder! Er hat ja noch nicht mal einen MVO bekommen. Jetzt arbeitet er als PR-Berater und freischaffender Autor.

Tiggy Legge-Bourke ist verheiratet, hat zwei Kinder und lebt auf dem Land. Ich bin immer noch ein Fan der ehrfurchtgebietenden Tiggy, die sich unverändert darüber ärgert, von den Medien als Nanny der Royals bezeichnet zu werden. Freunden sagte sie: »Ich war nie die Nanny, sondern der Laufbursche der Royals.« Historiker, nehmt dies zur Kenntnis!

Meine Freundin Victoria Mendham lebt in Fulham und arbeitet im West End.

Elaine Day versuchte, einen Kollegen im Palast wegen sexueller Belästigung zu verklagen, und verlor den Prozess. Das kostete sie mehr als ein Jahresgehalt im Palast. Im Nachhinein denke ich, ich hätte mich ihr gegenüber kooperativer verhalten sollen; meine *froideur* war sicher nicht sehr angenehm. Aber es hatte auf keinen Fall was mit Rassismus zu tun. Ich war nur zu stolz geworden, mich vor solchen Kollegen zu rechtfertigen, die ich als rangniedriger betrachtete. Ja, ich gebe es zu. Am Ende meiner Karriere bei den Royals erlag ich einem schlimmen Anfall von Red-Carpet-Fieber.

Wenn ich im Internet bin, suche ich gelegentlich nach Brian Hanson, meinem früheren Chef in der APG. Ich habe herausgefunden, dass er immer noch wundervoll kritische Essays über architektonische Kontroversen schreibt. Es ist wirklich eine Schande, dass ich kaum etwas davon verstehe, aber ich teile weiterhin seine Schwäche für Fondant Fancies.

Neulich begegnete ich auf der Bond Street Candida Lycett-Green. Man kann sich nie sicher sein, wie Leute aus königlichen Kreisen reagieren, wenn man nicht mehr dazu gehört, aber sie war ganz reizend und die Liebenswürdigkeit in Person. Und diese reizende Liebenswürdigkeit spiegelt sich auch in vielen ihrer Artikel und Bücher wider, wenn ich das mal so sagen darf.

Auf Partys treffe ich gelegentlich auch Seine Massigkeit, Nicholas Soames. Er ist stets höflich und bemüht, aber ich habe ihn im Verdacht, dass er mich nicht ganz einordnen kann, obwohl er weiß, dass er mich von irgendwoher kennt. Bei den wundervollen Geschichten, die ich ständig über ihn höre, muss ich immer noch kichern.

Von Zeit zu Zeit erhasche ich sogar noch einen Blick auf Mr. Sexy Holzkopf, den Duke of Westminster. Er erinnert sich ganz sicher nicht mehr an mich. Trotz seiner Aura von Reichtum und Privilegien bin ich sicher nicht die Einzige, die Sexy Holzkopf auch noch undwiderstehlich fände, wenn er all seiner Titel und seines Geldes beraubt wäre.

Sir Jimmy Savile OBE hat sich zurückgezogen – sein merkwürdiger Modegeschmack wurde von amerikanischen Rapstars für die Nachwelt erhalten. Was die Beratertätigkeit betrifft, Sir Jimmy, so muss man Ihnen zugute halten, dass Sie ihr Bestes versuchten!

Mit meinen Exfreunden stehe ich weiterhin in Kontakt. Andy und George sind beide glücklich verheiratet und haben Kinder. Eddie der Unternehmer macht immer noch seine Geschäfte und Carlo reitet seine Poloponys. Alastair Stuart hat seine große Liebe gefunden und ist attraktiv wie eh und je.

Ich habe mittlerweile den vielgeschmähten James Hewitt persönlich kennen gelernt, und er hat die Mindys Geschichte, die ich hier weitergegeben habe, bestätigt: Ja, er hat Camilla vom gegenüberliegenden Haus aus im Evaskostüm gesehen. Außerdem möchte ich die kategorische Feststellung treffen, dass James Hewitt nicht der Vater von Prinz Harry gewesen sein *kann*. Die Prinzessin lernte ihn nämlich erst drei Jahre nach Prinz Harrys Geburt kennen! James mag in der Lage sein, Panzer in siegreichen Schlachten zu fahren und Frauen ins Schwärmen zu bringen, aber seine Qualitäten erstrecken sich noch nicht auf Zeitreisen. Dies mag die Skandalpresse zwar irritieren, doch wenn nicht noch eine neue Leiche aus dem königlichen Keller auftaucht, ist und bleibt HRH der Vater *beider* Prinzen.

Zwar ist dies kaum bekannt, aber selbst wenn ein Mitglied der Königsfamilie nicht, ähem, in direkter Linie königlichen Geblüts ist, macht das überhaupt keinen Unterschied. Wenn die Herolde erst einmal ein Baby zum Prinzen oder zur Prinzessin erklärt haben, dann bleibt es, was auch immer geschieht, königlicher Abstammung. Es gefährdet auch nicht seinen Platz in der Rangfolge. Also könnte im Endeffekt biologisch gesehen eine ganz neue königliche Familie gegründet werden.

Manche meinen vielleicht, ich sei zu hart gegenüber der Chefin gewesen. Das war nicht meine Absicht. Ich wollte nur realistisch sein. Sie werden fragen, was denn mit all den Affären war, die Mindy erwähnte. Gab es die wirklich? Was meinen Sie? 1993 wurde Juan Carlos, der König von Spanien, von seinem Gefolge im Zarzuela-Palast dabei beobachtet, wie er in der spanischen Ausgabe von Lady Colin Campbells *Diana, wie sie wirklich war* kichernd eine Passage über sich und die Prinzessin las.

Ken Wharfe hat in seinem Bericht über die Ehe des Thronfolgerpaars ebenfalls viele von Dianas Affären bestätigt. Er war in der Zeit dieser Affären sehr viel mit der Princess of Wales zusammen, übernachtete sogar im Cottage von James Hewitts Mutter im West Country, als die Chefin oben mit dem Captain schlief.

Was die Spekulationen über Prinzessin Dianas Abstammung betrifft: Ist es denn wirklich wichtig, ob Sir Jimmy Goldsmith ihr Vater sein könnte? Ich glaube ja, und sei es nur, um besser zu verstehen, wo ihre Motivationen lagen. Wenn sie auch nur den leisesten Verdacht hatte, dass er ihr Vater sein könnte, hätte dies sicher noch die Unsicherheit verstärkt, die in der Scheidung ihrer Eltern wurzelte. In jedem Fall könnte das Wissen oder auch nur der Verdacht, einen anderen als den angegebenen Vater zu haben, ein ›unbewusstes Motiv‹, wie die Psychologen sagen, für ihr sprunghaftes Verhalten gewesen sein. Ginge uns das nicht genauso? Der Verdacht, dass Sir James der eigentliche Vater der Chefin ist, hat die berühmte Autorin Tina Brown veranlasst, diese Hypothese sorgfältig in einer Biographie über Diana zu behandeln, die in Kürze erscheinen wird.

Trotz all ihrer guten Eigenschaften hatte die Chefin eben auch schlechte, also verzeihen Sie mir, wenn ich der Meinung bin, dass die an Kitsch grenzende Verherrlichung, die viele so unkritisch mit ihr treiben, unangemessen ist. Auch auf die Gefahr hin, die Dianaverehrer zu kränken, schlage ich vor, am 31. August, Dianas Todestag, nicht zu ihrem Schrein zu pilgern, sondern ihre Gefühle in Ihre direkte Umgebung umzuleiten. Wie wäre es, wenn Sie sich statt dessen um das Grab eines Verwandten oder Freundes kümmern würden? Ich wette, wenn die Chefin sich aus ihrem Grab heraus äußern könnte, würde sie mir zustimmen.

Ich werde ständig gefragt, was ich von den Verschwörungstheorien zum Tod der Chefin in diesem Pariser Autotunnel halte. Und tatsächlich finde ich ein Detail unstimmig: Die Behauptung nämlich, der Fahrer Henri Paul sei vollkommen betrunken gewesen. Das kann ich nicht glauben. Warum? Zunächst einmal ist da die Aussage von Josie Duclos, der Inhaberin seiner Stammkneipe »La Campmeslé« in der Rue Chabanais. Obwohl »La Campmeslé« ein berüchtigter Treffpunkt für Lesben ist, war Henri Paul dort Stammgast, weil die Bar in der Straße liegt, in der er wohnt. Im Verlauf der Jahre sind er und Josie gute Freunde geworden. Josie hat gegenüber einem Reporter des französischen Rundfunks ausgesagt, Henri Paul sei, als er am Abend der Tragödie in der Bar vorbeigekommen sei, nüchtern gewesen. Ausserdem berichtete sie, Henri Paul hätte gesagt, er würde nach seiner Arbeit noch auf einen Drink vorbeischauen. Sie behauptete, Henri Paul hätte nicht ein einziges Mal vor der Arbeit Alkohol getrunken. Warum sollte es an diesem Abend also anders gewesen sein? Warum sollte er ausgerechnet in dieser Nacht einfach so sein Berufsethos missachtet haben, wo er doch eine der berühmtesten Frauen der Welt und auch noch den Sohn seines Arbeitgebers chauffieren musste? Und zuletzt, wie hätte es in dieser kurzen Zeit möglich sein können, dass er die zulässige Promillegrenze um ein Vierfaches überschritt, wie behauptet wurde? Es gibt Filmmaterial von ihm, das ihn zeigt, kurz bevor er mit Diana, Dodi und dem Leibwächter aufbrach. Dort sieht man ihn, wie er sich sicher und mühelos hinkniet, um sich die Schuhe zuzubinden. Es tut mir leid, aber ein Betrunkener wäre vornübergekippt.

Glaubt jemand im Ernst, er hätte sich im Wagen eine Flasche an den Hals gesetzt, und zwar in den wenigen Sekunden, bevor er seine Fahrgäste beim Fluchtversuch vor den Paparazzi ins Verhängnis fuhr?

Und noch etwas ist irritierend: Richard Tomlinson, ein ehemaliger leitender Angestellter des britischen Geheimdienstes, sagte vor Richter Hervé Stephan aus, der die offizielle Untersuchung des Unfalls leitete. Nicht nur bezeichnete er Henri Paul als Informanten des Geheimdienstes. Er wies außerdem auf die verblüffende Übereinstimmung der Abläufe mit den Plänen für einen Mordversuch an Slobodan Milosevic hin, dem Präsident der Serben während des Balkankrieges, die einmal über seinen Schreibtisch gewandert waren.

Tomlins Aussage zufolge sollte Slobodan Milosevic in einem Autotunnel ermordet werden, und zwar indem man den Fahrer mit einem Stroboskoplicht blendete, um ihn einen Unfall bauen zu lassen. Da es dabei keine Zeugen gäbe, würde das Ganze wie ein Unfall aussehen. Das ist allerdings eine ziemlich irritierende Übereinstimmung. Aber Unfälle in einem Autotunnel kommen immer wieder vor. Sind das alles Attentate? Selbstverständlich nicht. Wahrscheinlich handelt es sich hierbei nur um einen merkwürdigen Zufall. Aber in seiner eidesstattlichen Erklärung gab Tomlinson an, man habe ihm mit Gewalt daran gehindert, dem Richter alle seine Beweise vorzulegen. Er wurde in sein Hotelzimmer eingesperrt und so verprügelt, dass er angebrochene Rippen davontrug. Später verwehrte man ihm die erneute Einreise nach Frankreich, angeblich um ihn von einem Treffen mit dem Richter abzuhalten. Natürlich könnten all diese Maßnahmen zu Entmutigung des Mannes auch nur unternommen worden sein, um sicherzustellen, dass die Angelegenheiten des Geheimdienstes auch wirklich geheim blieben.

Aber solche hinterhältigen Interventionen sorgen natürlich nur für weitere Verwirrung. Mehr noch, sie sind dumm. Schmutzige Tricks dieser Art wecken den Verdacht, die Behörden hätten etwas zu verbergen. Das offizielle Urteil ›Unfall‹ ist ja gut und schön, aber bis nicht sämtliche heiklen Fragen zu aller Zufriedenheit geklärt sind, bleibt für viele das Urteil inoffiziell ›Mord‹.

Ich persönlich glaube eher, es war ein Unfall. Aber was weiß ich schon? Ich könnte mich auch irren. Ich kann nur sagen: Auch wenn ein paar finstere Gestalten wirklich einen solch entsetzlichen Mord planten und durchführten, ist es absurd zu glauben,

HRH hätte dies billigen, geschweige denn damit zu tun haben können. Er hätte die Mutter seiner Kinder umbringen lassen sollen? Er wäre genauso entsetzt gewesen wie wir alle.

Während des Entstehungsprozesses dieser Memoiren habe ich lange und gründlich über die Königsfamilie und ihre Beziehung zu uns Normalsterblichen nachgedacht. Es kann wirklich nicht leicht für die Royals sein, ständig im Scheinwerferlicht zu stehen, aber ich glaube, das Medieninteresse ist unmittelbar an ihr Dasein und ihre Funktion gebunden. Wenn man eine Königsfamilie hat, sind alle unweigerlich davon fasziniert; damit müssen Royals leben – aber wer von uns käme ständig mit prüfenden Blicken und kritischen Kommentaren zurecht?

Daher ist es nicht weiter überraschend, dass die Mitglieder der Königsfamilie eine Art Paranoia entwickeln, die es schwierig für sie macht, zwischen korrekter Berichterstattung und reiner Erfindung, zwischen angemessenem Kommentar und unangebrachter Bosheit zu unterscheiden.

Man muss schon sagen, dass der Job, in den sie hineingeboren sind, wirklich seltsam ist. Stellen Sie sich mal vor, Sie seien ein Mitglied der Königsfamilie und hätten einen Terminkalender, der überquillt mit Einweihungen, Zeremonien, Besuchen und Bädern in der Menge. Und es würde nie aufhören. Und man könnte es auch nicht aufgeben. Die Royals sind an ihre Pflichten gekettet. Das ist wie *Und ewig grüßt das Murmeltier*, nur im Palast.

Außerdem sind noch die Auswirkungen auf die Psyche zu bedenken, wenn alle um einen herum ständig Knickse machen und sich verbeugen. Ich war ja nur eine kleine Lady Clerk, doch selbst ich bekam das Red-Carpet-Fieber.

Sollten wir also weiterhin Knickse machen und uns verbeugen? Entspricht dies der natürlichen Ordnung in unserer Beziehung zur Königsfamilie? Ein Freund von mir, der in Geschichte bewandert ist, brachte eine andere Theorie vor, eine, die von führenden Köpfen der Whigs vor zweihundert Jahren vertreten wurde. Sie behaupteten, die Mitglieder der königlichen Familie seien keine Objekte der Verehrung, sondern Geschöpfe der Projektionen ihrer Untertanen. Ja, wir sollten Knickse machen und uns verbeugen, aber wir sollten die Royals nicht zu ernst nehmen, selbst wenn sie sich selbst manchmal allzu ernst nehmen. Das ist nicht ihre Schuld. Sie sind geprägt von der Welt, in der sie leben. Da haben Sie's also: Die Royals dienen einem Zweck, aber Verehrung ist etwas für Götter, nicht für Menschen. Es sei denn, man kann einfach nicht anders, als Prinz Charles zu verehren. So wie ich.

Anmerkung der Autorin

Es hatte eine wunderbar therapeutische Wirkung auf mich, meinem Co-Autor Nicholas Monson all diese Geschichten zu erzählen. Natürlich kann ich mir nicht vorstellen, dass das Geschwätz einer Bridget Jones im Palast für ernsthafte Historiker von Interesse sein könnte. Aber ich hoffe, es hat Ihnen, mein geduldiger Leser, einen Einblick verschafft, wie das Leben mit den Royals sich in einer höchst interessanten Zeitspanne ihrer Geschichte gestaltete. Und ich hoffe, Sie konnten das ungetrübte Vergnügen teilen, das ein einfaches Mädchen vom Lande dabei empfand.

Ein paar der Personen habe ich unkenntlich gemacht, und eine oder zwei sind Verschmelzungen mehrerer Personen – Geraldine und Esther zum Beispiel. Aber ich konnte wohl kaum die echten Namen der Kolleginnen preisgeben, die mir einst so ausgezeichnete Lehrerinnen in der Kunst eines guten Blow Jobs waren, nicht wahr? Wie auch immer, ich hoffe, diese Lektion aus dem St. James' Palace war für einige Leserinnen so lehrreich wie einst für mich.

Außerdem habe ich die Namen zweier meiner Palastaffären geändert. Desgleichen habe ich die Namen dreier meiner Liebhaber außerhalb des Palastes geändert: von Eddie dem Unternehmer, Carlo, dem italienischen Hengst, und von Alastair Stuart. Ihr wisst, wer gemeint ist, Jungs!

Ich habe des weiteren nur Namen genannt, die bereits in anderen Büchern über die Royals erwähnt wurden, vor allem in

Diana, wie sie wirklich war von Lady Colin Campbell. Außen vor gelassen habe ich alle Bücher, die noch nicht veröffentlicht sind. Lady Colin Campbell hat bemerkenswert gute Verbindungen, und ihre Recherchen waren gründlich. Ihre Quellen sind unanfechtbar. Obwohl sie im Jahre 1992 wegen ihrer Enthüllungen über die Princess of Wales ausgelacht und angeprangert wurde, haben sich praktisch all ihre Behauptungen mittlerweile als wahr erwiesen.

Für diejenigen, die sich weiter über diese außerordentliche Periode königlicher Gegenwartsgeschichte informieren möchten, empfehle ich die Bücher von Gyles Brandreth, Jonathan Dimbleby, Penny Junor und Christopher Wilson. Christopher ermutigte uns besonders zu diesem Buch, und ich danke ihm von ganzem Herzen. Diejenigen, die Prinzessin Dianas persönliche Sicht auf ihre Ehe kennen lernen möchten, sollten sich nur das Buch von Andrew Morton ansehen.

Sarah Goodall

Dank

Palastgeflüster wurde in einer für beide Autoren schwierigen Zeit geschrieben, und dies konnte nur mit dem Beistand etlicher Freunde geschehen. Für ihre großzügige finanzielle und moralische Unterstützung danken wir Amanda Harling, Christopher Stewart-Moore, John Brennan, Rupert Lewin, Nanzee Soin und Isabelle Gillard. Wir danken Susan Clark, Christopher Wilson, Adam Helliker und Lady Colin Campbell dafür, dass sie sich Zeit nahmen und so großzügig ihr Wissen über die Royals mit uns teilten. Des Weiteren danken wir Ailsa Bathgate und Deborah Warner für ihren Eifer bei der Redaktion. Unserem Agenten Peter Cox danken wir für Rat und Geduld. Für Gastlichkeit, Freundschaft und viele Aufmerksamkeiten in Südafrika, wo das Buch zu Ende gesschrieben wurde, danken wir Charles und Lilian Lloys Ellis, Stephen Morris, Li Quan, Ronel Openshaw, Noel und Beth Hunt, Karen Durney, Lawrence McDowell, Richard Procter-Sims und Albert, die sich so rührend um uns kümmerten.

Abbildungsteil

© Associated Newspapers: S. 1 unten, S. 2, S. 3 oben, S. 4 unten, S. 6 oben + unten links, S. 7 mitte + unten, S. 8 mitte links
© Brendan Beirne: S. 5 oben
© Press Association: S. 5 unten
© Jim Bennett: S. 8 oben rechts
© Les Wilson: S. 8 unten